阅读成就思想……

Read to Achieve

亲密关系与家庭治疗系列

相爱容易相守难
高质量婚姻的经营艺术

THE
ROUGH
PATCH
Marriage and the Art of Living Together

［美］达夫妮·德·马尔尼夫（Daphne de Marneffe）◎著
史 晴 门雪洁 潘 超◎译

中国人民大学出版社
·北京·

图书在版编目（CIP）数据

相爱容易相守难：高质量婚姻的经营艺术／（美）达夫妮•德•马尔尼夫（Daphne de Marneffe）著；史晴，门雪洁，潘超译. -- 北京：中国人民大学出版社，2023.6
书名原文：The Rough Patch: Marriage and the Art of Living Together
ISBN 978-7-300-31474-7

Ⅰ. ①相… Ⅱ. ①达… ②史… ③门… ④潘… Ⅲ. ①婚姻－通俗读物②恋爱－通俗读物 Ⅳ. ①C913.1-49

中国国家版本馆CIP数据核字(2023)第091940号

相爱容易相守难：高质量婚姻的经营艺术
［美］达夫妮•德•马尔尼夫（Daphne de Marneffe）　著
史　晴　门雪洁　潘　超　译
XIANGAI RONGYI XIANGSHOU NAN : GAOZHILIANG HUNYIN DE JINGYING YISHU

出版发行	中国人民大学出版社		
社　　址	北京中关村大街31号	邮政编码	100080
电　　话	010-62511242（总编室）		010-62511770（质管部）
	010-82501766（邮购部）		010-62514148（门市部）
	010-62515195（发行公司）		010-62515275（盗版举报）
网　　址	http://www.crup.com.cn		
经　　销	新华书店		
印　　刷	天津中印联印务有限公司		
开　　本	720 mm×1000 mm　1/16	版　次	2023年6月第1版
印　　张	17.25　插页1	印　次	2023年6月第1次印刷
字　　数	260 000	定　价	79.00元

版权所有　　侵权必究　　印装差错　　负责调换

推荐序

婚姻是夫妻修行的道场

每一对步入婚姻的夫妻都期待二人柔情蜜情、相敬如宾、相守终生，可在柴米油盐的生活日常中渐渐地消磨着当初的爱意，中年夫妻在波澜不惊的生活中似乎把枕边人变成了睡在一张床上的兄弟。

- 面临出轨背叛的婚姻如何修复情感的龃隙？
- 有沾花惹草偏好的配偶是否还要继续？
- 如何处理爱与金钱？
- 如何应对空巢岁月？
- 夫妻如何好好说话？

有着30年婚姻咨询实务的作者所写的《相爱容易相守难：高质量婚姻的经营艺术》正是这样一本探讨并回答了这些疑问的书，值得一读。

这不是一本快餐式的书，我们需要些耐心，顺着作者沿着婚姻那些细碎伸展出来的故事线慢慢品味。每一对曾经相爱的夫妻都面临日常生活事件的考验，寻找维持下去的核心动力，两人各自对婚姻的满意度也是"草蛇灰线，伏脉千里"。如何度过贫乏无味的中年婚姻？要对错还是要幸福？我是一个有爱的人吗？怎样才能变得更加有爱？同样创造属于两个人的情爱密码背后必然包含着深情的爱意。

这个世界上没有固定的婚姻模式，每段婚姻都有其独特的情感脚本，而婚姻这个剧本是两个人共同写就的。在婚姻契约中要写好自己的爱情故事则需要两个人共同配合，一人闪闪发光，另一人甘当配角，彼此配合，共同合作，把婚姻生活过得越来越好。

而婚姻中常常险象环生，危机四伏。调情与出轨，对于现实婚姻具有极高的杀伤力，如何选择并无标准答案，作者给出的建设性的方案是：对外人留一堵墙，而对爱人敞开一扇透明的门。同时，作者也就遭遇背叛的婚姻给出了切合实际的提醒：专注于自己的内心，倾听内心的声音。

在所有世俗的婚姻中，金钱既是风险也是保护，它扮演着不可或缺的作用。作者明确指出，夫妻双方必须秉承一致的金钱观。现实婚姻往往受困于金钱，如何对待婚姻中既投入"情感经济"又投入"家庭经济"的合作生产，同样是婚姻稳定的重要因素。

面对有着物质依赖特别是酒瘾的配偶，这一隐性炸弹随时可以引爆家庭矛盾。如何帮助配偶戒除物质依赖，需要双方的共同努力，按照可依循的策略，一点点减少，慢慢拆除这颗情绪炸弹。

面对空巢，你们做好准备了么？如何应对没有儿女在身边的夫妻生活，本书也给出了独特的观察视角。

"在一段关系中忍受情绪上的不适是一种我们需要倾尽一生来培养的能力""坠入爱河是一种创伤，相思病与抑郁症有着相近性""父母处理冲突的方式也会对孩子未来与他人的关系产生长期影响"，等等，作者娓娓道来。幸福婚姻便是穿越岁月的河流，转身时，这人一直微笑着与你在一起。重要的是，要学会"与配偶对话、与自己对话、与文化对话"。

你的伴侣，是用来理解的，并且带着理解，日益亲近！

段鑫星

北京师范大学心理学博士、教授，"恋爱心理学"主讲，

《恋爱心理学》《如何拥抱一只刺猬》作者

译者序

钱锺书老先生曾提及："婚姻是一座围城，城外的人想进去，城里的人想出来。"而如今，有人调侃围城的城墙已残破不堪，人们来来往往，进出随意。相关数据显示，自1987年起至2020年，我国的离婚率由0.5‰升至3.4‰，平均每10秒就有一对夫妻选择离婚，相比以往，婚姻的维持仿佛变得越来越困难。就宏观层面而言，虽然人们可以找出一些模型来解释离婚率与经济发展的正相关性，但落到微观层面，落到每个个体身上，婚姻的经营都由极其具体的小事拼凑而成，是彼此间习惯的磨合，是彼此间摩擦的解决。婚姻的长久与否，是由这些平淡生活中的细节来决定的，正所谓相爱容易相守难。

中年人的婚姻似乎很难逃过激情褪去、貌合神离的魔咒，两个人就像两座孤岛，总是隔海相望，说什么都无法走进另一半的心，最终就是无话可说。在很多人的印象中，我国20世纪中期甚至更早的年代，婚姻出现问题后，夫妻之间仅仅是吵吵闹闹一番，最后都会为了孩子摒弃前嫌，把婚姻忍耐到底。然而，我国在过去40多年的时间里经历了跨越式发展，婚姻观念也发生了非常大的变化，离婚率逐年递增，人们不再把"宁拆十座庙，不破一门婚"当作婚姻信条，然而单单靠离婚并不能解决婚姻带给彼此的诸多困扰。对于不少步入围城的国人来说，他们如何走出婚姻困境，俨然成了新的课题。电视上不乏各类婚姻导师对婚姻中的问题进行鞭辟入里的分析，但我们还是需要一本能让我们静下心来的书，守着文字，看着自己的内心，厘清婚姻中的繁乱杂绪，找到内心困惑的原因。

《相爱容易相守难：高质量婚姻的经营艺术》正是这样一本书。它是达夫妮·德·马尔尼夫博士继《母性的欲望：关于孩子、爱以及内心生活》（*Maternal Desire: On Children, Love, and the Inner Life*）之后的又一力作。这是一本通俗易懂的中年婚姻指导书，作者用简单直白的语言娓娓道来，讲述了一个个真实的来访者案例，通过不同人物的对话和作者的内心独白，引领读者探寻一个个真实的中年婚姻困境，呈现出现代婚姻的各个切面，揭示婚姻难题背后的真相。虽然中西方婚姻制度与观念存在差异，但是婚姻总归具有共同规律，在经营婚姻的方式、方法上许多道理其实是相通的。比如，无论是在中国还是在美国，很多人都会有这样的困惑：当婚姻遭遇背叛是否要继续下去？怎么修补背叛带来的巨大心理创伤？如何拯救索然无味的性生活？如何平衡夫妻不同的金钱观，等等。作者直面人性的自私本能，承认婚姻的契约属性，"既然婚姻带来了一个又一个挑战，我们就需要拿出我们（无论是作为个体还是作为配偶）最好的资源来解决这些问题"，很多夫妻在作者的力挽狂澜下，成功捍卫了自己的婚姻。作者试图告诉我们，身处婚姻的悲观主义时代，我们依然可以选择努力磨合，用心经营，成就"虽有抱怨，却也无悔"的婚姻。既然现代婚姻本身就是个终生难题，那么我们的婚姻对于个人的意义和价值在哪里呢？作为心理咨询师，作者认为自己的工作并不是要去"维系那些病入膏肓的婚姻"，因为"有些婚姻注定终结"，她关注的是"处于婚姻困难期的当事人的精神状态"。我们可以把在婚姻中感受到的痛苦与困惑当成了解自己、拓宽视野、从成长到成熟的契机。如果能感悟到这点，便是在自我救赎。因此，无论是走到婚姻存续的边缘，抑或是即将走入婚姻，你都可以在这本书中找到前行的动力。

　　本书的三位译者，有的刚刚结婚生子，中年人的角色转变和心理变化正在悄然上演；有的正处于甜蜜热恋期，对婚姻充满着好奇与困惑，思考着未来婚姻的经营方式；有的还是孑然一身，将充沛的情感和美好的希冀融入对婚姻的想象。通过本书的翻译工作，每位译者得以窥见自己人生的不同可能，从琐碎平凡的日常生活中体悟到有情饮水饱的婚姻只是理想，从对角色人物的反观与思考中领会出有爱、会经营的婚姻才更美满。有人说，中年人的婚姻是"过也过不好，离也离不了"。曾经无话不谈、彼此呵护的爱人，为什么变成了如今同床异梦的"合租"伙伴？是不爱了吗？不，只是人到中年，却忘了如何去爱。这本书的最后一章讲到，无论一段关系以何种形式存在，有一种爱的定义可能是："我想了解你。我在乎我们之间接下来会发生什么。"也许，婚姻的经营艺术就是给自己一个去爱的机会，时时刻刻都把对方放在心上，用甜蜜去填充那些平淡无奇的日子。

最后，特别感谢中国人民大学出版社编辑老师的信任，给了我们这个机会把这部颇具特色的中年婚姻研究专著翻译给我国读者。我们诚惶诚恐，希望这些工作能为中国家庭的婚姻幸福做出一点贡献。囿于我们有限的才能和学识，译稿仍难免有疏漏之处，敬请广大读者批评指正！

前　言

在本书中，我是以讲故事的形式来阐述我的观点的，这些故事实则是我作为心理治疗师、心理学教师和采访者的亲身经历。为了保护故事中那些求助者和受访者的隐私，我已经更改了他们的姓名和身份信息。我希望，读者能在这些故事人物中看到自己，如有雷同，纯属巧合。

我把大量的有关夫妻、情感和人类发展的研究成果融进了本书，但为了不破坏本书的可读性，我很少在文中把引述的具体研究结果及其作者以加注的形式予以体现。

* * *

假设你现在 43 岁，已有 12 年婚史，结婚的时候也不算小了，年轻时你也是个爱追求刺激、敢于尝试的人。现在，你育有两个孩子（一个 10 岁，一个 7 岁），两男或两女，抑或是一男一女。当年你为爱成婚，长久以来的坚信此刻却时有动摇。你知晓彼此的差异，但起初这是好事，它让你感到踏实，帮助你成长，甚至让你感到兴奋，因为你怀有强烈的意愿去接触、理解甚至包容对方与你的差异。而现在，你的感受大不一样了。你们常常会逼疯对方、相互伤害或者互不搭理，这样的桥段时不时会上演。

帮助你解决这一问题的建议也有很多。社会学家会告诉你，人到了 65 岁会比 45 岁时的幸福指数更高，所以你只要再等 20 年，感觉就会好起来的。夫妻关系专家、工作与家庭平衡专家、性爱与亲密关系专家当然也都会开出各自的"药方"。但不知为何，他们都没能抓住该问题的症结，即你会感到失落、孤独，有时甚至会痛苦到无以复加，几乎要窒息了。诚然，这有因高强度工作带来的精疲力竭感，因年迈的父母生病导致的高压迫感，或是荷尔蒙失调让你心烦意乱，但这些只是其中一部分原因。毕竟，你们夫妻之间的感情并非总是这样，你们的婚姻有一段时间曾经也是很有意义的。

那么，是哪里出现了变化吗？导致变化的原因又是什么？也许你一直对自己的婚姻感觉良好，直到有一天诧异于自己怎么会迷恋上他人时，才意识到你们的婚姻出了问题。又或者，在孩子还小的时候，你全身心照顾他们，而忽略了自我需求的满足。而现在，一到周末，你家老大都在用手机跟他的朋友聊天（这一切怎么发生得这么快），不愿和你待在一起。即使围着孩子转的婚姻培养不了你们夫妻俩多少激情，但至少它提供了一个有意义的框架。可现在情况正在发生变化，先前可以接受的事情正变得无法忍受。你不禁想知道，置身于当下一堆烦心事中的自己处在一个什么样的位置？自己的角色发生了什么改变？

尽管明知不应该，但你就是忍不住迁怒于配偶。一想到还要继续忍受他沉迷于工作、一惊一乍、沉默寡言或麻木不仁几十年，你真是要疯掉了。你也知道这样想是不对的，婚姻需要经营与维护。不成熟的人才会视感情为简单而有趣的事情；当情况变得艰难起来后，自私者便会转身逃离。长久以来，在感情经营方面，你做得的确很棒，可对于这份经营的目标是什么，你却很迷茫。在内心深处，你不确定现状能有什么改变。说实话（令人羞愧且难以启齿的），你有时甚至不确定是否希望发生改变。你不愿为了自我满足感的些许增加而疲于奔命，偶尔感到的一丝自由气息反而会让你欣喜若狂。虽然你为此感到内疚，可另一方面，你那颗依旧年轻的心会因遇到你值得拥有的一丝亲密、激情与真挚的情感而悸动。毕竟谁都无法青春永驻，精力如初。所以，眼下这样的生活还要持续下去吗？

但你也不想做任何破坏家庭稳定的决定，那或许是你姐妹、叔伯、挚友曾走过的路。看看他们现实的处境吧：主要是孩子们跟着受苦，他们往返于父母各自的家，不得不近距离目睹其父母痛苦的一幕，谁也不愿承担他们的大学费用；而大人们同样会把老问题带到下一段关系中。但最近，你发现自己不自觉地想起那些成功的离婚案例：孩子似乎并没受到什么伤害，大人看起来比之前更加快乐，仿佛重获新生一般。尽管如此，你依旧不想离婚。想办法减少婚姻中的痛苦，或许这才是更容易接受的方式。

* * *

相爱容易相守难。不论是独自一人还是两两成双，当人们苦苦寻找他们婚姻不幸的原因时，我看到了人生旅途中身陷窘境的痛苦——孤独、困惑、纠结、易怒、敷衍、崩溃。作为一名心理治疗师，我每天都会和以下这些婚姻难题打交道。

- 我是否应该想办法与配偶重修旧好？还是说我要一直坚持，绝不妥协？
- 明知对自己所处的困境应该多一份思考，可就是厌恶这么做。我只是想感受变化，换换"口味"。
- 明知自己对同事的迷恋是一种"幻想"，但为何这种感觉在我生命中竟如此地真实？
- 提醒自己应该对所拥有的一切心怀感恩，可越是这样，我感觉越糟。
- 在我的余生，我能够做到或者应该做到清心寡欲、不为情爱所困吗？
- 我应该继续容忍配偶的药物滥用、消费习惯、精神疾病吗？
- 我的配偶正在疏远我，但我不知道自己能否或者有意愿按照他所希望的改变自己。
- 如果我最大的愿望就是给孩子们一个快乐的童年，可我自己的婚姻都不幸福，我又怎么能做到这一点呢？如果我自己幸福要以牺牲孩子们的幸福为代价，我又该怎么办呢？

找我咨询的人通常会在自身义务和真实感受之间痛苦、纠结。一次，我与职业女性丽莎交谈，那时的她刚满 47 岁，从她的话语中就能感受到她在苦苦挣扎："我从未觉得自己是中年人，可我的确都 47 岁了，47 这个数字牢牢地据守在我心头。47 岁对我来说是一件大事。50 岁还有一个大问题。"我问她为什么这么说？她解释道："我觉得到了 50 岁我就能明白了。"但是，丽莎并没有弄明白；相反，她比以往任何时候都更加困惑。工作、生儿育女和家庭生活让她疲惫不堪，过去的 15 年时间里，她与丈夫日渐疏远。后来，她突破了自己的价值观底线，与一名年轻男人开始了一段婚外情。"太不可思议了，我竟然和一个让我疯狂、心动的人在一起了。我们发短信，打电话，互诉衷肠，完全没有受困于家庭琐事的负担。我与我丈夫的夫妻生活则显得沉闷无趣，我把这归结为因衰老而导致的必然结果。

但有趣的是，和这家伙在一起却能让我想起我的丈夫聪明、专业的优点，而且他比我还年轻了10岁。现在，我的经历也落入中年危机的俗套：年龄奔五，婚姻一潭死水，碰上了一个让我心动的年轻人……"

让我感到震惊的是，人们常常试图把他们的婚姻困扰称作"老生常谈"而不予理会，只是为自己沦为"中年危机"的牺牲品略感尴尬而已，直到最近，他们还认为"中年危机"不过是略带贬义的说法而已。我们对于中年感情破裂持有窥视隐私般的批判，部分原因是为了自我保护。例如，"她要和他离婚，嫁给他们的租户！""他跟一名脱衣舞女私奔了，现在居然要带她去看我们孩子的足球比赛！"生活中发生的意外会让我们脆弱，于是我们试着提醒自己"人应该更加成熟"，即用这种普遍认同的信念让自己的内心强大起来。如果发现自己最近很容易被自私或不成熟的情绪影响，尤其是不久前，你还对自己的选择感到非常自信和成功时，那么是时候好好清醒一下了。

尽管生活乏味，庸庸碌碌，但是我们内心仍然能感受到，一些重要的事情正在酝酿、发生。我们感觉自己正从浑浑噩噩中醒来，无法忍受像过去一样麻痹自己。也许专心抚养孩子会让我们产生一种奇怪的解脱感，因为那时自己的欲望被束缚住了。满足孩子的需求，让我们可以暂时摆脱对自己所求的渴望，以及由此产生的所有复杂的困境。但我们内心深处清楚地知道，这不是一个长期可行的解决方案，好在孩子们都已长大了。据统计，50岁的我们可能还要再活40年。20世纪50年代，有每天两包烟习惯的人可能活不过62岁，而现在已大为改观。

很显然，如果妥协就意味着压制我们的个性，那我们就不能把中年婚姻窘境一味轻描淡写成"婚姻就是妥协"一类的老生常谈。人生说长不长，说短不短，如果我们想让婚姻生活成为自己真正想要的样子，那么我们必须找到一些方法让婚姻中的两个人保持活力、全身心地投入、彼此渴望、保持自我。

我们把婚姻困难期轻描淡写地说成"中年老生常谈"，其实是试图缓解自己所面临的压力。我们希望，如果可以让自己远离他人的危机，抑或是把自己的危机最小化，或许我们就可以摆脱它们所带来的破坏。但某些重要且有意义的事情正在发生，虽然我们对它们究竟是什么尚不得而知。当一名两岁的孩子开始说

"不"，或是一名青少年开始有性方面的冲动的时候，我们并不将之称为老生常谈。我们认为，这些都是两岁的孩子或青少年的共同表现。幼儿和青少年都在努力成长的过程中，懂的知识也越来越多，身心也越来越成熟、健全。幼儿说"不"，是要争取更大的自主权；而青少年则是探索性方面的知识，成为一个有性经验的人。虽然他们的任务不同，但在某种意义上，遇到困难带来的挑战是一样的。与幼儿和青少年一样，我们一方面渴求发现、充分表达自我，另一方面也希望与他人保持密切联系。我们既有冒险的冲动，又不想真出什么危险，我们也总想在自主与联结两者间取得最佳平衡。这一目标对任何年龄的人来说都合情合理。我们有权利也有责任去追求这一目标。那么，是什么让婚姻困难期变得那么煎熬呢？

* * *

生命的中间点代表的是情感方面最大的冲突时刻：一方面，我们渴望向外寻求办法来解决自己在情感上遇到的困境；另一方面，我们又意识到这些努力最终都无济于事。在婚姻困难时期，现实教育了我们，年轻时的那些与我们的生活休戚相关的活动，如找一份心仪的工作、处理好方方面面的人际关系、为传宗接代养育孩子、拼命赚钱置办属于自己的房产，等等，往往违背了自己的真实意愿，并没有真正照顾到我们内心未解的问题，即对不确定的事物我们依旧渴望，而那些已经实现的并不能完全满足我们的内心需求。

事情远不只是外部成就没有关照内在问题那么简单，我们已经开始在用一种更为复杂的眼光审视我们自己。随着经验的不断积累，我们懂得的更多，而这也让我们从以下三个方面感到不安起来。

第一，我们对时间与失去参悟得更多了。人终有一死变得不再抽象，这是谁也逃不开的现实问题。我们从出生一路走来，不可避免会遭受到一些令人失望与有挫败感的事，但岁月所带来的精神智慧正开始让我们发自内心地感知其意义。无论多么完美的人、令人艳羡的工作或丰厚的财富，都不可能完全填充我们的不满足感。我们甚至开始有一种感觉，那些"拥有一切"的人也与我们一样在同一条船上。

第二，随着时光的流逝，我们对亲密关系越来越有紧迫感和酸楚感，这就是我们的人生。这种关系是否能够再延续 40 年？此刻是考虑那个问题的时候吗？我们开始有了些许怀疑，各种不合时宜的渴望与需要在心中翻涌，进而有了一个不安的想法：压抑或长期不和终非长久之事。我们恐惧、害怕，试图靠工作、刷剧、买醉来解脱。我们隐隐感觉到，要有所得必先有所失，痛苦的动荡与剧变可能是获得情感成长与内心平静的代价。在现实与可能之间、在拥抱与放弃之间纠结与摇摆，往往让我们感到迷惘与困惑。

遭遇不顺，我们脑海中就会浮现两个选项：为了孩子、一路走来多么不容易、财务问题、家庭稳定、曾经的誓言……别折腾了，能凑合就凑合吧；或者进行抗争，以期获得另一个机会，也可能是一段更好的恋情。投降还是逃离？放弃还是重新开始？消极认命还是激烈反抗？我们之所以会想到这些，主要是因为面对何去何从，我们完全没想清楚。但另一个想法会接踵而至，那便是我们要诚实。我们扪心自问："抓住激情与疯狂挽救两个人的感情之间的界限在哪里？解决与忍受的差别又是什么？"明明很努力，想在生活中获取更多，怎么到头来不知不觉间得到的反而更少了呢？什么时候对诸多限制的坦然接受有助于我们对拥有的一切物尽其用，什么时候预示我们不认命？这份对生命局限的隐然察觉意味着，抛却过往、重新开始对我们已经不是一件随便轻松的事了，其代价是高昂的。我们明白了，哪有什么"重新来过"，有的不过是另起炉灶，继而沿着我们身后那条不可避免的复杂之路前行。眼见身边人的行为，我们也一改长期以来不屑一顾的态度，注意到那是人们竭力在用逃离来对抗一潭死水的压抑，暂时试图超越这个生命阶段引发的"碰壁"感。

第三，随着时间的推移，我们不可避免会面对涉及价值观的问题。例如，我们的婚姻价值观是什么？坚守或逃离又意味着什么？美国哲学家斯坦利·卡维尔（Stanley Cavell）曾说过："人们对结婚或离婚合法性来源的无知，是我们这个世界的一个公开的秘密。"扪心自问，很多人都不知道自己对婚姻有着怎样的立场。社会学家发现，人们接受文化方面的信息矛盾重重，对自身爱情的说法也前后不一致。比方说，我们既相信夫妻双方应该为了孩子不要分手，也认同他们拥有追求自己幸福的自由。我们还认为，一见钟情的确令人向往，但又不切实际。我们既支持浪漫的爱情观，即婚姻的意义源自我们配偶的特质，对自己来说配偶是

"独一无二、不可取代"的。同时，我们也赞同一种更功利、实用的观点，即漫漫人生路，两个人终会"渐行渐远"，在不同的人生旅程阶段，我们的配偶人选也应不同。我们一直努力在自由、理想与家庭生活之间取得心理平衡。稍有自知之明，我们就会心生怀疑：自己所向往的情爱经历为何与好莱坞电影和广告剧本中的情节如此不谋而合？一旦不能在我们的长期夫妻关系中嵌入浪漫的、让人着迷的情感与性爱元素，我们就会担心，未来几十年自己怕是熬不到头的。

试图把我们的婚姻价值观建立在普遍的原则之上几乎是不可能的。如此一来，剩下的原则就为数不多了，且大都也是自己指定的，即便那些遵守更高法则的人也是如此。有研究表明，宗教右翼人士的离婚率较其他人反而更高而非更低。那些坚称婚姻誓言是神圣的宗教信仰群体，却往往对女性权利持有愚不可及的看法，宣扬一种压迫性的婚姻模式。决定人们是否结婚与维系婚姻的强有力要素并非共同的社会价值观或普遍原则，而是对金钱和教育的考量。过往 20 年的人口学研究表明，那些掌控更多经济与教育资源的人结婚和保持婚姻的比例要高于那些资源少的人。资源越多，不仅离婚越少，在生活安排上也越有更多的选择。不过，无论经济地位如何，越来越多的人将一夫一妻制与尽好父母的职责是分开看待的。

尽管如此，我们大多数人对离婚的不安都与自己的孩子直接相关，即会顾及孩子的感受，想给他们一个有爱的成长环境。不少夫妻认为，为了孩子是他们修复夫妻感情最重要的理由。英国著名的精神分析学家威尔弗雷德·比昂（Wilfred Bion）曾有这样的表述："相爱的父母绝对是不可替代的。再多的谈话或理论都无法取代相爱的父母的位置。"对孩子而言，父母相爱绝对是有好处的。但父母有时感受到的是他们彼此不相爱了。与其说人们维系婚姻是为了孩子考虑，不如说夫妻彼此间仍很恩爱。

在结婚与离婚的价值观问题上，大众文化并没有提供太多的指导。一方面，它让我们不断重回年轻时的心态，生怕自己"放弃"了"大好未来"。资本市场所激发出的欲望引擎对我们的想入非非推波助澜，让我们以为一切感情困扰都可通过买卖、交易或是像做一场手术一样予以摆脱。另一方面，大众文化不断向我们诉说撩动心弦的话语，即激情浪漫是我们焕发新生最有效的手段。即使你相信，长期且稳定的一夫一妻制是浪漫爱情的持久载体，你也会面临无数次的提醒：让爱情充满新鲜感是生命中不可或缺的，对它的长期专一是一种需要不断的、慢慢培养的过程。双方的感情由狂热变得索然无味并不预示着一段时期苦乐参半生活的终结，而是向二人发出的感情如一潭死水、亟待纠正的信号，至少，购买烛光晚宴蜡烛、提供按摩服务或预订度假酒店套餐是应有的补偿手段。

我是心理疗法的积极倡导者，治疗文化的某些方面鼓励人们审视自己的感情，并发现其中的不足之处。为了渡过婚姻中的难关，你需要拓展你的视野，扩大自己的注意力，从细微的情绪起起落落中跳出来。但这种向外的关注会让你在治疗过程中产生怀疑，即"我是不是对婚姻不上心"或"我的心思不在当下"。消费主义要求我们关注细节，将所关注的切分得越细越好（要不然我们怎么会觉得自己还需要下一代的苹果手机）。这一心态会渗透进我们的感情观，让我们关注细枝末节，并放大不满情绪。对个人成长的令人钦佩的关注从哪里结束？"越差异，越优秀"的思维定式从哪里开始？这些方面的界限太细微，我们始终无法精准界定，且周遭的文化又鼓励我们没必要分得那么清楚。

无论是青春的焕发、充满激情的男欢女爱，还是浪漫的爱情，这些都值得赞美，我也会把它们置于最美好的事物之列。但这不等于说，为了渡过婚姻的难关、重获活力与生活目标，我们只能一门心思地加倍关注这些方面。如果真那么做的话，也只能暂时缓解情感与其他方面的孤寂，到最后才发现自己走错了方向。真实的情况是，生活是单向维度的，我们在生命早期所拥有的那些东西，比如年轻时的美貌、高中时的恋人、旺盛的性功能，都变得愈发难以获取、难以追到手。随着时间的推移，若是无法正视失去了就永远失去的现实，对那些无法失而复得的东西不肯放手，那么风险会越来越大。我们如果想让自己生命的后半程顺顺利利的话，就必须发展并完善其他方面的能力——内在能力。

诚然，受到当下美国文化的影响，人们并不总能明晰什么是对极限的现实接受。美国文化现在所标榜的英雄是那些在宿舍里玩电脑的人，到26岁时他们便成了互联网亿万富翁。青少年看着视频网站YouTube上那些一夜成名者的生活日常，渴望自己也能获得那样的瞬间神奇影响力，而他们的父母则一脸茫然地看着。我们现在都生活在人工智能时代，它使我们的交流和知识成倍扩展，同时也在以人们尚未理解的方式对我们的意识进行殖民。得益于健康或是整形美容，70岁的人看起来像50岁的,我们享受着比祖父母多出20~30年时间的"长寿红利",这意味着生命的完整阶段直到当下才被真正绘制出来。

然而,即使我们将寿命可能性的边界扩展到了过往难以想象的极限,我们还是生活在终究一死的躯体里,且我们大多数人都相信,在这个星球上的生命体只活一次。这一想法必然使得一些人顺应"把握今朝"的冲动,以逃脱婚姻的不适。当然,它也会让另一些人回归自己的婚姻,希望通过自己的努力使之更加美满。如果这些人寄希望于自助,他们还会遇到传统的健康说教,即研究表明维系婚姻是值得的,因为可以防范得心脏病的风险。如果谁有疑问,这些著述似乎在暗示我们,不妨把婚姻视为健身计划的一环。不过这样一来,把婚姻说成一次锻炼而非真正意义上的心灵契合,多少缺乏一丝鼓舞人心的宏伟气势。更具心理学导向的是对幸福的研究,这些研究表明,改变一些关键习惯,如设定目标、练习感恩、培养乐观,可以将我们的亲密关系改善到令人惊讶的程度。一大批现代的精神分析流派大师则得出了"自我不过是一种错觉,超然才能带来个人的转变"的结论。他们认为,如果我们在夫妻关系中感到不满,那是因为我们对爱的理解太局限、太片面,即对有形(个体)的依恋超过了无形(无限与超越)的。

当然,能汲取积极心理学的实用与赋能精神对我们来说未尝不是一种解脱和慰藉,它明确说明了有哪些幸福方面是可以通过努力与健康的日常习惯来实现的。然而,具有讽刺意味的是,关于长期关系对健康有益的善意信息,以及受新时代影响的精神公式,却对婚姻中的核心部分(我们的情感)有着令人吃惊的简单化看法。

情感构成了婚姻意义感的核心,它定义并构建了我们的恋爱关系。你当然可以去谈论脱离自我,但前提是你得先承认自我是自己的一部分,而自己是基于情感的,情感就发生在我们的身体里。婚姻,就像为人父母一样,势必会涉及肉体比较顽固的现实,这也是结婚、生子如此艰难的原因之一。在我们从虚无的抽象走向现实的亲密关系时,我们很快会意识到,通往智慧、爱和活力的唯一途径就是对情感的敏感与巧妙的管理。正如哲学家康德所言,鸽子希望空气没有阻力,这样它就可以飞得更高,殊不知,鸽子正是借助了阻力方能飞翔。同样,我们也无法摆脱自己的肉体与情感,唯有从我们这副作为媒介的皮囊出发,才能找寻到自我定义与如何去爱的方式。

我们大都想从婚姻中得到感情、信任、安全、乐趣、慰藉、鼓励、兴奋与舒适，既贪恋他人的陪伴，也不舍自我的独处，既不被侵扰也不被抛弃。希望自己获得关注、被接受、被重视与被理解，凡此种种都取决于彼此情感分享与沟通的质量。这就是为什么在婚姻困难期的我们必然会被要求站在一个全新的认识水平与自己的情绪做斗争，并搞清楚这些情绪对我们的亲密关系意味着什么。这是一段深刻的个体与他人的亲密关系之旅，面对混乱、复杂的关系，没有任何捷径可走。难怪面对那些看似简单的应对方法清单和推文，以及铺天盖地的提醒我们幸福尽在掌握的信息，我们感受到的不是安心而是恐惧。

基于过往30年的心理学研究可知，我们的思维是在人际关系中形成的。这意味着，不但我们的思维与人际关系有关（的确如此），而且人际关系也会塑造我们处理和体验现实的方式。心理学在描绘早期依恋、情感发展和成人亲密关系之间的联系方面取得了巨大的进展。在我们的一生中，情感对重要的事物予以标记，而无论什么年龄，令人满意的关系都是重要的。因而，从真正意义上说，婚姻是童年的延续。作为一种关联身体、心灵和思想三方的亲密关系，婚姻提供了一个强大的终生载体，让我们了解他人、被人了解，同时发展我们深层的情感生活。

总的来说，研究发现，影响我们关系满意与否最重要的因素都与情绪有关：我们如何调整我们的情绪，体验它们，管理它们，沟通它们，使它们足够平静以回应他人，并使它们与我们的行为和目标一致。在本书中，我会把健康情绪的关键能力总结为有好奇心、同情心和控制力。有好奇心，我们会尝试去理解自己与他人的真相；富有同情心，我们会对自己和他人的挣扎感同身受；当我们实施自我掌控时，我们以准确、灵敏、易被听到的方式来控制和传达我们的情绪反应。好奇心、同情心和（自我）控制共同让我们能为自己负责，而非让配偶为我们的情绪负责，它助力我们建立应对坎坷所需的内在能力。

婚姻能否幸福主要取决于我们的情绪控制技巧、自身的灵活性和适应能力，还取决于我们是否能够重视配偶的需求和婚姻的需求等其他因素。一旦对其中任何一方有所忽略，婚姻困难期便会出现。有时，我们把婚姻定义为对个性的压抑，且所采用的解决方法不可持续。要么就是发现自己只能以一种零和生存策略的方式来表达自己的需要，而没有把婚姻视作获得舒适、兴奋、稳定与成长的资源。在整个生命中，我们都在通过不断与他人的个性对抗来获得对自己的了解。理想情况下，我们并非只会做回应，也可以利用我们与他人的互动来增强自我意识。结果就是自我定义日臻完善，由此带来的更真实的关系也成为可能。这种与自我和他人之间的反复联系是成人发展的动力，也是婚姻成长的动力。如若情感互动基本健康，那么作为个体，我们会逐渐变得更有自我意识；作为配偶，我们的关系也会变得更加亲密。

就婚姻本身而言，在谁该为这些情绪负责这个问题上，我们很容易产生误解，更不用说与之相关的爱情观念了。这就好像我们心心念念迎接的充满激情的理想，回来的却是经年累月关乎谁对谁做了什么的怪物。随着时间的推移，如果我们不能以健康的情绪心平气和地沟通，便会陷入一种思维陷阱，认为个体与配偶之间的冲突在所难免。事实上，我们此刻就会认为，日常生活中产生矛盾这一现实是无从回避的。无论怎样，我们都忽视了一点：处理自己情绪的方式会极大地影响认知与参与婚姻的方式。接下来，我们会把注意力放到个体身上：一是因为个体在有关婚姻、伴侣类的文章中历来被忽视；二是因为，只有个体获得了成长，婚姻幸福的大门才会真正打开，两者看似矛盾，实则是统一的关系。

鉴于婚姻带来的挑战接连不断，我们有必要拿出个体与配偶双向维度上的最佳资源来把问题逐一解决。这其中的孩子、性爱与工作三大挑战遍及婚姻情感的全过程，相应地，它们也贯穿了本书的每一章。至于那些具体的挑战，诸如金钱和衰老，我们分别会在书中的某一章予以探讨。我希望，夫妻双方可以共同来阅读本书，按顺序读下来。我也希望每一位读者有机会聚焦三个问题："作为个体，我想做一个什么样的人？我想扮演一个什么样的伴侣？两个人如何协调？"

我旨在围绕这些问题创设更多的喘息空间。从广义上讲，若是喘息空间能从以下几方面有助于个体的成长，那么婚姻困难期的巨大负能量完全可以加以利用，进而产生好的结果。

- 成为一个更有爱心的人。你没看错。我所说的并不是让你去参加迷恋上冥想老师的静修活动，而是让自己全身心地投入，对他人与自己都能更加善良与富有同情心。
- 对配偶的观点与经验一视同仁。这意味着，要认清自恋的本质（不只是你，你我都有）。将对方视为真正的人，而不是自我需求的满足者或你自己心理的投射，这是一辈子的修行，永无止境。
- 情绪表达节制而不夸张。婚姻为我们的坏心情、指责和评判的倾向提供了一个现成的垃圾场。你要为自己的表达方式负责。如果出现了消极互动，事后要去修复关系，这样两人才能越来越亲密。
- 处理好与你幻想中生活的关系，拿捏好分寸。这意味着你要培养出一种意识：行动和想法不是一回事。相信自己能辨别好两者的区别，让想象与幻想中的生活成为你创造力的源泉，而非麻木与逃避的出口。
- 找寻承诺的必要，让高于情绪的价值占据上风。成年后，目的与意义感来自向内深化和向外扩展双重的心理活动。对于处于婚姻低谷期的我们需要利用渐逝的青春与死亡的低语，来激发并强化我们的自我意识、对他人的爱和与世界的关联。

* * *

作为一名治疗师，我有两个指导性假设：其一，如果一段感情失去了稳定、有爱的前景，那就不值得为之停留；其二，再苦再难，只要留在婚姻中，就有望培养出一段稳定、有爱的感情。谁都知道，与另一个人成婚并非追求亲密生活的方式，但人们依然会在无法理解的压力下做出这样的决定。他们感受到的是各种推搡拉拽，无法随心所欲地选择。我相信，对于许多寻求我的帮助的人而言，解决婚姻中的问题而非一走了之才是获得稳定、有爱的感情更为直接、一劳永逸的方法。

基于我之前有关婚姻中个人责任的言论，人们或许会被误认为我赞同以下两个常见观点。第一个观点是，作为一个成熟的成年人（尤其是有孩子的人），忍受是你的责任与义务。那万一不幸福了怎么办？那就分散自己的注意力。第二个观点是，婚姻是工作。有些人借此把我归类到寡欲的清教徒阵营，从性爱到用餐都有一套道德标准。

先回应第一个观点。在我看来，我们在婚姻困难期感受到的所有缺憾的事物其实都是值得为之追求的：活力四射、灵动、充满爱与被爱的渴望。在亲密关系中，这些目标我们都不应放弃。而且我们应当从更广泛的维度来审视这些目标，即不仅从婚姻方面考虑，还要从婚姻困难期所带来的承担责任及重新承诺自己是谁的机会方面考虑。面对的挑战是，我们不仅要寻找与配偶幸福相处的方式的可能性，而且还要再次思考我们与自己以及我们与世界的关系。

接着回应第二个观点，即婚姻是工作的观点。你要是问年长一些的已婚人士，他们时常会把婚姻视为自己最引以为傲的成就之一。他们有此说法，一是因为婚姻并非易事，而且他们也认识到婚姻本身就是一项极具创意的项目。但对于婚姻是工作这种说法，人们往往对此报以不屑，不仅因为它强化了婚姻是自愿、兴奋与乐趣的终结的观念，而且它将我们当下的婚姻体验与起初的希望与快乐对立了起来，令人沮丧。

可这一解读完全错误地定义了企业经营的核心活动。这里所谈的"工作"并非清扫浴室的苦差事，也不是流水线上枯燥乏味的重复性工作；它是要去面对真实的情感与脆弱，是要去克服打开心扉的挑战——活在当下、倾听他人、体察情绪，开展对话和面对现实；是要勇于承担风险，不撒谎，会倾听，努力建立亲密关系。

人们若是不承担这些风险，就会自我封闭，脱离关系，继而婚姻剩下的也就只有枯燥乏味与一潭死水了。于是，他们开始告诉自己："我何必这么努力工作。"如果你觉得经营感情让自己感到沮丧，不妨想象成这是在为你自己工作。可见，你在自己身上花的心思越少，他人和你打交道投入的精力就越多。不知道你有没有注意过，人们经常在迈出重新开始的那一步时，却把烂摊子丢给他人收拾。同理，努力审视内心，与自己的心魔斗争，你也会收获更美满的感情。

婚姻低谷期有望成就一个更完整的我们。我相信，冲突发生，与之博弈，是一段我们每个人都必经的心路历程，从而达至对自我的理解。这需要拿出你的每一分勇气。这既需要你牢牢把握当下正经历的残酷现实，还要有与之保持一定距离的能力。困难之处在于，最终你能否实现对生活的领悟——自怜但不自私，令人满意却也很真实。

　　人们总感到他们的处境复杂到不可思议，又陈腐到令人无法忍受。其实只需稍稍多了解一些我们在婚姻中与中年时期对抗的强大力量，便可让我们对自己与他人多一些同情，少一些评判，也能让我们在辨别自己的人生之路上多展现一些耐心与智慧。显而易见，我的工作并不是要去维系那些病入膏肓的婚姻，有些婚姻注定终结；相反，我感兴趣的是处于婚姻困难期的人们的精神状态，以及它们能教会我们如何满怀激情、富有创造力并勇于担当地度过余生。婚姻困难期虽充满痛苦和困惑，却给我们提供了一个了解自己、拓宽视野、成长至成熟的机会。

目　录

第 1 章　自省与自恋的灰色中年

自我关注与自我觉醒的中年危机　// 003

情感觉醒危机 vs 改善亲密关系　// 010

金戒指思维模式 vs 跷跷板思维模式　// 015

婚姻是促进还是制约了个人满意度　// 019

第 2 章　在夫妻生活中感受亲密

没有夫妻生活是因为彼此感到无趣　// 025

用爱的语言与行为营造亲密的氛围　// 028

早期亲子关系不佳会影响成年后的情感问题　// 030

借助自我意识调节情绪　// 034

婚姻的舞台之一：愉悦的夫妻生活　// 037

第 3 章　每个人的婚姻都是一则故事

逃离，源自把自己的情绪归咎于别人 // 045

你将如何讲述你的爱情与婚姻故事 // 046

你的婚姻故事折射出你童年的依恋类型 // 050

情绪调节失控对婚姻造成的不良影响 // 057

富有成效的夫妻对话 // 063

促进夫妻间富有成效的对话技巧 // 066

第 4 章　外遇不会凭空而来

婚外情的发生真的是因为他渣吗 // 071

诚实是婚外情创伤修复的前提 // 074

性幻想对夫妻生活的潜在价值 // 078

如何从婚外情事件中走出来 // 082

第 5 章　滥用成瘾性物质以期摆脱婚姻困境

成瘾性物质能帮助逃离婚姻困境吗 // 087

滥用成瘾性物质是夫妻关系发展的巨大障碍 // 091

为减压沾染上毒瘾，反而毁了一个家 // 095

家庭美满、事业蒸蒸日上的她为何成了酒精的俘虏 // 104

滥用成瘾性处方药带来的危害 // 111

戒瘾，相信团队的力量 // 114

第 6 章　金钱对婚姻的严峻考验

金钱是婚姻中隐藏的通货 // 119

金钱就像放在抽屉里的一把刀 // 121

压垮婚姻的一根稻草——家庭账单 // 130

金钱在家庭稳定中的作用 // 137

夫妻金钱观一致，才能让婚姻走得更稳 // 142

第 7 章　如何化解精神出轨的执念

欲求不满的单相思 // 147

因刺激与平静失衡而坠入欲望之网 // 158

网络给了人们寻求更大刺激的可能 // 161

摆脱精神出轨 // 165

第 8 章　岁月像一把"杀猪刀":如何适应彼此的年老色衰

让衰老在婚姻中得以安放　// 173

夫妻生活的力不从心　// 175

爱一个人究竟能否抵御住衰老的蹉跎　// 179

提防导致夫妻不和谐的更年期　// 180

尊重对方对自己身体的自主权　// 184

夫妻间逃不脱的衰老焦虑　// 191

我们如何才能更好地变老　// 194

第 9 章　提前到来的空巢生活

重回二人世界的不安与忐忑　// 199

为彼此的爱好腾出空间　// 202

如何调整父母离世带来的丧失感　// 207

"空巢"是夫妻积极改变的机会　// 212

第 10 章　离婚还是继续过下去的两难问题

　　婚姻生活中的依恋伤害　// 217

　　离婚会对孩子造成什么影响　// 221

　　离婚的硬性原因：无法恢复的爱的感觉　// 225

　　为什么中年女性会更多地选择离异　// 227

　　何为良性离婚　// 231

第 11 章　婚姻生活中的良性互动

　　彼此聊得来才是爱的保鲜剂　// 239

　　彼此的归属感才是长相守的底色　// 240

　　共同生活的艺术　// 245

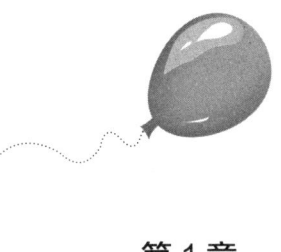

第 1 章

自省与自恋的灰色中年

The Rough Patch
Marriage and the Art of Living Together

自我关注与自我觉醒的中年危机

以前并没有"中年危机"这个概念，但到了 20 世纪 60 年代，在人口趋势、文化信息和学术研究的相互作用下，一些心理学家提出了这一概念。正如不同的社会条件孕育出不同的概念（如 17 世纪的"童年"和 20 世纪初的"青春期"这两个概念）一样，"中年"阶段在 20 世纪中期开始引起大众关注也就不是什么巧合了。1900 年，白人男性的预期寿命大约在 46 岁左右；到了 1970 年，其预期寿命则成了 67 岁。"毕生发展"作为一个可被研究的领域开始有了意义，因为人们有更多的寿命可以研究。心理学家埃里克·埃里克森（Erik Erikson）的经典著作《童年与社会》（*Childhood and Society*）于 1950 年问世，他在书中所划定的一系列的成人阶段，几十年来一直是被普遍认可的具有指导性的框架，它们分别是年轻人要努力应对的"亲密 vs 孤独"阶段、中年人所面临的"繁殖 vs 停滞"阶段以及老年人满满的对美好生活的接受或对失败的人生感到的失望的"完整 vs 绝望"阶段。

1965 年，精神分析学家埃利奥特·杰奎斯（Elliott Jaques）发表了一篇题为《死亡与中年危机》（*Death and the Midlife Crisis*）的文章，他在文章中首次提出了"中年危机"这个术语来形容人到中年的种种不适。中年发展在埃里克·埃里克森的模型中萌芽，于 20 世纪 60 年代和 70 年代在哈佛大学、加州大学洛杉矶分校和耶鲁大学的大型纵向研究中得以全面发展。心理学家乔治·瓦利恩特（George Vaillant）、罗杰·古尔德（Roger Gould）和丹尼尔·莱文森（Daniel Levinson）各自提出了一套成功男性成年期的任务理论，丹尼尔·莱文森的理论又因盖尔·希伊（Gail Sheehy）所著的《道路》（*Passages*）一书的出版得以普及。此外，两股社会转变相互交织，给 20 世纪 60 年代的中年危机模型平添了紧迫感，这也被视为新开端的关键节点。一是口服避孕药的面世，它让成年人的性生活发生了翻天覆地的变化。二是婴儿潮那一代人推崇全新的年轻人的性文化，这让那些1967年以前就结婚的人觉得自己错失了良机。从1966年到1979年，美国的离婚率翻了一番。中年危机这一看法带有20世纪60年代性解放主义和乐观信念的巨大印记。后者认为，中年人的生存"危机"可以通过充满激情的性爱满足与对浪漫爱情的重新成功追求带来的成就感来解决。

研究毕生发展的先驱们提出了一个重要的观点，即我们在成年期自始至终一刻都没有停下发展的脚步。但囿于时代的局限，他们的作品既有个人主义倾向又偏向男性视角，它们不仅没有涉及20世纪末女权主义的影响，就连主流的心理健康模型对增进或损害亲密关系的人与人之间的情感过程也缺乏认识。这些作品通常围绕一个"英雄"，即剧情中的主角展开，他的情感历程是第一位的，所呈现出来的婚姻让人感受不到是两个真实的人在驾驭一段情感关系。"中年危机"这一概念多年来因"红跑车""小媳妇"等备受嘲笑，这其中一个原因或许就是，它自打诞生以来，就没能将真实的自省与自恋式的自我辩护这两件事梳理清楚。

1978年，丹尼尔·莱文森所著的颇有影响力的《人生四季》（*The Seasons of a Man's Life*）一书出版，书中追述了吉姆·特雷西的一生，无形中也为我们提供了一个很好的例子，说明"自我关注"开始被纳入了发展理论：

吉姆从海军学院毕业后寂寞难耐，于是与维多利亚成婚。但他很快就发现，维多利亚冷漠、性冷淡、懒惰且不善于持家。过了几年闲情逸致和打拼事业的日子后，吉姆与琼发生了婚外情。琼是个很特别的女人，能让吉姆重新振作起来，吉姆觉得跟琼在一起生活变得丰富多彩，充满了希望与梦想。然而，从离婚到再婚最多五年时间，吉姆又对琼的剧烈转变发起了牢骚，说她从一个"28岁的迷人新娘"转变成了一个依赖他人、没有追求的"家庭主妇"，对她的个人成长忧心忡忡。

丹尼尔·莱文森在书中郑重其事地写道，吉姆·特雷西正在"学着去接受琼的不足"。了解了吉姆的人生轨迹，我们不难看出琼的变化与吉姆的期望（琼完全以吉姆为中心）脱不了关系。这其中，以自我为中心是始作俑者，性别歧视文化起到了推波助澜的作用。经历了女儿意外怀孕和儿子自杀未遂后，琼对混乱的家庭状况痛苦不堪，婚姻濒临破裂。但是，吉姆非但没有直面自己作为父亲的失职，反而去重新评价琼，认为她与他想象的相去甚远。事实上，对自己孩子的不管不问破坏了他以前对她的理想看法。

吉姆·特雷西作为20世纪60年代的军需品高管，因为目光短浅，受文化束缚而把自己的女人变成沮丧、消沉的人，发生这种情况我们并不意外。在我们看来，像丹尼尔·莱文森这样博学且具有人文主义精神的导师是不大可能认同吉姆对琼的评价的。然而，莱文森很悲哀地写了以下的内容：

特雷西开始顺应琼的喜好，限制自己的生活以取悦她。他拒绝男性朋友的相邀，也放弃了他十分看重的一些活动。他卖掉了自己的船，建了一个游泳池，在花园里劳作，还修缮了他们的房子……为了让琼开心，他主动选择限制自己的视野和生活。他努力以自己的方式尽可能地过上"平静"且"稳定"的家庭生活，但代价却是巨大的。

丹尼尔·莱文森似乎暗示，琼的梦想受挫要怪只能怪她自身的"问题和弱点"。相比之下，他认为吉姆选择限制自己的视野和存在方式来取悦琼是一种沉重的负担。但我们也会去想，是不是该让吉姆控制一下自己的权力意识了。或许他最终能意识到，人际关系还包括对他人愿望与对目标的关切。琼可能也会因此更满足，不仅因为吉姆卖掉了他的船或是建了一个游泳池，还因为她感受到吉姆在某个时间不再只围绕着他自己去设计生活并为此沾沾自喜。

当今，虽说丹尼尔·莱文森已是一位颇具威望的研究成人发展的学者，但他对吉姆·特雷西的描述却被解读为无视女权主义而令人生厌，这如同美剧《广告狂人》(*Mad Men*)中男性轻而易举便可占据舞台中心一样，纯属那个时代的狂人式遗物。然而，在21世纪初，相差无几的想法被重新包装，只不过这次是由女性对女性发出的。这些作家非但没有批判男性叙述中的自我陶醉，反而将其融入其中，称赞女性的中年危机为"女权主义"行为。

盖尔·希伊于1976年出版的书《道路》中开创了成人发展浪漫主义流派，其意图是激发人们对光明未来和充满可能性世界的希望。中年发展意味着消灭我们心中的恶龙，其中最可怕的是我们的内在监护人——"令人讨厌的暴君"，我们苛刻的父母就是其化身。盖尔·希伊将我们的梦想、激情和冲动与我们的禁忌、良心和内在监护人明确区分开来。这一区分将中年危机描述成善（"真我"的欲望和梦想）与恶（内在监护人的规则和约束）之间的一场明确的斗争。虽然很难，但我们必须放弃因对人员和机构过度投入而获得的虚幻安全感。事实上，放开那些于我们而言已经不合时宜的情感依恋，我们便成了英雄。在《性与经验丰富的女人》(*Sex and the Seasoned Woman*)一书中，盖尔·希伊笔下的"他者"——那个我们争取自由路上需要对付的人，常常被描绘成挑剔的丈夫或是需要投入大量时间照顾的孩子。

苏·谢伦巴格（Sue Shellenbarger）在她所著的中年宣言式的《崩溃点》(*The Breaking Point*)一本中把这些禁忌发挥到了极致。书中人物安娜就是一个仿佛从糟糕的爱情小说中走出来的人物：

在夏日的星空下，她与一位小自己20岁的男子漫步湖边……她完全没想过能再次听到有人对自己说"你很性感"这样的话，而且这句话竟然出自眼前这个很有阳刚之气、肌肉发达的男人之口。此刻她体会到了浪漫、兴奋、渴望的感觉，实在是太意外了。

安娜的中年危机始于每个人都脱不开的生活重担：重复的工作，对老板的虚假讨好，丈夫躺在沙发上按着电视遥控器（这正是婚姻极度无聊的典型象征）。要想把安娜的爱情故事描绘成一次浪漫的冒险经历，苏·谢伦巴格首先需要让安娜从一堆无意义的繁杂事务中把真实的自我拯救出来。

要不是苏·谢伦巴格把人物虚构得有些草率，我们必定会对安娜接下来的遭遇心生怜悯。安娜忽而极度兴奋，忽而又心灰意冷，她似乎出现了情绪与精神危机的迹象，我们担心她可能患上了抑郁症，甚至有自残的危险。苏·谢伦巴格显然是在刻意讲述一个自我解放的故事，但她本人似乎对自我解放这一使命也不无困惑。在苏·谢伦巴格看来，发生中年危机之前往往伴随着几个月的"像烟雾一样的情感死寂"。接着，她在书中模棱两可地宣告："当黑暗来临，安娜的信念愈发坚定，压抑在内心深处的梦想与渴望不应再被牺牲，旧有的价值与行为准则行将崩塌。"

的确，"压抑在内心深处的梦想与渴望"这话听起来显然很糟糕。人到中年就应该去重拾这些梦想，对吧？但是，如果说安娜"信念愈发坚定"是受了"黑暗来临"的影响，这不正说明绝望的情绪正在扰乱她的判断吗？当你发现自己精力下降、希望渺茫、自尊锐减的时候，就会忍不住想："我不会再去理会那些旧有的价值观与行为准则了。"你沮丧地躺在床上，蓬头垢面。你或许会去寻找任何能让自己有活力、不与生活脱节的能量，有的甚至是在你意气风发时并不认可的。面对崩溃，为了活下去，我们会抓住一切。

但苏·谢伦巴格想把这一绝望之举变成一种健康的自我主张，这是一种对一切惹我们心烦的人或事说"不"的女性力量。她甚至把"挫败"作为主要的推动力和直观的指南，来判断你的生活是否需要彻底变革。她在书中这样写道：

就跟女性自身呈现出的多变性一样。一个眼神、一次短暂的触碰、一个孤独的性梦都能重新点燃渴求亲密关系的激情。被尘封已久想去喜马拉雅山欣赏日落美景的念头突然被唤醒，成为一个信誓旦旦的成熟的决定。你满脑子想的都是去做一份全新且更有意义的工作，为此不惜抛弃30年来来之不易的职业生涯。

我们此刻在这里谈的并非挫败，而是全面的躁狂症分类。然而，我们逐渐意识到，"挫败"这个词所指的并非挫败本身，而是中年女性不能或不愿思考或评估负面情绪的一个弹性术语。苏·谢伦巴格赞同"中年危机在富裕和受教育人群中更为常见"这一观点，即金钱和教育"让人们在表达挫败这件事上更理直气壮、立场激进"。从这句话来看，金钱和权力感似乎也让我们面临严重的错觉风险，认为"表达个人挫败"是一种激进主义行为。

我们绕了一圈再次回到吉姆·特雷西身上，他的问题与自己的经历风马牛不相及，完全看不出是一个人。在1978年时，特雷西的所作所为被视作一个男人在追求自己的梦想，合情合理。可到了21世纪初，中年女性把自己放在第一位的做法得到了推崇与肯定，被视作一种解放行为。在这两个场景中，中年人对冒险的渴望取代了对平凡生活的不满，主人公出发了，跨过门槛，面临考验。故事的结构保证了"小人物"仍然处于次要地位。中年时期主角体裁的个人主义倾向完全抹杀了人际关系的动态本质。毫无疑问，这种互动循环是由吉姆和琼，或是安娜和她的丈夫共同创造的。

这种个人主义倾向显然将两人对彼此的动态影响最小化了，但它对个人情感的表达也过于简化了。苏·谢伦巴格写道："一个女人如果想继续活得像个人，就得踏上那些必然之旅来重燃自己内心的激情。除此以外，别无选择。"世界的意义与复杂性就在于"别无选择"和"必然之旅"两个短语上。要理解中年情感动荡的意义，我们就得弄清楚为什么我们觉得自己"别无选择"，我们何以踏上"必然旅程"，以及我们如何思考"像人一样活着"。这些都只是起点，而非终点。

如果我们承认，中年发展包含着向内深化和向外扩展的双重心理挑战，那么吉姆·特雷西和安娜的角色就不成立了，即使是作为叙事手段也是如此。向内深化不仅仅是挖掘和表达被压抑的情感，也不仅仅是要摆脱外在角色或"内在监护人"的束缚，而是要在相互冲突的欲望与目标之间建立一种全新的、更令人满意的关系。我们的欲望、我们的良心以及介于两者之间的一切，都是我们自己的，我们每个人都努力以一种适宜的方式调和与自己的冲突。那些推卸责任的故事（吉姆的第一任妻子是一个半冷漠的懒妇，而安娜的丈夫则是一个电视迷）助长了自私的倾向，把"问题"归咎于别人，而把"解决方案"留给自己。

对历经了数千年压迫的女性来说，吹响的实现自我权利的号角声极具吸引力和鼓舞人心。令人震惊的是，时至今日，两性关系仍然意味着女性在身份、欲望和目标上没有发言权。即使身处于开明与主张女权的地区，女性也常常觉得自己投注了全部心力去关爱他人。我们能理解她们内心因感到被利用、被剥夺的愤恨之情。学者们也提供了大量证据，证明了因职场偏见造成的代价以及对劳动中性别分工所造成的破坏性影响。了解她们的愤怒是积极改变的第一步。但女性所面临的挑战是努力解决摆在她们面前的实际关系中的问题。她们要重获自我身份的真正空间，靠的不是贸然采取简单的补救措施，而是做一些平淡无奇的基础性工作：关注自我感受，澄清什么对自己重要，坚持自己的主张，通过协商来争取改变。女性提出离婚一般有其正当合适的理由：四分之一的女性提到了丈夫沾染上了毒品或酒精成瘾，超过三分之一的女性提到了遭受到对方的精神虐待。但要下定决心离婚依然会耗尽她们所有的心力，而且在情绪激动时并不是做离婚决定的好时机。

所幸，研究人员为成人发展提供了一幅更为复杂且全面的画面，认为我们到了中年会产生挖掘内在的冲动，渴望摆脱年轻时循规蹈矩的身份标签。心理学家吉塞拉·拉布维-费弗（Gisela Labouvie-Vief）研究了生命历程，发现了一种她称之为"情绪解压"的中年倾向。年轻的时候，我们渴望采用成年人的标准与习惯，可随着人生往前发展，我们对服从不再感兴趣，反而对改变更加好奇。尽管如此，"解压"并不意味着彻底放松。这是一个复杂得多的过程，我们开始以新的方式来重新审视自己的情感生活和情感历史。通过自我反省，我们更充分地觉知到"自己与他人都是真正复杂的存在"，有时以悲剧性的方式往自己的内心叠加的诸多对立的情感，实则是受到了不可调和的矛盾的影响。人到中年，我们更容易意识到"内心处在各种冲突的情感相互打架的状态"，我们会因起冲突而感到不安、迷失方向。但若是借助疯狂的转变来处理我们的情绪，就不需要进行全新的、更全面的整合了。

向外扩展是中年发展的另一个方向，即与世界联结，它包含尝试新的冒险、追求新的目标，也与埃里克·埃里克森提出的"繁殖"这一概念有关。盖尔·希伊在其所著的《探路者》（Pathfinders）一书中曾建议，中年之旅造成的人为伤害应控制在最低限度。但坦白地说，这标准太低了。心理学家丹·麦克亚当斯（Dan McAdams）将"繁殖"作为中年成长的核心，即能够将他人视为自己世界的中心，同时将他人视为独立的个体，把他们的兴趣和关注视作与我们自己的同样重要。繁殖也根植于对极限和死亡的深刻认识中。当我们允许现实的有限性渗透到我们的意识中时，它就会帮助我们思考什么才是重要的。一个生育能力强的人会想象一个他已不存在的世界，并努力创造比他更长久的美好事物。从这个意义上说，繁殖思维模式与中年浪漫叙事中虚幻的"无限可能性"的特点形成了鲜明对比。

根据这些标准，吉姆·特雷西和安娜的自我关注的程度是值得注意的。身处个人危机之中，我们都倾向于关注自己，这可以成为带来有意义的诸多变化的起点。但是，如果你去喜马拉雅山观光的愿望胜过你对身边人现实境遇的关心，那么你几乎已经抛弃了中年人所应面对的一个紧迫问题，即如何协调自己的欲望与关心他人的问题，这是中年时期一项极为复杂的挑战。过度简化我们面临困境的故事并不能给大家指出一条有用的前进路径。

情感觉醒危机 vs 改善亲密关系

如果中年发展涉及情绪上的减压，那就意味着我们有时在玩火，或者至少在试图策划一场可控的大火。在大众看来，中年危机是结构性的，能让人感受到情绪的爆发、冲动与激情。当我们在现实生活中近距离目睹这样的觉醒时，我们往往会被深深地震撼到，有时会导致他们与过往决裂，朝新的方向前进。旁观者对这些时刻的反应褒贬不一。他们对朋友和熟人沉浸在这种欣喜若狂的体验中感到好奇、怀疑、嫉妒、烦恼、焦虑和激动。他们同时会想："他怎么了？"或"我怎么了？"

为了保持活力和持续成长，我们可能需要开启自己崭新的那一部分。可是，我们该如何利用这些新涉及的情感力量向善而非向恶呢？当我通过一个熟人认识阿列尔的时候，脑子里想的就是这个问题。阿列尔听说我是个作家，就很想和我谈谈她最近"经历的一场转变"。她是一位母亲，两个孩子都在上小学。她还是一位服装设计师，虽然已经42岁了，浑身上下却散发着与生俱来的魅力与平静，这让我瞬间有了想探究她的生活的冲动，并希望在她的生活中长久驻留。我之所以有如此的感受，或许是因为我们在一个阳光耀眼的日子，相遇在旧金山的阿尔塔广场公园，一同俯瞰被照得白花花的旧金山，而她当时身穿一件漂亮的紫罗兰色水煮羊毛外套。但我很快发现，她的故事远不止一开始看起来那么简单。

"我和我丈夫理查德的成长经历都很坎坷，"她一开始这样说道，"我母亲是个非常挑剔的人，我在20岁出头的时候感到十分迷茫。而我丈夫，他需要不断地与来自父亲的不良建议、家人的成瘾行为和辱骂做抗争。甚至可以说，我们都经历过抑郁期。我们都认识到了为自己付出的重要性，也有着共同的热情来保持这种状态。"

"我们相遇后就无条件地爱着彼此。我们一直相信，共同的价值观是婚姻稳固的基础。我们也同意，人一直需要持续的提升和成长。我一直佩服他的一点是，他一直为自己努力着。我们一直在用心去做，有了孩子以后更是如此。对我们来说，生儿育女是一个很好的机会，可以反思自己是谁、来自何处，以及想成为一个怎样的人。虽然日常多了不少压力，但我们都认为这唤醒了我们一个全新的成长过程。试着和自己的孩子做些不一样的事情，这很治愈，我们对此一直有着一致的看法。"

阿列尔传递出了真诚与热情，但我却注意到她在讲述中不时夹杂着"一直"这个词，仿佛她是被推动着去表达她的每时每刻都是充实的和热情满满的。我好奇的是，我察觉的到底是旧金山湾区夸张的完美主义与积极乐观的混合，还是反映了她个人挣扎的更深层的一些东西。

"大约一年前，我意识到是时候更全身心地投入工作了，因为之前孩子还小的时候，我退缩过，"她的语气变得不那么有热情了，"这给我和理查德之间带来了一些压力，因为我没有那么多空闲时间，而我试图推出一个服装系列，这在经济上是有风险的，需要他的支持。我向理查德建议，我们一起尝试做冥想来应对压力，这很有帮助。大约就在那时候，我开始对更严肃的冥想产生了兴趣，那年夏天我还参加了一个为期四天的冥想静修。我想让理查德也去听听，但是他忙于工作抽不出时间。我完全理解，他是一个超级负责任的员工，工作做得很好。"

她凝视着远处。"我无法解释在静修时发生了什么。但不得不说，我有过一次精神觉醒的经历。我记得当时我正坐着冥想，身体开始控制不住地颤抖。眼泪夺眶而出。然后，我开始感到非常轻松，有一种被爱和同情包围的感觉。我环顾了一下四周，心想'这里的每个人都经历过这种情况吗？他们都达到过这种状态吗？'"

"回到家以后，我感觉仿佛卸下了巨大的负担，格外清醒和踏实。我的身体像一根放空的导管或一个容器。我理解了超越自我的那个世界，以及它的依恋、焦虑和恐惧。我自信满满，完全没有自我审查的批评。一切都在我体内流动——我有一种无拘无束的平静、通透和轻松的感觉。"

"哇！"我感叹。

"是啊，的确很奇妙，"她笑着说道，"这让我对生活有了全新的感知，心情也好了起来，这不是幻觉。大约有一个月，我一直熬夜写作。理查德以为我疯了，这把他吓得不轻。我更害怕这种感觉会消失，大约一个月后，那种被幸福感紧紧包裹的感觉果然消失了。但是，你知道吗？这些洞见一直延续到了今天。"

"你的丈夫为什么会如此担心？"

"我想，他有这种担心是不是意味着我们之间出现了裂痕。他觉得我接纳他、拥抱他是一种象征性的敷衍，实际上正在以某种方式离开他。他担心我们会渐行渐远。我也有点担心，但同时我也很兴奋。"

"你之前是打算要离开他吗？"

"自觉醒之后，我对理查德、我的父母以及我的整个家庭产生了极大的同情之心。我爱他的本质，爱他本来的面目。但当我把我的想法讲给他听时，他总会与我争吵和理论一番，并认为我是在指责他不开窍或有什么缺陷。我跟他沟通实在是太难了，也很痛苦。其实我就是想让他明白，我所经历的改变任何人都能做到。"

谈话结束后，我朝我的车走去，内心充盈着两相交织的感觉。阿列尔的世界是那么吸引人，令我心醉神迷，一瞬间，在她的光辉反衬下，我的生活显得缺少激情、索然无味。也许是受到午后斜阳照在树上的影响，我产生一种奇怪的渴望，想待在她魅力四射的轨迹上，沉浸在她独特的洞察力中。然而，我也意识到自己被带偏了，不完全是我自己了，仿佛暂时成了膜拜她的信徒。她所说的究竟是一次纯粹的进步之旅，还是在消磨时光？她对她所经历的价值是那般确信，但对经历了什么却浑然不觉，甚至她对冥想带给她的益处的那份确定态度也让我隐隐有些担心。我想，也许我的感受与她的丈夫的感受是一样的。

就在阿列尔以一种个人英雄主义的口吻讲述自己的中年危机时，她或许已经意识到自己的丈夫成了阻碍，她用羊毛外套换了一些彩色念珠，最后和冥想老师住在了蒙古包里。她的豪言壮语中带有一丝中年英雄的宿命感，当她说她的丈夫"需要在精神和情感层面上成长"时，有一种自我肯定的意味。但在这次以及我们随后的谈话中，我也被阿列尔如何努力地试图用她新发现的洞察力更全面地与她的丈夫、孩子和社区联系在一起所打动。她是发自内心地渴望能够与丈夫分享她所经历的一切，既是为了自己的体验，也是为了能加强他们之间的联系。

我们在人生发展的某个特定阶段成了家，但正如河流一般，我们将继续奔涌向前。一路走来意外不断，我们也跟着变化，但并不总是清楚该如何去适应这些变化。阿列尔和理查德都担心近期所发生的事会给他们的关系带来不良影响。他们两人的家庭背景都不算好，却都致力于创建一个比他们的原生家庭更有爱的家庭。现在，似乎阿列尔正试图用她海纳百川的包容心来驱散她因小时候不良的经历和饱受指责而笼罩在心头的阴霾。虽然这是一个富有建设性的愿望，但在与丈夫一起将其转化为可操作的变化时，事情却变得棘手起来。阿列尔让理查德对他们之间这份隐含的情感契约甚至对她未来的身份都产生了一种不安全感。虽然我没有直接听他这么说，但我可以想象，他会认为她的策略过于粗糙甚至稍显浮夸。

在我们首次谈话后，阿列尔曾给我发了一封邮件，让我联系一些人，说这些人在她最近的精神探索中发挥了一些作用。在我们第二次谈话之前，我找到她的冥想老师聊了聊。这位冥想老师是个热情、周到且低调的人，但当我离开的时候，不仅没有把一些事搞明白，反倒是更困惑了。他谈到了一些有用的心理学概念，比如边界、自我意识和选择，也聊到了我们选择父母是为了在此生学到某些东西的想法。他解释说，"也许发生了一些事情，可以帮助我们理解自己为什么有这样的人生选择。也许我们选择这样的父母是为了去学习 X、Y 或 Z，这些是我们不得不学习的。问题是，我已经有过这样的经历，为什么要创造它？因为我是这个世界的创造者。"

这一切都让我怀疑，阿列尔是否正处在灵感和不平衡思维的边缘。我看得出来，她试图在思想上做到开放、灵活，努力用自己的觉醒来对抗完美主义和内在批评者的僵化。那些在他人的不理智中成长起来的人，一定能从提醒他人控制好自己的边界和做好选择的做法中受益。然而，无论是我、阿列尔还是她的冥想老师，我们都不是"世界的创造者"。

从科学最终能够解释的角度来看，阿列尔通过冥想获得的身体放松似乎出现了一种心理反应，使她触及了一种强烈深邃的安全感，这或许是一种人类发展早期的"原始"状态，此刻转化成了与人性根基相通的感觉。无论起源为何，这一经历都促使阿列尔在生活中去采取实际行动。例如，她正在运用她所学到的关于同情和正念的知识，把自己打造成一个更有耐心的和更容易满足的母亲，努力消除她从小到大所接受的严厉的管教模式。她想尽可能多地了解她对过往情感和思维模式的主观感觉正在被"释放"的科学解释。她还试图通过向更大的社区做贡献的方式把相互联结的想法付诸实践。例如，通过她所在的教会，阿列尔带头发起了一场全市范围的服装捐赠运动；通过她与时装业的联系，阿列尔成了一个积极倡导争取服装生产过程中公平贸易、无血汗工厂的网络游说成员；在此期间，她一直在照顾两个活泼可爱的孩子，并推出了自己的服装系列（我可以源源不断列举下去，但再列下去我有可能会疯掉）。

等我们再次见面的时候，我对她的婚姻情况做了进一步的询问："我很好奇，你跟你丈夫是如何渡过那段特别不协调的困难时期的？听起来你们花了很多时间沟通，但依旧很难理解彼此。"

"理查德最开始对我质疑的时候，我既失望又难过，就像错失了一个机会似的。我想和他分享我全新的生活面貌，但我俩关系一直都很紧张。他做事的逻辑性强，讲究科学的方式方法，他是我所认识的人中最规规矩矩的一个。但我试图让他明白快乐是发自内心的。"

"他是不是觉得你逼得太紧了？"

"确实。10月的时候到了极限。我当时头痛得厉害，试了很多不同的疗法。后来我去找了一个另类治疗师，我跟理查德说起此事，结果他大发雷霆。他说那一类疗法是伪科学，毫无数据支持。他还说他厌倦了为这些东西掏腰包，我们得为孩子们将来上大学攒钱。此言一出，我俩都震惊了。他提钱让我很受伤，我感到了羞愧与亏欠。我还记得当时自己想的是'我活得这么充实，根本不需要依附于他'。但与此同时，我又担心我们的关系会走向破裂。我俩同意给彼此空间，先将分歧搁置一阶段。在此期间，彼此多花时间和朋友在一起。"

这段时期真的如同在进行着一场斗争。他们都不得不努力克服这种感觉，即他们找错了结婚对象。曾经依赖的共同堡垒——对孩子、自我提升、共同价值观的承诺——此刻却显得四处漏风、不堪一击。他们不再对彼此完美匹配的三观而骄傲。面对对方对自己的不理解，双方都很失落，一连好几个月郁郁寡欢，缓不过劲来。

"我们会各自独处一段时间，然后再试着谈谈。他会说我不理智，我则说他心胸狭隘。他会冲我发火，我则绝不低头。那段时间我整日以泪洗面，从小到大我都没那样哭过。"她对我诉说这一切的时候很是伤心，看到她还保持着理智，我也就放心了。在我们的谈话中，我第一次感觉到，针对这次非同寻常的经历所带来的令人不安的得失，阿列尔在全力应对。不管这一经历的意义是什么，即使她永远没法彻底搞清楚，这都与她的情绪以及她与理查德的关系遇到的严峻挑战密切相关。

"我认为，对我们最有帮助的是我和理查德始终尊重对方。虽说各自都感觉被误解了，但我们依旧很尊重彼此，认为对方说的话很重要。既能从自己的视角出发看问题，又能看到对方为此的不懈努力。"此期间阿列尔和理查德在处理他们的关系上有一个优点，那就是在厘清自己感受的同时，他们还有足够的信任容忍彼此的分离与独处。还有一点也很重要——他们都有自我反思的能力。

随着阿列尔逐渐将获得的经验融入生活，她为理查德也开放了更多的空间。"我们现在能更清楚地看到彼此，而不是通过投射。我当时的做法好像是想让他走上一条成长之路，现在回头看觉得自己有点虚伪，他的回应完全是有道理的，我不应该逼他。你要给对方空间，而不要把自己的想法强加给对方。你需要拥抱对方，包括他的缺点，不要傲慢地认为自己都对。事后看来，我想也许我们不得不分开才能一起成长。我的经历于我来说是破天荒的，但我们共同的经历又显示出我们缺乏对彼此的同情。我富有同情心，但对理查德却没有满怀同情。最终，还是出于爱理查德的本能，让我们渡过了这一难关。"

金戒指思维模式 vs 跷跷板思维模式

尽管听起来有些矛盾，但如果我们回溯一对夫妻期待他们第一个孩子的阶段，便可以了解很多中年婚姻的困难。对夫妻双方来说，这一时刻既充满希望又面临挑战与风险。根据我的临床实践，经常有夫妻说他们之间出现问题是从有了孩子之后开始的；相关的研究也表明，要当爸爸妈妈了，人会变得很脆弱。我在当地一家医院曾经给准爸爸准妈妈们上过课，旨在帮助他们为人父母后仍能维持夫妻间的亲密关系。坐在我面前的大多数夫妻显然都展现出了亲密。他们双双挤坐在一起，男人们给怀孕的妻子揉着脚，到处洋溢着柔情蜜意，他们喃喃低语，开着玩笑，仿佛在自己的周围编织着一层保护茧。一些人说，他们听到过有的朋友因产后夫妻关系疏远的警世故事，看着他们的婚姻破裂，也感到有些恐慌。当我问他们"你最关心什么"时，他们的回答都围绕着同样的问题："我们如何才能保持住情感联结？我们如何沟通才能维持亲密关系？我们如何做才能确保我们的情感纽带不会被孩子取代？"

我告诉他们，要想保持彼此的情感联结，他们能做的最重要的一件事就是守住他们彼此亲近的意愿。纵观从第一次怀孕到中年的整个过程，我得到的结论是，初为人父或人母的最大风险是他们将不再足够重视自己的情感需求了。当然，他们也是出于好意而不太顾及自己的需求，直到中年才意识到情感的"油箱"空了。

宝宝的到来是一个奇迹，同时也给一个家庭带来了使命，夫妻俩对时间和资源的分配必然会发生改变。初为父母者开始扮演照顾者的角色，为了整体的利益也会调整他们对另一半的期望值。但就情感而言，这无异于一场复杂的剧变。夫妻长久以来将对方视为自己的主要情感来源，他们是彼此的"宝贝"；可现在，他们开始把养育子女等"必需品"置于照顾自己和夫妻之间的关系等"奢侈品"之上。这不仅仅是一个需要投入更多精力和时间的问题，还涉及在应对有限资源的分配时引发的情绪问题。初为父母的夫妻俩仍然充满着对自己的情感和身体需求的渴望，但他们试图采取"成人"的方法，并"接受"他们的感情应该退居次席的事实。对许多夫妻来说，这正是中年婚姻产生不满进而引发滑坡效应的开始。他们几乎没有时间来处理或修复不可避免的不良沟通，因为婴儿需要照顾，然而大人也需要睡眠。

睡眠，这个生命阶段最令人垂涎的资源之一，也是初为父母者的高风险战场之一。除了周六日早上不能再有床上慵懒地相拥外，他们觉得整个生活都被可怕的睡眠剥夺劫持了。如同饥饿的人们争抢残羹剩饭一般，夫妻双方为谁应多睡一会儿而争吵不休。在一篇名为《休息后的关系：睡眠对婚姻有益的评估》(*The Rested Relationship: Sleep Benefits Marital Evalutions*)的研究报告中，作者不出所料地发现："在睡了更长的时间之后，配偶们对他们的关系更满意。"在我与幼儿父母的临床工作中，我也很明显地发现，如果他们能有更多的睡眠，可以缓解一部分不可忽视的、一触即发的反应和责备。

但可悲的是，人们搞不清楚他们的体力消耗是如何渗透到他们的情绪不满中的。身体上的透支与情感上的剥夺是相互作用的，这就形成了一个消极的过滤器，配偶们通过这个过滤器来看待彼此的行为。人们开始觉得即便不做明显可以带来温暖与和谐感的事情也是合理的，因为"我不应该迈出第一步"。他们的注意力集中在孩子、工作和家务上。即使以忽视配偶为代价，他们也默认优先考虑自己的孩子。

如果两个人都能在这些关键时刻控制自己，把关注点转向对方，寻求他们渴望的亲密关系，完全有可能阻止婚姻逐渐走向死亡。如果他们能够接受并适应自己和配偶脆弱的需求，而不是通过发号施令或指责来掩盖它们，这将对公众健康产生巨大的影响。把关注点转向对方，无论多么笨拙，都会拉近彼此的距离，尤其是如果他们能够认识到并承认产生这些问题都有自己的原因，并真诚地为造成的痛苦道歉的话。把关注点转向对方，夫妻俩就会因渴望亲近而加强联结，而不是不知不觉地逐渐将两个人出现距离感视为"新常态"，并据此安排他们的情感生活。

夫妻之间的疏远有很多表面上的原因，但这背后通常是因为他们感到被误解、被忽视或无法达成一致。那么，满足情感交流的必备要素是什么？我将在接下来的两章来探讨这个问题。为了帮助大家更好地理解，我先打个比方。或许你听过这样一句婚姻格言："你要的是对错还是幸福？"这话听起来很真实，因为我们常在两种思维模式之间挣扎，这两种思维模式都与我们的配偶有关。第一种思维模式我的眼前会浮现出一个跷跷板。在这种思维模式下，只有一个人的道理可以成立。在很激动的状态下，两个人都试图通过将自己的坏情绪归咎于对方从而摆脱它们，让自己"全对"，让对方"全错"。第二种思维模式我眼前会出现戒指（既然我们在谈论婚姻，就称它为"金戒指"吧），即夫妻两人站在一起，共同应对眼前的问题，合作而不是竞争。

让我们花几分钟想象一下这两个比喻在实际生活中是如何起作用的。在跷跷板思维模式场景中，夫妻的一方觉得自己有某些需求，他会焦急地催促对方予以回应或同意。在他自己的情绪掌控下，他无法把对方当成一个有自己的需求和约束的独立的人。如果对方没有如他希望的那样做出回应，他就很难想象出一个免责的理由（如对方可能不明白自己在要求什么或对方有不同的观点）。于是，他可能会将对方归咎于拒绝自己或忽视自己。在他看来，对方没有施以援手，选择跷跷板升起的一端，反而让他自己独自一人往下降。夫妻双方都在争取被听到、被看到或被回应，也都害怕因资源不足导致一方的收获是由另一方的损失换来的。家里一旦出现这种氛围，夫妻感情就会很快恶化，夫妻双方相互指责、时时提防、处处为己和感到委屈。

在金戒指思维模式中，夫妻中的一方可能会感受到与跷跷板场景中同样强烈的需求，但因为他在情感上有足够支撑而不会惊慌、能承受得住挫折，并相信自己的配偶会是坚强的后盾。他不会将自己的需求体验"灌输"给对方，而是能够将自己的需求"放置"在一个我们称之为"关系"的戒指环中。这种关系是一个共享的表达空间，需要时间去了解彼此的感受并达成理解。金戒指思维模式含蓄地承认夫妻关系跟两个人有关，他们各自都有复杂的思想和身体，这意味着他们不能指望彼此的交流被神奇地、心灵感应般地接受。即使在密友之间，思想之间的距离也可能是巨大的，也是需要很长时间才能达成共识的。

当你陷入跷跷板思维模式时，很容易把金戒指思维模式误认为是投降或"不被倾听"。但对婚姻采取金戒指思维模式并不需要压抑我们的情绪。事实上，它有助于我们沟通我们的感受并主张我们自己的需要。作为个体，我们坚持自我，因而才可以更有效地合作。我告诉我班上的准爸爸妈妈们，他们的关系就像他们即将出生的孩子一样，是由两个人共同创造的。作为父母，很多高度焦虑的时刻会把他们带入跷跷板思维模式，把他们的思维分成谁是"对的"和谁是"错的"。但是，如果他们继续努力应用金戒指思维模式，他们的关系和他们的孩子都可茁壮成长。我告诉他们，敢于尝试就是爱。

婚姻是促进还是制约了个人满意度

当下，研究成人发展的学者们大都对"中年危机"作为一种组织理念的奇特持久性感到困惑，因为他们的研究几乎没有找到任何实证。我认为，中年危机之所以在今天还没有作为一种心理现象出现在寿命研究中，是因为它所针对的问题已经从我们对生命阶段的讨论转移到对婚姻的讨论中。婚姻很可能会妨碍你的个人发展，并可能因此需要终止，这种想法已经变得普遍和规范。我们不需要打着"危机"的旗号来支持这一观点或者采取什么行动。当我们觉得自己的婚姻已经走到尽头时，我们就会感到压力，并诉诸一个宏大的心理学理论来解释显而易见的、现在可以接受的、为自己寻找更好生活的愿望。不过，这种日子现在一去不复返了。

社会学家安德鲁·谢林（Andrew Cherlin）在他所著的《婚姻的轮回》（*The Marriage-Go-Round*）一书中描述了一种美国式的世界观，在这种世界观中，"婚姻"和"个人满意度"被明确定义和区分开来。他将这一世界观形成的根源定位于个人主义的文化模式，这种模式始于20世纪60年代的婚姻实验和"表达性离婚"。安德鲁·谢林将这种个人发展模式描述为一种理想方式，他声明道：

作为生活在21世纪的人，你必须选择你的个人生活方式。你被允许（事实上，你几乎是被要求）不断监控你的自我意识，向内看，看看你的内心生活与你的婚姻生活或同居生活的契合度如何。如果契合度变差，你将被迫离开。因为根据个人主义的文化模式，不再符合你需求的关系是不真实的和空洞的。这种关系限制了你，也许还限制了你的配偶所能获得的个人回报。在这种情况下，分手固然不幸，但你会而且必须继续前行。

按照"天空是蓝色的"这一直截了当的事实陈述，写出诸如"不再符合你的需求的关系是不真实的和空洞的"类似的句子，则是在温和地嘲笑那种虚假的确定性，即对"人们宣称他们的个人满意度是对婚姻感到沮丧"的嘲笑。好像我们可以完全确定"我们的需求"是什么、将会是什么，或者在什么时候一段关系可以被明确地认为是"不真实和空洞的"。就仿佛"契合度"在没有代理或意愿的情况下会"恶化"。这些都不是直截了当的事实。

安德鲁·谢林干巴巴的声明是一种中年个人主义的表述，以及在面对随之而来的文化抵制的自我肯定。显然，"中年危机"题材给个人的整个发展蒙上了一层自恋的面纱。在丹尼尔·莱文森笔下的"吉姆·特雷西"时代，像"我对我的妻子不满意"这样的个人问题就能产生"我需要离婚"这一个人主义的解决方案，但随之而来的针对"个人主义婚姻""消费婚姻"和"表达性离婚"的批评也是有问题的。在努力保护孩子不受父母误入歧途的追求带来影响的同时，他们忽视了人们真正的情感渴望。像"英雄"一般的中年危机题材错误地将个人主义和亲密关系联系在一起，暗示我们应通过抛弃几乎没有改变的亲密关系来发展自己。但如果我们从大量关于婚姻和情感的研究中学到了什么的话，那就是简单的抑制并不是情感管理的最佳方式，通过抑制个人需求来维持婚姻也不是问题的解决之道。

令人高兴的是，今天，我们对夫妻之间的实际联系过程以及这些过程如何增强或抑制相关个人的情感体验有了更微妙的理解。越来越多关于亲密关系的研究加深了我们对婚姻中的"需求"的理解，并促使我们对安德鲁·谢林所暗示的干净类别提出了质疑。事实上，有关个体"需求"的华丽辞藻掩盖了对大量复杂的情感沟通不畅、管理不善的失望和对功能失调的关注。我们坚持认为，婚姻中的"需求"是沟通挫败的一种预增强的方式，是对我们在分离时痛苦的自我肯定的重塑。当情感过程在我们的婚姻中起作用时，我们往往能够区分什么是想要的，什么是必需的。灵活而温和地处理我们的需求使我们既能满足我们个人的欲望，又能满足我们相爱的婚姻意愿。

即使是对男性成人发展进行的时间最长的研究也得出了这样的观点，即我们如何处理情绪对我们的个人幸福和人际关系健康来说至关重要。20世纪30年代，当哈佛大学启动著名的格兰特研究（什么样的人最有可能成为人生赢家）时，研究人员认为，生活满意度将通过卓越的成就来实现。到了20世纪60年代，当研究的参与者人到中年时，这一观点仍然流行。但是随着时间的推移，研究表明生活满意度取决于良好的关系。冲突不断的婚姻、酗酒和孤独是消极的一面，家人、朋友和社区联系是积极的一面，满意度的关键在于质量而不是数量。最近的数据分析表明，我们在不扭曲或没有压抑的情况下处理挑战性情绪的能力，使得我们能够真正地与他人交往。坚持自己的同时融入他人的体验，直接且非防御性地倾听和分享彼此的差异，在不过度反应或退缩情况下表达困难的情绪，这些都是实现亲密关系的基本要素。

在成年后，我们希望看到，在改善我们与他人的情感联结方面，改变我们的内在观点至少与改变我们的外部环境一样重要。我们审视内心，意识到自己的情感风格影响着我们与配偶的行为方式。最理想的情况是，我们认识到快乐胜于正确，金戒指思维模式每次都能打败跷跷板思维模式。我们开始在自己和我们的人际关系中感到足够安全，从而放弃对确定性的需求。"我年纪越大，我觉得知道的就越少"是人们对复杂事物越来越坦然的一种表达方式。当阿列尔开始接纳她丈夫的观点，或是当我告诉我即将当妈妈的学生"敢于尝试就是爱"的时候，就是认识到"谁对谁错"带来的是一种简单粗暴的破坏，并不反映真实的生活。事实证明，是情感成熟让我们看到了真实的生活。

第 2 章

在夫妻生活中感受亲密

The Rough Patch
Marriage and the Art of Living Together

没有夫妻生活是因为彼此感到无趣

斯蒂芬第一次致电我，说他和妻子戴安娜的关系快维持不下去了。"我们没有夫妻生活。"他语气中同时透露出愤怒与痛苦。正如他所说的，他们失去温馨的感觉已经很长时间了，于是有了眼下最糟糕的相处模式——冰冷的沉默中夹杂着尖锐的争吵。起初我很难联系到戴安娜，当我们好不容易通上电话后，我察觉到她的声音里混杂着烦恼、焦虑和歉意："我实在太忙，还没来得及回你电话。我既要照顾孩子的日常起居，又要完成自己的工作，我真是太难了，可斯蒂芬根本体会不到这是一种什么样的滋味。"

我看得出来，斯蒂芬认为他是受害者，戴安娜所抱怨的根本站不住脚，而戴安娜则觉得她不仅受了委屈，而且受到了指责。我心中涌现出一种熟悉的焦虑，这与你在梦中面对一项艰巨任务，但又缺乏必要的工具时所感到的恐惧如出一辙。他们迫切地需要我来帮助他们修复裂痕，但我却没有相应的资源去完全这个任务。在我们的第一次交流中，我感受到了他们的不堪重负、茫然困惑、无从应对。我能预料到，他们之间会经常因相互指责而爆发冲突。

当戴安娜和斯蒂芬第一次来到我的办公室时，他们得体、专业的外表掩盖了他们内心的混乱。我再次惊叹于内心的困惑与事业成功或外在的冷静之间可以如此没有关联。他们看起来都很性感：健康且魅力十足。据我所知，斯蒂芬酷爱骑行运动，而戴安娜热衷于练瑜伽。显然，与其他夫妻不同的是，他们的自我关注方案并没有因有了父母的身份而偏离轨道；而让他们陷入混乱的是"夫妻关注"这个方面。两人都是40岁出头，我从他们身上了解到，要平衡好苛刻的职场工作与当好细心的父母是多么不容易。在缺乏相互安慰的日子里，我感觉身体疗法成了他们管理情绪压力的主要手段。

谈到他们的关系，斯蒂芬愤愤不平地说："现在的情况是，我们和和气气，却没了亲密感。"我了解到，这是在情况好的时候。当情况不好时，戴安娜就会说："我不想待在他身边。"她掰着手指头列举她对斯蒂芬的抱怨——对家里的事不上心，不在乎她的感受，也不会道歉。

要是戴安娜或斯蒂芬是在喝咖啡的时候向朋友倾诉，他们的这段关系很有可能最后是以离婚收场。现如今，没有人想要在一种无爱、充满敌意、几乎没有夫妻生活的关系中折磨自己。这种关系是不健康的，会让人的压力水平飙升，孩子也无法健康成长。看起来，他们的婚姻冲突可以通过离婚这一人性化方式解决，这也是社会普遍接受的解决途径。

可依我看，事情没那么简单。我感到压力很大，也像这对夫妻一样绝望。但我的工作是保持一个开放的探索与思考空间，但对夫妻而言，他们往往很难做到这一点。让我震惊的第一件事是，戴安娜和斯蒂芬在一起后，他们就开始渐行渐远。结婚前，他们就曾分手过两次。两个人碰都不愿碰一下对方的身体，夫妻生活哪有激情可言。此外，他们还要对彼此的情感状态保持着高度警惕。尽管他们都一心扑在孩子身上，但在很多事情上两个人无法达成一致。他们都承认二人世界缺乏浪漫情调，却计划明年来一次特别的周年纪念旅行。我见到他们夫妻的时候，他们都已经相识 11 年、结婚 9 年了。在我们见面的头几周，尽管斯蒂芬遵守了他们的约定，但他还是忍不住说了四次"我已尽力了"。戴安娜则说她"并没尽兴"，并因斯蒂芬对她不关注而备感孤独。他们不断地互相指责，一直试图从对方那里得到些什么。

戴安娜和斯蒂芬共同在维系这个家，我从他们的坚持中看到，他们为了改善双方的关系做着一些实实在在的尝试，只是没有什么效果。"你们在一起这么长时间，"我说，"不好的感受时刻有把你们撕裂的可能。但面对这一威胁，你们是有'胶水'的，它分分钟就可以把有了裂痕的你们粘好，我们可以用这个'胶水'。"戴安娜泪流满面，斯蒂芬也如释重负。两人都因被对方视为有爱心和善良而松了一口气。

片刻的态度软化之后，很快两人又回到了互相挑剔的状态。看着他们，我惊讶地发现，人们很难认识到正是自己关上了温暖与兴奋的大门，却完全归咎于他们的配偶。斯蒂芬坚信，正是戴安娜对他的误解和忽视让他很受伤；戴安娜同样确信，她也有同感。他们都对自己起到的不好作用视而不见，各自只检视周围的环境，寻找对方虚伪、违背规则或采用双重标准的把柄。对于发现的不诚实、能力不足或软弱问题，几乎没有什么可谈的余地。他们都贬低对方"过分敏感"，把"你没长大"挂在嘴边。他们互称对方"幼稚"，对自己渴望得到关爱的愿望也同样不屑一顾。

性与肌肤之亲尤其难以驾驭。斯蒂芬和戴安娜认认真真地阅读了那些受追捧的性爱专家的文章或论述，并试图遵循他们的建议，通过在夫妻生活中注入一点风险甚至焦虑来增加情趣。不出所料，这一努力又成了一个新的争吵点。有一次，斯蒂芬因戴安娜拒绝夫妻生活被深深刺痛了，并说她"假正经"。为了证明他是错的，戴安娜一怒之下去了当地的性用品商店。他们试图在夫妻生活中用上她买的情趣用品，可那些情趣用品最终还是被戴安娜丢进了垃圾桶，因为斯蒂芬实在是太"过分"了。他们制造的焦虑或刺激太少并非导致他们在性方面出现问题的根本原因。他们不停地制造焦虑，继而相互发泄。

"性爱不易是有道理的，"我说，"性是一种游戏，在游戏中你必须放松，你害怕的时候自然放松不下来。你们都很担心对方的情绪会对自己造成影响。"他们茫然地点了点头，似乎表示同意，但在他们目前的关系中，像"玩"和"放松"这样的字眼已经没有吸引力了。他们甚至无法想象在夫妻生活中一起玩耍，扮演"主动者"和"被动者"这样的性角色更是完全不可能，因为他们致命的情感冲突恰恰就是"谁对谁做了什么"。

夫妻治疗领域经常争论的是，像斯蒂芬和戴安娜这样的夫妻应该被劝导着进行性互动来点燃情感的火花，还是通过培养他们的安全感以释放他们的性欲。这种争论如同典型的夫妻两极分化般地对峙，如妻子说"他不温柔"，而丈夫却说"她不想"。性和依恋都表现在亲密关系中，也都发生在我们的身体里。信任和愉快的情绪交流可以使一段关系长久稳定。夫妻双方能否创造这种流动不仅取决于他们之间发生了什么，还取决于他们的内心发生了什么。无论是情爱还是性生活，能否与你的另一半保持亲密的关系都与你的心理有关，关联程度比你最初想象的更紧密。

用爱的语言与行为营造亲密的氛围

亨利·迪克斯（Henry Dicks）是20世纪中叶从事夫妻关系研究的英国精神病学家，他被公认为夫妻疗法的开山鼻祖。他在《婚姻紧张》(*Marital Tensions*)一书中指出：

在我们的临床婚姻实践中，大量男性和女性都千篇一律地强调，他们婚姻中最大的缺陷是配偶不够温柔……我认为，我们可以首先就婚姻的基础达成一项明确的共识，即配偶是一个可爱的人，而不是解压的性交机器。我们谈论的核心是，如果无法满足这种相互的需求，他们就会通过隐秘的恐惧、仇恨和僵化来否认这种需求，或者将其贬低为"邋遢""幼稚"等；恰恰相反，孩子般的、无所顾忌的依赖，以及从亲昵的言语和行动中得到的满足，无论是直接获得的，还是在日常关系中持续不断的彼此体贴和珍惜获得的，都是夫妻双方"成熟"结合的原因。

亨利·迪克斯的这段话描述了戴安娜和斯蒂芬产生冲突的本质。他还指出了是什么造就了当代婚姻兼具巧妙的心理创造和要求很高的情感平衡行为。婚姻是一种成熟的关系，在这种关系中，我们通过接受配偶孩童般的依赖来确认他是可爱的人。事实上，婚姻还是一种成熟的结合，因为它营造了一种氛围，在这种氛围中，配偶可以满足彼此毫无顾忌的依赖。当亨利·迪克斯提到孩子般的需求、爱抚型话语和行为以及珍惜时，他想说的其实是情感和性亲密的核心，即对温柔、共同快乐和兴奋的渴望。识别一段陷入困境，可以看其成员是否将依赖视作问题，以及把性和情感渴望贬低到羞耻的范畴。

我们向配偶表达身体方面的需求与欲望时，其实是承担了风险的。我们希望被珍爱、被理解、被重视，然而我们也同样冒着被忽视、被拒绝或被误解的风险。所有的婚姻中都会存在这些风险，而且这些风险随时都会出现。人类的天性使我们永远摆脱不了希望在别人眼里自己是可爱的想法，且一旦未达预期便免不了失落受伤。婚姻中有一个令人惊讶却又颇为正常的现实是，夫妻间并不能够感受到一劳永逸的关爱，友善的蓄水池需要通过爱的语言与行为得以补充。若双方的情感沟通顺畅，补给就是可行的。这一奇特而充满希望的真理是人类依恋包含婚姻在内的一切有意义情感的核心。

我们处理这些固有风险的方式决定了我们最终是保护还是破坏婚姻氛围。我们个人的和文化的婚姻范式似乎一贯认为，倘若我们不幸福，那是因为我们的配偶没有满足或回应我们的需求。于是，我们就会贸然归咎到"我的配偶有照顾我的情绪吗"这一问题上，我们不由自主地会那么想。在此过程中，我们或许遗漏了前面的一个步骤，即我们需要把自己那一份关心给出去。我们需要利用我们成熟的思维能力、持续的注意力、耐心、敏锐和机智来表达深刻、温柔和基于身体的情感，这既让我们保持了与我们脆弱的情感的联系，也起到了照顾和沟通这些情感的作用，我认为这是情感成熟的标志。

如果我们自己都照顾不好自己的情绪，让我们的配偶来照顾就会更难。如果不是被投射、压力或责备所玷污，我们很难向配偶提出帮助或安慰的请求。如果我们找不到表达情感的有效方式，我们的配偶自然也不会有回应我们愿望的想法。不妨想象一下，你的配偶不考虑你自己的情绪该会有多痛苦。面对我们自己的情绪时善于表达出来，可以让我们更好地照顾我们的另一半，并且给予对方我们同样希望获得的安慰体验。

夫妻双方都能照顾好自己和配偶的情绪才有希望让婚姻维系下去。我们可以在照顾自己和照顾对方之间以一种灵活而平衡的方式行事。我们每个人都想象着自己成为另一个人的感觉，并试图以我们的配偶能够理解和建设性地回应的方式进行交流。如果一切顺利，在我们尚不具备成熟的能力（比如当我们反应糟糕或莫名发火）时，我们的配偶就会介入并帮助我们"共同调节"。我们的配偶利用他们成熟的能力，提供足够的支持和限制，使我们免于陷入过度反应或退缩的恶性循环。然而，如果我们真的陷入了这种恶性循环，那么成熟的配偶可以通过避免过度责备自己或避免相互责备来相对快速地修补裂痕。

这种婚姻平衡术很难，尤其是在生活与孩子的双重压力下。孩子们有很多需求，但我们若是因为他们有不成熟的需求就责备他们，我们自己也会感觉糟糕。为了做个称职的父母，我们会全身心地照顾他们，如哄孩子再喝杯奶、再给他们讲个睡前故事，会心甘情愿地为他们付出我们的精力。然而，当我们心力交瘁，想让那些需求停一停的时候,我们就会将怨恨的矛头转向配偶。在我们看来,跟孩子的需求置气是毫无道理的,但对配偶的需求生气似乎是合情合理的。

可问题并不简单,因为进入我们自己依赖的领域会增加我们的脆弱感。为了夫妻生活的事,斯蒂芬和戴安娜争吵过,现在他们采取的是回避策略,两人由此也到了彼此无所需的地步。对性的渴求让他们各自都觉得自己很"孩子气"、不自控,成为被羞辱的对象。在这样一个奇怪而稳定的架构中,他们都站在假成熟的制高点来攻击对方的弱点。他们都没有意识到,难以接受和照顾自己的情绪才是他们痛苦地责怪对方失职的关键。戴安娜对斯蒂芬过于敏感的批评,是有意无意在表达对自己的批评。如果戴安娜对自己的依赖性不那么挑剔,她可能也就不会那么苛责自己对斯蒂芬的依赖。如果她对自己希望被纵容的愿望没有感到极度羞愧的话,她就不会花那么多时间来羞辱斯蒂芬了。于是,我们又看到了另一个复杂的转折:戴安娜不愿肯定斯蒂芬的可爱,这也反映了她内心对自己的一种倾向。由于羞耻是情色的天敌,戴安娜的批评无疑抑制了她和斯蒂芬的性兴奋能力。摆脱这种模式既是对他人的接受,同时也是对自我的接受。相互肯定包括让我们的配偶和我们自己都重新成为可爱的人。

要求自己或配偶"成长"是行不通的,这是因为健康的情感生活并非完全由我们心理的认知部分("只管去做")形成的,它会在爱和回应的关系中发展。在这方面,我们的童年让我们走得很远,我们希望婚姻能让我们走得更远。为了让我们更专注于亲密关系的核心体验,我们将简要介绍一下早期亲子关系的内在动力。

早期亲子关系不佳会影响成年后的情感问题

在我们很小的时候,我们都在表达需求,却无法调节自己的情绪,这些需求和情绪都是原始的、强大的,有时很难读懂。我们依靠父母来阅读它们、回应它们,父母也会帮助我们去理解它们。慈爱的父母会容忍我们强烈的情绪,试图与它们"坐在一起",直到破解它们,并以敏感而有效的方式做出反应。父母时刻关注着我们的情感体验,思考我们可能需要什么。为了让一个孩子获得安慰和被理解,他的父母必须告诉孩子他们知道他的感受("与他感同身受"),并且从他们的角度看待孩子的经历（"思考他"）。父母在这两个方面的反应，即感受和思考，是爱的反应的基本方面，能给孩子带来长期的情感健康和安全感。

让我们来考虑父代和子代之间这个过程中断的情况。当父母只能以孩子的情绪感受时，孩子的恐惧、悲伤或愤怒会在他身上引起同样的感觉，他们将不知所措或在经历中"迷失"自我，这时孩子感受到的痛苦不是减少，反而是增多；反之，当父母只会从自己的角度去思考孩子的时候，他的反应可能太少，他的孩子会觉得被误解，会在自我感受和父母能接受的之间体会到一个基本的差距，然后会开始忘记自己的真实感受。作为父母，对孩子的情感体验无论是过于专注还是过于忽视，亲子关系都会受到不好的影响。

在良好的亲子关系中，慈爱的父母会找到合适的平衡点。下面，以你童年时期受伤时需要安慰为例加以说明。

假设你从自行车上摔了下来，你想让你的父母感同身受，并试图解决（思考）这个问题。首先，你想让父母拥抱你并说："噢，哎哟，我知道你一定摔痛了。"然后你想让父母说："嘿，我们去清理一下伤口，贴个创可贴。"如果你的父母只是对情感和身体上的痛苦做出反应（如"哦，天哪""天哪，那一定很痛""哦，可怜的孩子"），你可能会感到恐慌和不知所措，因为你看不到任何舒缓或有效的解决方案。如果你的父母只是给出了一个解决方案（如"好吧，咱们清理一下，赶紧"），你可能就会觉得你对安慰的需求被忽视了，甚至可能被视为麻烦。

父母善良体贴，能设法理解孩子的想法、愿望和意图，这是在亲子关系中建立信任的一个重要因素。在心理学中，我们把父母的这种活动称为反应性功能。用一位著名研究人员的话来说，潜在的态度是"一种非防御性的情感投入意愿，使感受和内化体验有意义，而不会感到不知所措"。足够好的关系包括偶尔的沟通不畅和缺乏同理心，但总的来说，如果我们的父母以这种方式予以协调和响应，那么这会促使我们发展自己同样的能力，如我们能够学会识别自己的情绪、积累自己的经验和区别感受的归属。通过内化感受和思考的过程，我们能够了解和回应自己的情绪，并打下以爱的方式与自己和他人联系的基础。

在我们思考一个熟悉的夫妻冲突形式的时候，让我们记住这些关键的回应：

"除非你做 x 或 y，否则我不会做 x 或 y。"这种一般式可以表现为很多种变体：

- 除非你停止打断我，否则我不会停止打断你；
- 等你变得更有责任感，我就不会再生你的气了；
- 什么时候你对我的需求敏感，我也会这样对你；
- 只要你不表现出愤怒，我就不会离开你；
- "我今天很不容易。""不，我才不容易。"

这里需要注意的是，如果将这些陈述的形式应用于小孩与父母之间的关系，就显得公平合理起来：

- 我还小，如果没有父母来安抚我，我就没必要让自己平静下来；
- 爸爸妈妈不来帮我控制情绪，我也就没必要控制自己的情绪；
- 你不体察我的需求，我也就没必要体察你的需求。

正是在慈爱父母的定义中，父母首先做这些事情，从而帮助其孩子内化这些能力。正如我的一个病人所说："母亲需要知道哭泣的孩子需要什么。这是作为母亲应该做的。"

残酷的事实是，即使我们在孩童时期的照顾者在这方面让我们失望了，我们现在也无权要求我们的配偶做到。作为在情感和认知上彼此都相当的成年人，我们对配偶能够表达其情感的期望是合理的，而不应期望我们能神奇地了解它们（尽管有时我们有不合理的幻想，配偶会神奇地了解它们）。我们可以要求我们的配偶通过语言等表达方式，而不是通过情绪感染或读心术的方式来传递其思想和情感。

然而，我们的照顾者在这方面的做法越让我们失望，我们就越容易向我们的配偶提出要求。这不是有意识的或故意的。如果你在一个父亲缺失的家庭中长大，你的母亲长期感到沮丧、焦虑、心事重重，而且当你焦虑时，她根本无法蹲下来注视着你的眼睛，把你搂在怀里，帮助你控制自己的情绪，那么你现在期待你的配偶可以帮你控制住焦虑情绪也很容易理解，对吧？当你的配偶无法帮你控制住你的焦虑（比如你不在的时候，他没有按照你明确的要求去照顾孩子，或者还是不明白你想告诉他什么）时，你是不是会有被忽视和被抛弃的感受？从情感发展的角度来看，你不可能感受不到这些。还有很多原因让你不愿意，或者坦率地说，让你无法自我反省或者冷静下来，只会一味地认为对方提的要求以及自己所承担的责任是不合理的。

如果我们的父母在安抚我们的情绪和思考我们需要什么方面做得不够好，那么我们更有可能将配偶反应迟钝视为紧急事件。例如，你想和你的妻子交流，而她看起来兴趣不大或是一脸的不耐烦。如果你是在一个父母能对你的需求和情感做出回应（即使回应有错误亲子关系也通常能得到修复）的家庭中长大，那么你可能会认为这件事情没什么大不了，你会有不舒服和沮丧的感受，但绝对不会绝望。但若是你小时候所依赖的父母对你的情绪不屑一顾，或者他们很容易不知所措，无法为你提供一个平静应对的视角，那该怎么办？如果你的父母太沮丧或太自私，直白地讲，他们只沉浸在自己的世界里，甚至到了疯狂的地步，你无法从他们那里获得安慰，你只能独自面对恐惧、愤怒或悲伤，那该怎么办？也许，你甚至因为宣泄自己的感情而受到责备或惩罚。在这样的背景下，一旦你的妻子做不到感同身受，你就很有可能会被抛回童年不安的情绪阴影里。毕竟，那时没有人帮助你理解你的情绪，没有人接收到你的信号，以助你理解情绪的含义或者使你懂得如何管理它们。当下，你被强烈的情感所困，缺乏一条清晰的自我反思的心理路径，而这一路径恰恰能帮助你进行自我安慰或有效沟通。

亲密关系中一个常见的困难是因为成长的差异，我们感受不到自己被关注或被爱。当你还是个孩子的时候，如果你出现了情绪上的问题，而你的父母或你依赖的人对你的苦恼不知所措，无法保持一个独立的观点，或是要求你压抑自己，接受他们的观点，这就给你传递了一个明确的信息：作为一个独立个体，你有不同的观点在某种程度上是有问题的。经验告诉我，观点不同会扰乱感同身受，难怪我会与配偶争吵一番，以期强迫我的配偶与我保持一致。强求他人与自己有一样的观点，则呼应并扭曲了各自心中最原始的抗议：你应该爱我本来的样子。

感情和思想破裂是夫妻间痛苦最普遍的来源之一。一方感受到了什么，而另一方却没有做出充分的反应。于是，一方情绪升级，不再把另一方看作一个拥有自己的思想和感情的独立的人。受到威胁后的一方要么反击，要么退缩到自我保护状态，也就无法思考为什么对方会有这样的行为或感受。这对夫妻可能会陷入一种自我强化的追求者对疏远者的状态，即一方情绪升级以期获得另一方的回应，而另一方则退缩以期寻找一些思考的空间。但请注意，这种状态不仅发生在人与人之间，也会发生在个体身上，但我们可以对这两个方面进行协调的。如果我们能在当下或不久后找到我们的"内在照顾者"，我们就能停下来去注意内心正在发生的事情，然后传递一个更能引起敏感反应的信息。

借助自我意识调节情绪

无论是情感上还是身体上，具有感受和思考自己和配偶的能力是亲密关系的基础。理想情况下，我们在与伴侣的早期关系中都曾经历过审视内心、与情感同在、接纳困惑、不去责备这些亲密关系的几个方面。然而，并非我们所有人在年轻时都这样幸运，但无论如何，我们应该设法成为成熟的倡导者和代言人，来表达我们对配偶毫无顾忌的依赖，即使是在我们情绪高涨的时刻。这是巨大的挑战，不管我们的知识有多渊博、刚接受过治疗或拥有非常好的睡眠，我们都可能会失败。

我们如何才能在成熟和"孩子气"两个挡位之间更顺滑地移动，而不会过度磨损齿轮，或者完全破坏换挡？当强烈的情绪滋生彼此的指责与不理智言论时，我们该如何忍受，继而修复关系并真正倾听对方的观点？我怎样才能保有情感地思考，不失理智地感受？我该如何与所有这一切抗争，与此同时也给对方一个这样做的机会？

有效的第一步是停止向我们的"孩子气"情绪发泄，这些情绪是我们渴望联系与亲近的源泉。问题是，我们把精力都花在了评判与责怪自己与他人的情绪上，却没有在表达它们这方面变得足够娴熟。其实，我们可以培养出所需的能力与技巧。主流心理学将这些能力称为"情绪调节"，就广义定义而言，情绪调节指的是人们用于对拥有哪些情绪、何时拥有情绪以及如何体验与表达情绪施加影响的策略。我们通过一系列不同的方式调节情绪，但其中最适配的两项（元认知和正念）取决于反思功能，我也将这一功能称为"边思考边感受"的过程。

元认知让我们意识到，想法就是想法，并非对现实的直接反映。在面对生气的母亲时，能实现元认知的孩子想的不是"我是个不听话的小孩"，而是"虽说妈妈认为我是不听话的小孩，但有时她也有说错的时候"。当妻子运用了元认知，她也可以实现想法切换，从"我丈夫是个混蛋"到"虽然我丈夫有时话说得难听，但我也能感受到他此刻的焦虑。"透过元认知，我们能认识到主观真实与客观真实的不同。我们与他人对现实的感知，都会受到各自欲望、信念和目标的影响。

目前，"正念"这个词已被滥用到快成为背景噪声了。因反感其商业化的伪启蒙光环，不经意间我们可能不去关注它。但原则上，正念是培养我们对每时每刻的认知、感受与想法的非评判意识的有效手段。正念帮助我们注意到自己的判断、情绪与身体反应，而不会陷入其中。和元认知一样，它为我们的反思和更协调的反应创造了喘息的空间。

当代许多实践（如冥想、瑜伽、锻炼）都提供了自我调节的方法，通常以缓解压力的惯用语描述予以体现，带给我们一种宽宏大量和接纳万物的主观感受，把我们的感受和思想与反应本能分离，从而实现对我们的帮助。为了获得更好的情绪平衡，我们中的很多人参加了这些练习，但我们会发现，当与自己的配偶争得面红耳赤时，所有努力的成果都消失殆尽了。争吵的时候你是没法思考的，这就是战斗。一旦你的激情与脆弱的情绪卷入其中，失态也就在所难免。请记住，感受与思考不一定也不太可能同时运行。一个反应积极的配偶难免在情绪裹挟下丧失理智，但会在事后反思。懂得这一点的人可以摆脱困境时刻，与配偶协调关系的效率也比其他人高很多。

反思我们的情感这一举动，有助于我们将情感置于一个更大目标的场景中，而夫妻间的更大目标就是保持亲密与友爱。作为朋友，我们回应彼此的关注，努力去了解对彼此来说什么是重要的，并表达喜爱与感恩。当成朋友还意味着双方在争吵的时候学会放手，以有爱与宽容的方式给予彼此所需的空间。当我们这样做的时候，既能感受到彼此都在调整，也有保持这种状态的意愿。如此一来，我们让对方在怀疑中能逐渐有所收获，即相信相互间都是善意的，然后继续扮演好朋友的角色。这是一个良性循环。

而那些做不到反思的人就会陷入负面情绪反应中而难以自拔，经过消极状态自我浸淫，他们会迷失在其中。他们行事时不会把彼此的最大利益放在心上，他们的行为也不符合自己的最大利益。他们自暴自弃，将自己的最大利益重新定义为不让对方逃脱责任。在这种心态下，他们已经不会进行这样的思考："我的配偶是敌是友？总的来说，他是朋友。要是我好好对他，我就能修复这痛苦的时刻，保持好心情。"

如果你感受或行事时无法将自己与一个更大的温暖和谐目标相联结，那相比自上而下，不妨尝试一下自下而上的策略，即把注意力集中在意识、善意与回应的可能性上。何种行为导致彼此交恶，你关注得要更细微，这样就可以采取不同的行动，让自己慢慢驱散消极情绪的阴霾，因为它会毒害整个关系氛围。无论环境如何变换，关注过程而非结果、在意当下、倾听自己的情绪状态都是有价值的正念技巧，对关系得以修复或协调，从而促进更积极的格局特别重要。

作为一名夫妻情感治疗师，每每看到夫妻在没做其他任何改变的情况下，单靠推动更大格局就能产生彼此间的希望与亲密，我都非常感动乃至震惊。以下两种说法有天壤之别：

- 你但凡有点用，我也不用这样发脾气了；
- 我知道我很烦人，但我正努力控制自己的脾气。

我甚至可以说，即使冒犯行为没有发生改变，希望与绝望间最大的区别也在于夫妻双方是否表现出自我意识与自我责任，即承认自己对对方的影响，承担起改变自己的责任。一旦我们有了自我意识，我们就会反思情绪的来源和影响；一旦我们有了自我责任，我们就会在面对自己对他人造成的影响时，努力调整自己的行为。有意维系婚姻的人定会遇到诸多限制和烦恼甚至遭受诸多损失。但只要感觉到自己被倾听，就是感受到被爱的基本点；反之，感受不到被倾听对婚姻中的相互信任与恢复潜力的伤害最大。有自我意识，意味着我们在倾听自己；有自我责任，意味着我们倾听对方，并做出回应。

夫妻之间面临的一个老生常谈的问题，即谁欠谁一个道歉，这与自我意识和自我责任高度相关。坚持要求对方道歉多半就是尝试着去找到对方有自我意识和自我责任的证据。虽说这一方式很直白，但让对方道歉就是相当于在说："我认为你还没有意识到我们的关系这么糟糕是你造成的。除非我感受到你愿意承担起你的责任，否则我没法信任你。"事实上，这类沟通的问题在于，它总是传递出一种隐秘信息："除非你承认我的不好感受都是你的错，否则我就不和你说话了。"久而久之，另一方就会感到，恢复和平与安宁的唯一方法就是自己把所有的责任扛起来，这让其感到难以忍受。无论何时你要求他人道歉，你首先得先承担自己的责任。要是你觉得自己没责任，那你就该进行自我反思了。

发自内心的道歉对人们而言意义重大。这是情感修复的关键一环。它们之所以能发挥作用，是因为基于一个更根本的东西：理解。回到戴安娜或斯蒂芬这里，如果其中一方可以对另一方说"说那番话的时候，我知道你为什么心情糟糕，我懂"，那么两人的谈话就会截然不同，纵然不会立竿见影。例如，假如戴安娜这样说了，斯蒂芬或许会感到猝不及防，继而借此挖苦。但如果她可以保持这种态度，不立马回击，斯蒂芬对她的信心就会增加，因为他看到了她对其行为的反思。他或许也会调整自己的行为，反思自己，而这又能让戴安娜更加感受到他们可以相互理解并变得更加亲密。

婚姻的舞台之一：愉悦的夫妻生活

"成熟"和"责任"这样的词很容易刺激那些深陷婚姻沼泽的人发出抱怨。婚姻要求夫妻双方坚守、克制、自控、得体和守规，这可能会让我们的内心既有束缚感，又有反叛感。每每这时，我们就会忍不住抗议："为何要如此辛苦。"我们幻想着让欲望操纵我们，哪怕一次也好，从而不让自己成为良知与责任的产物。有时，我们感到这给了我们一些线索，让我们明白自己究竟是谁。一旦欲求不满，我们就会发现，那个真实、自然的我被某个更肤浅、顺从的我给压制、遮蔽住了。一想到自己只是在忍受而非生活，我们就会感到沮丧不已：

- 或许这都是我配偶的错，他掌控欲太强；
- 或许这是社会的错，长久的一夫一妻制婚姻是违反自然之道的，这一点社会生物学家也指出过。

在《爱能持久吗》（*Can Love Last*）这本书中，精神分析学家史蒂芬·米切尔（Stephen Mitchell）提出了一个有趣的另类观点：

生而为人就要求自我组织……丰富、沉浸与密度的缺失是成长为人的过程中无法规避的特点……无论是病态还是健康的自我发展都会产生这种缺失，当然也可能产生对回归、扩展和从这种精神压力中解脱出来的渴望。

史蒂芬·米切尔认为，问题不仅仅在于一段长期关系对自我所产生的限制与约束，还在于这种限制与约束是内生于自我之中。夫妻两人共同生活并塑造性格中的可靠性与一致性，这会产生压力。人们普遍都希望摆脱这种维护关系的努力。考虑到过程不易，我们自然指望自己的配偶可以来安慰我们、为我们加油鼓劲儿、帮助我们放松下来。然而，我们一再面对的现实是，要成为一名娴熟地创造出这种关系的体贴伴侣是需要付出努力的。

我们只有富有同情心并照顾好自己的情感，才更有可能满足自己与配偶情感亲密的愿望。在性爱方面，类似的方法同样会有所帮助。人们可能觉得，在婚姻的任何方面下功夫都比在夫妻生活上下功夫更令人沮丧。在本书的后面部分，我会谈到夫妻生活的其他方面，但此处我还是想搞清楚，在我们讨论的框架内，在夫妻生活方面下功夫到底意味着什么？

在夫妻生活中，我们追求并渴望的是身心方面相互影响与被影响的体验——愉悦、直接、不由自主。性兴奋的核心特质是，看到对方与自己缠绵在一起时有多么兴奋，以及看到对方失去控制、欲罢不能、欲求不满的过程。当我们无法说服自己在他人眼中也可以是魅力四射的时候，那自然也就感受不到自己是很性感的。初为人母或人父的人都曾有过类似的感受。一方面是对以年轻人为中心的性文化的推崇，另一方面是对中年夫妻性生活时间上不到位的提醒，从而导致他们在夫妻生活上大为扫兴。人们之所以对夫妻生活方面的表现忧心忡忡，是因为他们想要身体上的放松，也因为一旦在夫妻生活方面无法吸引对方就会令他们恐慌。

因此，良好的夫妻生活在某种程度上取决于你的经验，即你是否有办法让配偶发现你有吸引力。这听起来很浅显，但我想强调的是"发现"这个词，我们希望被"发现"的体验很具有吸引力，这在一段长久关系中的确是个挑战。应该说，在夫妻生活中可能会出现一种发现感。对小夫妻而言，他们知道什么是有效的，而且他们对基本的夫妻生活主题感到舒服，一旦兴致来了，他们还能即兴发挥。但对于老夫老妻而言，发现感是很难碰上的。例行公事变成了乏味无趣，后者的定义就是缺乏想象与探索。人们抱怨婚后夫妻生活的一成不变，其实谈论的不是缺少新的姿势、性玩具或场所。只要想，这些都能轻而易举地解决。人们追求的是一种更微妙的体验：用情欲的眼光来看待自己与配偶。要使体验新奇，假期、场地、表演有了，还得有适合被发现与玩耍的情感氛围。

作为一名心理治疗师，我看到了婚姻中的性需求向着一方想要而另一方不想要的方向快速地发展着。正如所有的文化脚本一般，这一脚本掩盖了一系列具体的复杂性，但情绪氛围也因此变得了无生气、缺乏弹性，夫妻双方都被锁死在一个模式中了。或许一方会觉得对方无情且执拗，觉得自己更像对方的一个工具而非一道待解的谜题。妻子也许会抱怨，丈夫眼中的自己（穿着老旧却很实用的睡衣）的性唤起跟她真实的体验根本不一样。要是她不采取措施加以引导，他或许都不知道如何才能发现她身上最性感迷人的那一面。在这种情况下，双方都不愿承担通向发现的风险，退缩到孤独无助的角落。

在我看来，在夫妻生活上下功夫意味着积极为自己创造发现的条件。和其他相关领域一样，这是利用我们成熟的思考和计划能力，创造出一种能让我们感到新奇或无法自控的情境。由此看来，在夫妻生活上下功夫并不会成为绊脚石；它带来的趣味跟为孩子们筹备一场生日派对一样，或许还要更有趣一些。问题在于我们可能放不开手脚，还在于我们在满足自己和配偶的愿望和欲求时表现得太刻意。我们的拘谨有千奇百怪的形式，甚至追求不刻意本身也是一种逃避策略。与婚姻的其他方面一样，人们在夫妻生活方面所面临的挑战事关找到一种方式来激活并表现我们成熟与关心他人的能力。如此一来，我们主要的需求便可得到满足，无论是肉体还是慰藉寻求，抑或是二者兼而有之。

人们的内心对于想方设法让夫妻生活更美妙的可能是矛盾的，我认为这在一定程度上与我们要面对的一个挑战有关，即与我们自身追求内在个性之间顺畅的变换有关。内心世界容纳多种性格本身就很了不起。例如，可以在必要（如分析问题、解决问题）时去探讨性需求与性技巧方面的问题，也能在需要（如感受、体验）时不去谈论性，这就需要性格上的灵活性。同样，温柔型的性爱、释放型的性爱、化妆型的性爱以及所有其他类型的性爱你都能接受，从不去调和它们。我们会用各种方式来表达逃离精神紧张的渴望。或许，阅读言情小说或观看成人电影是人们想从这种压力中解脱出来的一种方式，可以让自己沉湎于身体部分的快乐中，以此暂时摆脱与沉重和复杂的性格有关的现实世界。在一段长久关系中，面对我们与自己配偶的夫妻生活，我们需要找到一种在不同心理位置间转换的方法。我们需要具备这样的能力：自我中的一部分为获得良好性爱创造环境，另一部分则去拥有它。

我们在夫妻生活上所下的功夫是缺乏耐心的，还固执己见地认为，好的两性关系就应该是自发且轻松的。然而，影响夫妻生活以及禁锢夫妻之间亲密关系的不正是这一态度吗？类似的想法还有以下这些：

- 要是凡事不用我主动说，你就能读懂我的想法，我们的关系（夫妻生活）势必更好；
- 除非我能从你身上得到我想要的反馈，否则我们的关系（夫妻生活）也太令人失望了；
- 但凡碰到尴尬、缺陷或是误解，我们的关系（夫妻生活）一定是出了问题。

在以上所有这些情况下，我们都忘了，如果想要与配偶在性或情感方面有良好的联系，那么我们既要感知，也需要思考。我们可以用自己成熟的经验去创造让彼此兴奋、有趣和情感愉悦的空间。

我们只需要了解一下很流行的"约会之夜"的规则[①]，就可以观察到失控的焦虑及其破坏性的表现形式——反应、指责和投射——是如何肆意破坏原则上自发产生温情和性吸引力的良好载体的。为什么那么多的夫妻的约会之夜都出了岔子？因为作为希望和恐惧的磁石，约会之夜把我们正在谈论的夫妻冲突的升级版吸引到了他们自己身上。妻子很不满，因为她丈夫虽然终于鼓足勇气去计划一些

---

① 指为了拯救婚姻，夫妻二人特别设计一个不再循规蹈矩的约会，过一个之前不敢做甚至近似疯狂的约会之夜。——译者注

事情，但并不懂她（即没能读懂她的心思），选择去做的事情并不符合她的心意。丈夫怕搞砸，还怕被冷落，或是在接下来的一个星期里反复听到此事被谈起。双方只有都把自己困在一个"成功"的约会之夜的高风险愿景中，而不是随波逐流，欣然接受"成功"或"失败"，或者在事后能够毫无防备地说起哪些有效、哪些无果，这才是两人享受彼此合作项目的必备环节。

在任何创造性的努力中，当我们以为事物的发展只有一种正确的方式时，就一定会出现问题。如果我们做事持有好奇心与开放的态度，就无法保证努力就一定成功。创新的本质就是冒险，冒险就意味着失败。而性爱的本质是以一种开放的姿态面向情绪与性爱的创新、发现与惊喜。如果你不愿放开自己，也就不大可能感受到兴奋。任何一个创造性地投入性生活中的人，都会面临"失败"，即会把事情弄糟或搞得很无趣。性治疗师巴里·麦卡锡（Barry McCarthy）说过，关键的不是表现而是态度。不要紧，尝试就好。不妨对性爱保有一种顽皮的态度，时不时还可以嘲笑一下它。你始终有更多的机会。人们或许会抱怨夫妻生活的不如意，但这恰恰是它的优点之一。

亨利·迪克斯认为，婚姻是一种成熟的关系，在这种关系中，我们通过接受依赖和对爱与关怀的需要来相互肯定。但他还提出了一个更深入的观点值得我们考虑：也许，所有人际关系秘密的关键在于"在爱的框架内遏制仇恨"的能力。如果我们不想办法控制我们的仇恨，长久的关系就无法维持。配偶既能让我们高兴又能让我们沮丧。有些人甚至考虑离开，因为其配偶已经变得可恶至极。然而，亨利·迪克斯认为，无论配偶是否可恨，我们都首先要提升自己在爱的框架内遏制仇恨的能力。

性是婚姻中的一个舞台，使我们有机会去建设性地表达怨恨。其中重要的一个方面是，它有助于人们以一种"孩子气"的视角去思考性爱：拒绝和我们讨厌的配偶发生性关系。这与我们小时候耍小性子别无二致：没什么是好的，一切都很臭。如果有人来安慰我们或转移我们的注意力，我们就会给予激烈回应："我恨你！"最终，我们的父母会一把抱住我们，任凭我们如何挣扎，接着，因为父母的出现与身体上的接触，我们莫名得到了安慰。世界变得光明起来。

成人生活没有给我们同样的机会来进行那种上一分钟还在发疯、下一分钟就咯咯笑的肢体宣泄。但有时抚摸比交谈更有帮助，性爱比交谈更有可能缓解我们的愤怒。当夫妻陷入冷战，或一方的优势是借助从不满足对方的需求获得，那他们就失去了这个机会。我认识一些非常后悔离婚的人，他们破坏婚姻的方式是把性作为奖赏或惩罚来利用，这实在令人遗憾。在这种情况下，没有赢家。我认为女性更容易错误地把性作为控制手段，因为她们年轻时吸收了太多物质的、使其头脑混乱的关于性的信息，把性作为一种权力和价值的资本。人们越是把性当作一种施舍的恩惠，或是为守住自己所谓的原则予以拒绝的东西，他们就越会失去了将性作为有效宣泄手段的机会。这些原则是无益的。最有效的原则就是你要让自己成为一个矛盾的、复杂的人，无须具有一个一成不变、全然封闭的观点。拒绝性爱的人就是关闭了一条有效发泄怨恨的路径。他们通过放弃性爱来发泄仇恨，实则失去了一种转化仇恨的机会。

"我是一个有爱的人吗？怎样才能变得更加有爱？"这是个令人震惊的问题，因为很多人活了半辈子才第一次思考这个问题。我们自认为是有爱的：我们结了婚、爱着另一半、爱我们的孩子。但渐渐地，我们不得不采取下一步行动，扩大问题。人到中年，内心深处的压力让我们不由自主地反思自己在建立人际关系时扮演的角色。如果我们足够坦诚，就会开始评估那些世俗带来的破坏。人到中年向外扩张的冲动推着我们去思考，我们如何才能超越那些定义我们安排的值得警惕的交换条件，开始把我们的配偶当作一个独立的人来照顾，因为他们对我们的关注与我们对自己的关注同样重要。

如果我们所说的爱是指肯定伴侣是一个可爱的人，那么斯蒂芬和戴安娜都还没有达到爱对方的地步。但是他们在努力。在过了追求激情和浪漫的阶段之后，在过了求婚、订婚和结婚阶段之后，在购置了房产、生养了一个两个孩子、家庭财政超支、对方家族出现问题和自己出现工作问题之后，还面临着一个问题——你会让自己走上一条发现如何去爱一个真正独立的人的道路吗？不是因为这个人有能力给你孩子，或是给你一个居所或是一个发泄场，而是因为这个人是一个你还没有真正了解其外在与内在的独特存在。婚姻，尽管充满了复杂和挫折，却是机遇与问题并存的。这种持续的一对一形式，纯粹持续的线性形式，不断在进行发问："我们是否会选择和一个我们虽有一些了解但仍然神秘的人继续进行身、心、灵的对话？"

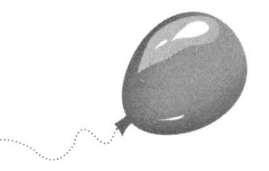

第 3 章

每个人的婚姻都是一则故事

The Rough Patch
Marriage and the Art of Living Together

逃离，源自把自己的情绪归咎于别人

几年前的一次晚宴上，我坐在一位 40 岁左右的魅力男士身边，他正经历一场剧变。在解释他的独身状态时，他提到他最近和妻子分居了。借着酒劲，他承认自己有过婚外情。吃甜点时，我才知道他和妻子育有三子，一个两个月大，另两个稍大一点。作为一名治疗师，我有时会更容易听到这类忏悔，也会试着给予讲述者同情，但这次我受到了挑战。他话里那种我很熟悉的招牌式自恋让我恼火不已。他一边侃侃而谈地把三个孩子视作他跳动的心脏，一边又以轻松而超然的态度处置了他们的实际命运。他似乎很满足于用一种他习惯用在别人身上的情绪化的简单表述（如"我需要更多""她不接受我""我受够了按她的规则行事"）来应付我。考虑到当时谈话的场合，我别无他法，只能礼貌地点点头，并对他利用晚宴的礼仪设计我认同他的那些陈词滥调渐生愤怒。他看似自信满满，认为他的一番说辞已让我对他的无中生有信以为真。他究竟是如何走到这一步的？如何能做到嘴里说着口不对心的话，还想方设法让人相信？

后来，我的情绪缓和了一些，心想着他或许童年凄凉，早早地就学会了用圆滑、冷漠的外表来掩盖其内心真实的悲伤、愤怒或恐惧。也许他已经明智地发现，比起表现得像一个焦虑的、失去亲人的孩子，从容不迫、冷静诱人、事事给出一个令人满意的交代，反而会让他在人生之路上走得更远。倘若他真的在六岁左右的年纪就再没有接触过自己的真实情感，即他的情感完全被忽视了，那我们就不会惊讶于以下这个桥段：

某个强势的女人一把将他抱起，接着却因他的疏离而沮丧，继而不停地责骂他的冷漠。这样一位 40 多岁的帅气、健康的男人，妻子却是个神态轻浮的怨妇。

他生命中所有人都对他要求颇多但给予甚少，于是在不知不觉间，他越来越愤愤不平。当妻子专职在家照顾出生不久的孩子时，男人发生了婚外情，这有什么好惊讶的呢？

一定程度上，这完全有情感上的意义。但私下里我不禁觉得，抛弃家庭对他而言实非明智之举。他就是那种因婚外情导致离婚、孩子受牵连、前妻怒不可遏的最佳人选。他极有可能把他的人生毁掉。至于原因，我认为主要就是他心里只想着自己。他对自己说，他没能从妻子那里得到他迫切需要的东西，但他对自己同样是夫妻矛盾的共谋者毫无兴趣。他对她就是一味地抱怨，却看不到自己所扮演的角色。人类心理学的诸多悖论之一是，你越是把自己的情绪归咎于别人，你所创造的世界就越是窒息和幽闭，你也就越觉得自己必须"逃离"。但从他在我面前的表现来看，这一切显然是他无法理解的。

几周后，我在街上看到他和他的妻子。他妻子既要推着双层婴儿车，又要顾及用背带绑在胸前的婴儿，十分辛苦，而他只是跟在后面走。她的姿势已是窘迫不堪，而他则徐步缓行，宛如消极反击，细细品味着阳光和空气，沉浸在他那诗情画意的世界中。尽管他很矫揉造作，但在我看来，他就像一个迷失的孤独男孩。我突然感到一丝悲伤，他们的家庭生活场景看起来是那么不牢固、令人心酸，甚至展现出莫名的顽强。他在那次晚宴上的信口开河呈现的只是其中一面，我刚才说的则提供了另一面，而街上这一幕把这两套说法都搞乱了。

你将如何讲述你的爱情与婚姻故事

作为一名治疗师，我每天都会听到大量引人入胜的故事。我既被这些故事所吸引，也同样对讲述故事的方式感兴趣。讲述者仅仅是把他们的故事理解为现实的一个版本呢，还是认定那就是正确的版本呢？在这一点上他会变通吗？他是否想过，他的感受并非局限于这一个故事，以及某个故事比其他故事更易于产生某些特定的感受？夫妻双方是否都能对另一半讲的故事感兴趣或是感到好奇？

宴会上的那位男士给我讲了一个关于他的故事，同时我也给自己讲了一个关于他的故事，这都是我们不由自主的行为。我们人类就是忍不住要讲故事，这既是我们理解自身的方式，也是我们确定下一步该如何行动的方式。我们总是在当下积极地创造有关过去的故事。我们每个人的独特之处不仅在于发生在我们身上的事情，还在于我们如何来讲述这个故事。正如评论家乔纳森·戈特沙尔（Jonathan Gottschall）在《讲故事的动物》(The Storytelling Animal) 一书中所说的："人类的思维因故事而形成，故而也被故事所塑造。"个体身份本身便以故事的形式出现。到了青春期，我们逐渐开始将我们的品位、兴趣和天赋编织成一套身份认同和价值观，并将它们与更大的社会目的联系起来。在我们的文化中，打造一种身份（包括关系的、职业的、性爱的、精神的、政治的）是年轻人的首要目标。我们将自我看成一个项目，我们在努力地改进以塑造出"真正的"自己。

我们在爱情故事中会选择强调或模糊哪些元素，这一点与在生活故事中如出一辙。我们之所以带着不完整的故事步入婚姻的殿堂，主要是因为我们的生活是单向进行的。我们在原生家庭中接受的深入教育（如什么情感可以安全表达、什么欲望被允许、从关系中可以期待什么等），潜移默化地塑造了我们讲自己的故事的风格。在建立关系愿望的驱使下，我们会在心理层面放大彼此的共识，弱化之间的差异。在浪漫的初始阶段，当我们注意到困扰我们的事情时，我们会时而清醒时而迷糊地对它们是否会给我们的总体选择带来挑战进行评估。通常，这些都处于意识的边缘地带，被归入"没有人是完美的"或"他会改变的"等模糊范畴。这些都是叙事选择，即把我们的感受匹配进我们想要描述的故事中去。

随着岁月的流逝，我们最初忽视或搁置的问题亟待解决，这涉及拥有一个好故事与拥有一个好生活之间的关系。生活满意度与讲述一个关于我们当下处境与未来前景的有意义的故事有关。人到中年，我们比以往任何时候都更需要一个连贯、有意义的故事。我们不妨扪心自问："我是进步了还是停滞不前？我是真的兴奋还是只是走走过场？"这关乎我们的故事和我们的关系。正如一位作家所说，身份是"使特定叙述持续进行的能力"。一旦我们的故事失效了，我们的身份似乎就陷入了危机。人们都特别关注婚姻，因为它既是很多成年人生活的情感中心，也是一个确定我们的生活是否有意义、是在继续向前迈进还是陷入困境的舞台。

当我们步入婚姻时，我们并不完全理解或是有意识地选择我们正在讲述的故事，这就是为什么我们艰难地对婚姻进行清算时让人感觉像是回归自我，因为在我们记起来自己到底是谁的那一刻，现实与我们为了结婚而接受的幻想是完全不同的。我们开始觉得我们真实的生活故事好像在别处，不知何故我们走错了路。在这种不确定中，时间的不断流逝是我们沉默的伙伴。故事如歌，帮助我们体验时间；故事提供一种方法，让我们可以把握时间、标记流逝。等到故事变得不美好了，我们才开始怀疑生活是否与我们擦肩而过。我们越来越绝望，如果不得不改变，那一定是从现在开始。

心理学家欧内斯特·沙赫特尔（Ernest Schachtel）认为，成年后，我们的经验越来越多地以固化的形式被唤醒。我们很多人都有过倾听某位痛苦的离婚朋友诉苦的经历。出于对朋友的忠诚，我们不会东问西问，却越来越感到困惑和不适。当他寻求我们对其前任如此差劲儿的表现认同时，我们会使劲地点头表示支持。但这个故事并没有实现它的宣泄作用，因为我们无法确定到底谁是过错方、谁是受害方。尽管我们感受到了来自朋友的压力，但我们不能把一个复杂的故事变成一种自我开脱的泛泛而谈。

我们如此矛盾的反应或许源于直觉。研究证实，恋爱中的人会选择性地注意伴侣的积极方面，就像分手的人会选择性地注意伴侣的消极方面一样。两个人都会编造出一个契合自己感受的故事。当彼此不满意的伴侣结束一段关系后，他们会重新复盘这段关系并回忆过往，以证明这段关系从一开始就有缺陷。即使通常情况下，人们常常对他们的聚散不解，他们也需要编一个说得通的故事。

文化层面的故事亦是老生常谈，如果脱离了它们提供的框架，人们便不知如何生活。我们周遭充斥着存在各种矛盾的信息，我们始终处于把高调的口号误以为个人经验的危险当中。正如心理学家丹·麦克亚当斯所观察到的，人们在文化中的许多故事和图像中挑来拣去、剽窃抄袭，从而形成一种自己的叙事风格。美国文化崇尚矛盾性很强的故事情节，如婚姻是永恒的，直到人们发现并非如此。即使是虔诚的宗教斗争，也会将永恒的时间框架与此时此地的情感满足结合起来。正如丹麦宗教哲学家瑟伦·克尔恺郭尔（Søren Kierkegaard）提出的问题，真爱是在超越个人偏好的过程中找到的，还是我们个人偏好的实现本身就是爱的源泉？理想情况下，我们对婚姻的忠诚源于我们的爱意和关于婚姻承诺的价值观。但当承诺和感情分道扬镳，当我们不再把婚姻视为永恒和命中注定的，而是无尽和沉闷的时候，我们就很难找到让这两者结合的故事来讲述了。

社会学家伊娃·伊卢兹（Eva Illouz）说过，当代人对爱情的心态是"西西弗斯式的锲而不舍，试图在长期的总体爱情叙事（如婚姻）中，唤起局部的、短暂的爱情强度"。我们时而专注于转瞬即逝的激情，时而专注于长长久久的爱情。但倘若我们对这种不和谐的爱情时间的混合与匹配缺乏警觉，我们最终就会因为无法调和而去责怪这段关系或我们的伴侣。当我们自问婚姻是否幸福时，其实是在含蓄地问这段关系能否以爱的方式延续到未来。我们想知道，这种关系是天长地久的还是一场偶然配对？事实上，我们对答案有一定的掌控。然而，我们在这两者间的摇摆不定或许会潜移默化地影响我们对自己的掌控权的信念。我曾遇到过一对夫妻，他们因女方意外怀孕而走到了一起，双方都觉得没有坚实的感情基础。妻子一直埋怨丈夫的种种不是，但在我看来，问题的实质是她根本就不想结婚，她想要的是恢复自由身去约会。这种情况下，如果这位妻子提出对长期的一夫一妻制婚姻的承诺或愿望的怀疑，或许更有建设性。

在美国，我们尤为迷恋英雄使命这类故事，所以我们很小就被召唤去参与一段特殊的命运。我们会说出"顿悟""探索"和"拐点"这样的术语，也会一再提到"进步与衰落对抗"这一普遍的主题。但我们的文化故事很少会将"拐点"和"顿悟"视为一段幸福婚姻旅程的组成部分，这些术语更多地被用在走出婚姻的领悟中。在"进步"的描述中，婚姻往往是一种强行推销，它更有可能被投以"静态"和"无聊"的目光，而对叙事的研究有助于我们理解其原因。故事往往有朝着目标顺利进展、目标受到阻碍以及一成不变这三种基本表现形式。在悲剧里，进步的叙事很快会让位于衰落的叙事。而喜剧则颠覆了这一顺序，障碍之后紧接着就是进步。在"从此过上幸福生活"的叙述中，进步之后是稳定。当进步让位给稳定时，幸福的故事就结束了，原因很明显：稳定缺乏戏剧性的参与。

如此，永远幸福的故事扭曲了我们对婚姻的期望，因为它们暗示我们将会或应当永远快乐。但"永远"或许才是更有问题的一种曲解，冒险与安稳交替着推动故事向前发展。安稳必须让位于冒险，否则就没有故事可言。如果关于婚姻的文化故事是一种枯燥的稳定，那就很容易把婚姻与安稳混为一谈。事实上，人们在告别婚姻时常常声称这是一次冒险，如"我需要更多""我无法成长"，这些冒险类表达和"一成不变的"配偶一同处于婚姻关系中。

现实是，婚姻很少是稳定或无聊的。人们会受到配偶的极大影响。当人们感到婚姻一成不变的时候，他们去冒险往往有很多戏剧性且有意义的理由。当他们提到"无聊"这个词时，通常是因为他们已经不再倾听或关注配偶。"无聊"和"一成不变"这两种说法在两个维度上掩盖了更为复杂的现实。不仅仅是痛苦的夫妻很少对他们的困境感到厌烦，即使是幸福的夫妻也很少感受到他们处在平静祥和的状态。相当多的老夫老妻表示，他们彼此一直饱含深深的爱意、对夫妻生活有着很浓厚的兴趣并积极地投入其中。不过，他们没有提到爱情早期的一个侧面：对这段关系的强迫、不安与焦虑。这种高度焦虑在我们有关激情性爱本质的文化脚本中显得如此突出，以至于我们忘记了，对许多伴侣来说，信任和安全感是身处长期婚姻中的一方或双方去"冒险"的动力。

你的婚姻故事折射出你童年的依恋类型

某个天色阴沉的周一早晨，艾米莉来看我。尽管天气阴冷，但她看起来精力充沛。我一下子就被她那种倾诉的热情给吸引住了。"我不知道我是否还爱着我的丈夫，"她说，"我不知道我是否真的爱过他。我觉得我和他结婚是因为他清楚他想要什么，那就是我。后来我突然怀孕了，他就说服我搬来这里。现在我们有了女儿，也有了房子，我们有了自己的生活。我在想，我是怎么走到这一步的？我很想搬回去，住得离家人近一点。我丈夫就会说'别想这些'，然后我就会想，我和这个人在一起是为了什么？"

艾米莉在座位上挪了挪身子，然后就把头低下了，她或许在思考她的措辞。"比尔人很好，为了这个家，他愿意付出一切。工作也努力，"她又激动起来，"可他对于感受总是避而不谈。每当我试图跟他说说我的感受时，他都不肯听。我觉得我正在过错误的人生。"她的眼睛噙满了泪水，她既伤心又沮丧地说："有时候我觉得自己被困住了，就好像我想把卡车从泥里倒出来，却走上了另一条泥泞之路。"

接下来几周，我又见了艾米莉几次。每次见面，她都会再次跟我提及她的婚姻是不是个错误的问题。我发现，我竟然被她讲故事的魅力所吸引。她对因沟通不畅产生的痛苦描述既阴郁又有趣，言之凿凿。她用有趣的固定套路，把丈夫缺乏洞察力和她的嫂子微妙的居高临下表现得淋漓尽致。有时我甚至觉得她的故事有了自己的生命力。我想象出了两个艾米莉，一个是与比尔互动的有血有肉的人，另一个是将这些互动塑造成令人信服的故事的说书人。我还把自己想象成了比尔，退缩到冷眼旁观、略带轻蔑的理性中，以保护自己不受艾米莉戏剧化叙述的影响。她是这般言之凿凿，让别人无法质疑。随着时间的推移，我感到一种越来越大的压力，我想表达的是，我们只有用治疗来质疑她的故事才能帮助她。

之后的一天，艾米莉让我大吃一惊。她在沉思了片刻后说道："如果比尔和我现在的关系能更好一些，我或许也不会说出'我对他毫无感情'那样的话。我讲述的内容也会有所不同。我会说'这段感情的磨合还需要时间''经过一段时间，我们更亲密了'，或是'他虽不是世界上最感性的那个人，但我真心欣赏他的稳重'。"我竭力想弄明白，她的话究竟是对公平、公正的一种迎合，还是对现实生活中理论上的可能性的一种敷衍。似乎两者都不是；相反，艾米莉知道叙述者的视角永远是故事本身的一部分。当我意识到艾米莉与许多来我办公室进行咨询的人有所不同，并不完全拘泥于她的故事时，我有了一种巨大的希望。

在夫妻关系中感到最亲密和充满希望的是那些可以讲述他们关系故事的配偶，心理学家称这些故事为"我们的故事"，这些故事强调同理心、尊重、愉悦和接受这些爱的元素。问题是，人们如何能做到这一点？他们是如何从充斥着纷争的婚姻故事和对峙中寻求一个有意义的共同叙述，继而把它作为一个令人期待、鼓舞人心的关系愿景的？人们在这个过程中到底经历了什么？

为了弄清楚我们的关系故事，我们有必要继续探讨我们在第 2 章开始时谈到的对情感发展的探索。我们讲述眼下这段关系的故事不仅用到此刻正在发生的事，它们而且会具体且系统地用到关系里的早期经历。如果我们想拥有更大的自由度来审视并改变我们当下的婚姻故事，就有必要理解我们对关系初期的回忆是如何形成的，以及这些回忆是如何持续影响我们的。

婴儿在出生后的第一年中能学到很多东西，但他们是用一种整体的、感受的方式来处理经验。他们的大脑皮层尚未发育成熟，所以不具有成人的回忆或感知经验的认知能力。无论是在记忆的编码过程中还是在记忆的提取过程中，情绪、体感、视觉形象、感知以及婴儿与看护者之间的反应模式都被定义为不涉及有意识关注或专注的内隐记忆。用精神病学家丹尼尔·西格尔（Daniel Siegel）的话说，我们的大脑从一开始就是一台预测机器。基于对可能发生的事件的识别，大脑可以快速处理潜在的威胁以及安全和愉悦的场景，所以我们构建的心智模式具有重要的生存价值。这些心智模式是一种充满了非语言、情感丰富的交互方式，在我们拥有自我意识以前，它们成了我们对关系的第一个"记忆"。这份记忆可能会造成以下影响。首先，我们的内隐记忆会影响以后生活中的关系经历，但我们意识不到它们的来历。其次，当我们的内隐记忆在关系中被重新激活时，我们并没有把它们作为回忆来体验。正如丹尼尔·西格尔所言，我们只会进入这些刻骨铭心的状态，并把它们作为我们当前经验的现实来体验。早期记忆的本质使我们倾向于和我们的配偶通过观照过往的情感体验来感受当前的互动。

大约 18 个月大时，婴儿开始发展有意识的或外显的记忆。前额叶皮层和神经网络的发育带来了等同于意识的记忆形式，并让"我正在回忆"的经历成为可能。这便是自传式记忆和自我意识的开始。随着第二年语言能力的爆发性发展，孩子们开始理解故事并能进行讲述，他们已经进入社会理解和反省思维的新阶段。讲述自己的故事的那个自我由此诞生，这就是叙述型自我，它随着时间的推移而得到发展和深化。

无论是内隐记忆还是外显记忆，它们都是我们体验自我的核心，也是我们情感生活的基础。健康的情感发展包括把我们基于身体的、体验性的记忆编织成一个有意义的自我叙事概念。前言语情感记忆和有意识自我故事之间的整合，或是流畅的对话，给了我们一种真实感。自我和记忆通过我们与所爱的人的关系，并借助人类依恋的发展而融合在一起。

人的依恋性在其生命的头 15 个月的时间里出现，即发生在我们讨论过的具体化的、无意识的、内隐的记忆时期。众所周知，所有抚养婴儿的夫妻都会表现出四种安全或不安全依恋模式中的一种。这些都是由抚养人反馈方式的具体且可观察的特征引起的。这些得到广泛验证的婴儿依恋模式（包括安全型、回避型、焦虑型和混乱型）反映出父母对儿童寻求依恋行为的反应的影响。事实上，是父母对孩子寻求依恋行为的反应教会了孩子采取何种行为，以便能继续获得父母的关爱。这些反应构成了我们在亲密关系中预期的早期基础。

抚养人若是体贴，对孩子寻求依恋的行为予以回应，就会培养起稳固的依恋纽带。若是父母一方忽视或夸大孩子的沟通，孩子就会相应扭曲自己的依恋行为。如果抚养人拒绝孩子的依恋请求，孩子就会变得对依恋有所抵触，他们不再会寻求亲近，而把自己的注意力转向其他。有焦虑型依恋的孩子无法从抚养人摇摆不定的漠然以及不可预测的回应中得到安抚。如果抚养人同时表现出惊吓和恐惧的行为，他们抚养的孩子会发展出混乱型的依恋风格，因为他们缺乏寻求安全的明确策略。

当孩子的父母能够感受并思考孩子的经历时，孩子就会产生安全型的依恋。当父母有反馈，孩子在形成自我故事时就能流畅地融合并利用他在会说话前的那些具体的情感。防御性调整是最低限度的。与自我交流和与他人交流可以协同出现。在一段安全的关系中，父母与孩子共享一个世界，在这里的感受、感知和意愿被视为同等重要的存在。孩子可以无拘无束地反思、回顾和探索当下的情况与想法，并通过获取他们的全部经验来构建一个关于自我的个人叙述。父母的行为善良且可信，足以让孩子毫无畏惧地探索自己和自己的想法。父母循循善诱并着手帮助孩子搭建故事，他们一起把"发生之事"拼凑在一起，使故事具有意义。我们可以预见，这种合作有助于提高孩子在将来与他的伴侣构建一个"我们的故事"的能力。

与安全型依恋的孩子相比，那些不安全型依恋的孩子在依恋性格和自我方面会产生有问题的模式。倾向做出不可预测行为的抚养人，会让其照顾的孩子产生不安的分离形象，从而降低了孩子的安全感和信任感。如果父母前一分钟干涉孩子，下一分钟又忽视孩子，或是在安慰和愤怒之间摇摆不定，孩子就会产生疑惑和痛苦："我是好孩子还是坏孩子？爸爸是坏爸爸还是好爸爸？"如果孩子的父母否认、扭曲或表达的事件和情感与孩子的所见所感相冲突［如"别怕！爷爷那是出远门了（实则过世了）""这没什么（遭遇侮辱的时候）"］，孩子就无法将他的感觉经验与他从与依恋对象的互动中所获得的不准确的故事联系起来；相反，凡事都持不屑一顾的态度的父母会对孩子产生负面影响，让孩子忽视依恋导向型的情绪，从而导致孩子对自我和他人的故事简单化、最小化和情感低落。

所有这些都表明，我们从童年时期就有了核心的依恋故事，并掌握了如下叙事：在一段关系中可能成为什么样的人，以及可能从他人那里期待什么。这些故事让我们知道了危险潜伏在哪里（如"别要太多""别吓妈妈"）以及可能在哪里找寻到安全的港湾（如"如果我伤心难过，爸爸就会来安慰我"）。但令人印象深刻的是，与这些核心叙事的深层组织能力一样，故事也是可以改变的，改变我们故事的能力是在依恋研究中获得的另一项惊人发现。

要了解故事如何发生改变，就需要明白成年期的依恋安全感不仅仅与你孩提时代的经历有关，还与你能讲述出来的有关孩提时代的经历故事相关。通过使用一款名为"成人依恋访谈"（the adult attachment interview，AAI）的工具，研究人员发现，根据一个成年人连贯讲述自己依恋历史的能力，可以预测出其孩子的依恋安全感。换言之，如果一位女性（此刻的母亲）能回忆并连贯描述她与其父母的关系（无论有多么不稳固），这就足以成为她与其孩子依恋是否稳固的决定性因素。

当成年人通过成人依恋访谈（AAI）工具描述他们的童年时，被评估为安全型/自主型依恋的成年人可以同时获取他们童年依恋关系的情感记忆，反思它们的意义，并清晰地、合作地将它们传达给另一个人。被评估为轻视型/回避型依恋的成年人讲到自己早期依恋时认知清晰，但情感贫乏。那些被评估为焦虑型/专注型依恋的人会被依恋相关的情绪淹没，他们的记忆、思维和语言都会变得扭曲。这些父母叙事话语的类别映射出了孩子的依恋安全状态。因此，安全型依恋孩子的父母倾向于用连贯的、自省的方式谈论他们自己的童年；回避型依恋孩子的父母倾向于用一种非内省和过于简单的方式描述他们与其父母的关系，给出的表述（如"快乐的童年""好妈妈"）也都总体模糊；而矛盾型/抵触型依恋孩子的父母在表述其依恋史的时候采取的则是困惑模糊的方式，缺乏对采访者视角的关注。

关键的一点是，父母现在能够连贯讲述自己的依恋史，他们的孩子也有很稳固的安全感，但这并不保证父母本人有稳固的童年依恋，这就是研究人员所说的获得型或进化型安全感。有进化型安全感的父母对其过去的经历得出了一个看法，让他们能够在当前的关系中以不同的方式感受、表现和说话。有明确的证据表明，一段支持性的、信任的关系可以帮助我们从因早期的麻木、创伤或丧失形成的不安全依恋中治愈。在需要时，来自治疗师或其他重要人物的情感支持有助于初为人母者获得安全感。一项针对在机构中被抚养长大的孩子的研究显示，他们在经历了温暖而坦诚的婚姻后成了好父母。童年受虐的母亲如果接受过治疗或与配偶拥有令人满意的情感关系，就不太可能虐待她的孩子。婚姻和为人父母都能使人获得更大的依恋安全感。与早期和抚养人的依恋模式相比，浪漫伴侣之间的安全依恋似乎对他们关系的情感质量贡献更大。

成人依恋访谈工具的精彩之处在于，它要求人们既要记住与抚养人形成的情感经历，又要连贯思考，并在当下保持自我意识。这做起来比说可难多了，因为我们无法平心静气地对待我们的依恋关系。而那些有着安全型依恋的成年人在强大的依恋情感背景下，能够连贯地思考并表述他们早期的依恋关系。这就是反思功能的精髓，即我们在第2章中所探讨的感受与思考的过程。用一位依恋研究人员的话来说，思考感受和感受思考的能力是反思功能和依恋安全的核心。有安全感的成年人可以感受和思考曾经作为孩子的自己，以及他们现在拥有的孩子。

婚姻也是一种依恋关系，激发了我们对安全、慰藉与关怀最深切的希望和恐惧。因为依恋纽带激活了我们最原始的情感需求，所以我们运用我们的思维（如我们与大局的联系、我们的故事）来调节、缓解和塑造我们的反应。正如我们所看到的，当人们习惯性地用想法去压制感觉或反向为之时，亲密关系便会受到损害。例如，一个有着轻视型/回避型依恋的人可能会对他的过往给出一个冠冕堂皇的故事（如"挺好的""相亲相爱的家人"），但这套说法会遭到具体细节的否定："哦对，我父亲是个酒鬼，不过他打我们也没那么多。"他对童年的理想化形象会掩盖他早年的情感经历，并阻碍他与配偶之间的情感交流。事实上，这样的人或许会觉得他对安慰和回应的需求被他的父母忽视了。结果，他过早地变得自立，于是有了他现在对妻子情绪的嘲笑，争吵由此引发。他要想真正温柔地对待他的妻子（和他自己），他就得看到这段让他熬过童年处境的故事是如何产生的，以及他的故事是如何在不知不觉中把他的妻子变成了那个曾经被指责的"爱抱怨"的孩子，而他的整个身份都是围绕着遗忘而组织起来的。如果这对夫妻正在接受治疗，我们会尝试打开他痛苦的过去，以便了解他现在的情绪，并尝试在他和妻子之间创造一种新的体验，以便更好地融合和治愈过去。

改变我们的故事以应对这种新的情感体验意味着，一段安全、有爱的婚姻具备治愈关系的可能性。在一段充满爱的关系中，我们信任配偶的照顾，我们可以开始重新评估我们自己的故事，重新唤起我们早年的情感记忆，以及打开自我与关系的意识故事之间的通道。通过回顾那些曾经作为生存手段，但此刻却造成障碍的倾向，我们可以扩大对早年依恋模式如何影响当下行为的认知。例如，我们可能会注意到，当我们感到需要和依赖时，我们很快就会警觉起来。或者我们可以尝试，在我们的配偶没有过度反应的那些时刻，克服我们的恐惧，尝试寻求更多的亲近。通过反思我们的倾向，我们更能够谈论它们，并逐渐走向一个更有爱和回应性的我们的故事。

即使是微不足道的经历，如果我们反思它们，它们也能打开改变我们的故事的大门。想象一下，一名年轻的女子正在纠结她是否要一个孩子。一天，她去她朋友家，他们聊天时，她的朋友坐在高脚椅上给她13个月大的孩子喂奶。这孩子也许是为了引起别人的注意，把一碗麦片扔到了地板上。她观察到她的朋友友好地说道："哎呀！真是一团糟啊，不是吗？"然后平静地把它清理干净。她很惊讶，甚至有点震惊。她以为对方会生气。她意识到自己的期望和现实之间的差距，这促使她进行反思。她意识到自己有一种母子关系的心理模式，在这种模式中，自我主张的过激行为会遭到严厉对待。目睹了她朋友的不同的"故事"，她自己的故事也不再那么牢不可摧了。她现在可以开始想象一个不同的故事：她作为一名母亲的可能经历，以及她与孩子的潜在互动。她与她母亲的关系的故事也开始有了新的意义。

艾米莉在治疗初期质疑她的故事时，激起了我内心的一阵希望，因为这表明她并不排斥他人的观点。但她对自己的强烈情感深信不疑，也坚信自己有能力讲述完整的故事。好在她有一个优点，那就是想尝试。我与艾米莉一起工作了好几个月，我们的治疗关系为她提供了情绪支持和心理空间，让她得以反思自己的经历，去寻求理解而非简单地做出反应。通过我的倾听和回应，她也开始更多地倾听和回应自己。她也变得更能够倾听她的丈夫，并且更有兴趣了解他的感受和想法。她渐渐克制住了强辩到底与情绪表达的本能反应。在她缓和了她急于解释的心情后，她发现自己最渴望的其实是一种分享感。多年的婚姻生活似乎让她与比尔都开始寻找一段"我们的故事。"

情绪调节失控对婚姻造成的不良影响

有关依恋、情绪调节、元认知和正念的研究结果一致表明，有能力讲述我们内心的体验是改变我们感受方式的一种重要方式。讲一个关乎我们体验的连贯且准确的故事，直接关系到我们调节和改变情绪的能力，两者是互补的关系：一个连贯的故事有助于组织情绪，而调节我们的情绪则有助于我们讲述一个连贯的故事。我们在情绪平和的时候更有能力进行反思。单单觉知行为本身（既是对我们讲述的故事，也是对我们讲述本身），便已是情绪调节的一项重要利器。

情绪调节一旦失控，既会对婚姻造成不良的影响，也会让离婚变得糟糕无比。在遭遇婚姻列车失事的人当中，有人对这一恶果是无法预见，有人是不愿预见，作为治疗师，我或许会尝试让婚姻列车放慢速度，帮助来访者从未来自我的角度考虑他所做的决定。但人们往往不能或不愿这样做。如果我试图从大局出发，替他分析他可能面临的得失，他可能会对我不屑一顾，认为我是一个耍嘴皮或不了解情况的人。他甚至可能拒绝接受"在任何潜在结果中，得失都是不可避免的"这一观点。情绪高涨的时候，人们会丧失区分感受、阐释与现实的能力。有三件事我们需要努力记住：一是客观经历与我们讲述的关于它的故事是不同的；二是我们在讲故事时经常被我们不理解的因素所激励；三是我们讲述的故事是不完整的。但人们并非总是愿意或有能力在这些事情上耗费心力。

然而，一旦婚姻破裂，一种新的但并无太大不同的痛苦就会降临。当初那个不能从大局出发的人，现在会对事态发展感到震惊和愤怒。他感到很委屈，却不知道该把责任归咎于何处。

这些话题都是我和布丽塔交谈时的重点所在。当初是她提的离婚，但现在她因为听说前夫打算再婚而心烦意乱。这一反应让她自己也觉得很意外。离婚前，她已经好多年对丈夫提不起兴趣，总是觉得他那一丝不苟的态度令人窒息。和她的艺术家朋友们在一起她会更快乐，并且她还把其中几个朋友想象成未来的恋人人选。我们见面的时候，她实事求是地向我讲述了她的情况：她不想接受治疗，但她的朋友觉得她需要，而且听她的口气，好像她自己跟所发生的那些事毫无关系一样。让我感到很震惊的是，听了她的讲述后，我感觉她完全缺乏对现状的预判。在她看来，她52岁的前夫好像一直想跟她复婚，然而令她措手不及的是，前夫竟然爱上了别人，开始了新生活。她火冒三丈，又怒又恨，就好像被那些她无法选择的事件深深伤害了一样。

布丽塔感到孤独、忧虑，再加上经济拮据，不知不觉中她开始四处寻找出气筒。她还没离婚时，她的丈夫就曾摊上过这个角色；但现在，她觉得她那两个快到青春期的孩子提出的很多要求和需求让她心力交瘁。孩子们对近期的变故困惑不已，她告诉孩子们："不要再摆出一副理所当然的样子，钱又不是大风刮来的。"对孩子们来说，以前比较固定的费用支出项目（如假期旅游和音乐课外班等）现在都已成了妈妈负担不起的奢侈品了。但布丽塔既没有对孩子们的失落感表示出同情，也丝毫感受不到内疚或悲伤，反而指责孩子们只会一味索取。布丽塔似乎没有意识到，目前的改变是她造成的，但她却归咎于孩子们心气太高，抱着之前过高的期望不放。她当下的情感体验完全淹没了跨越时间的更大的故事。

布丽塔正在寻求一条有意义的前进道路，但由于缺乏一个能把她的思想和感受联结在一起的内部对话，因此她在混乱与僵化之间摇摆不定。紧张、焦虑与被剥夺的感觉是如此强烈，以至于布丽塔无法反思自己的选择，也无法从中学习，这让她感到很混乱。当布丽塔一再转向外部去寻找方案，以解决内在的不快乐和不成功时，她变得很僵化。精神病学家丹尼尔·西格尔认为，混乱和僵化是情绪失调的标志。据布丽塔说，在新结识一位男人并与其交往后，她的问题"就没了"。但去得快，来得也快。当布丽塔的这位新欢消失后，她混乱的情绪又涌了回来。由于无法使用元认知来管理自己的情绪，因此布丽塔无法引用一个中心故事来帮助她组织自己的思想、情感和行动。一方面，她对自己的故事坚信不疑；另一方面，她又不确定故事到底描述的是什么。

从布丽塔对自己成长过程的描述中，我感觉到她的父母对她的关爱是有缺失的，而这份关爱本可以帮助她将自己的情感与稳定的自我意识结合起来。"自恋"这个词被广泛地用来谴责他人，其实把它理解为一种深深的匮乏感反而更有用。自恋的人不把他人当成活生生的人，也不认为他人和自己一样拥有关心的议题和感受。麻木不仁的父母无法满足孩子对爱、温柔和亲情的渴求，而孩子为了获得被他人欣赏的安慰性奖励，往往会通过表现得与众不同来获得父母的关注，因为他们自我陶醉的父母可能会奖励他们的特别之处。尽管缺失爱的孩子以这种方式进行自我关爱，但这往往会让他们产生空虚感。最终，他们对待他人的方式也会打折，就像他们小时候从父母那里得到的是打了折的爱一样，这就是自恋者的悲剧所在。对于关爱的缺失导致布丽塔以自我陶醉的方式行事，别人不愿跟她交往，这让她有了更强烈的匮乏感和孤独感。

尽管我希望人们能够修正那些给他们带来痛苦的叙述，但我听了人们讲了太多的故事，因此我对赋予故事顽强力量的潜意识也就能够理解了。就像不是所有的依恋关系都是健康的，我们所有的故事同样如此。我们的故事被深层的、原始的、冲突的情绪（如攻击性、嫉妒、内疚、恐惧和嫉妒等）所滋养。我们早年的经历与由此产生的感受凝聚在一起，形成了持久的、深埋于心的信念，支配着我们如何看待自己、如何讲述自己的故事。我们被困在我们的故事中的一个原因是，它们竟能如此经济而有效地表达了构成我们潜意识生活的愿望、恐惧和幻想的复杂混合体。

50 岁出头的杰夫和坦尼娅这对夫妻就属于这种情况。他们与我见面时，我印象深刻的是杰夫言语傲慢。在我看来，他自命不凡的措辞着实有些疯狂，倒不是因为他说了什么，而是他似乎在表演的、影响我这个观众的幻想，他的这种幻想似乎是私人的和自我暗示的。另一方面，他的妻子坦尼娅看起来务实、踏实、漂亮、整洁，在穿搭上选 Talbots 牌（成熟知性）的服装远多于 Anthropologie 牌（时尚休闲）。从长相上看，他们像是风格完全不同的电影演员：杰夫就像哈佛大学培养的约翰·克里斯（John Cleese），而坦尼娅则更像美剧《绝命毒师》（*Breaking Bad*）中男主人公一本正经的妻子斯凯勒·怀特（Skyler White）。我第一眼看到他们，就感觉他们对婚姻的"表演"似乎是有剧本的，虽然他们矫揉造作，但两人都乐在其中。我几乎觉得他们在表演一些让我摸不着头脑的准情色场景。

我问他们为什么要寻求夫妻治疗，他们愉快地提到了几件生活小事。他们渴望一起变老。他们都有着丰富的经历，彼此也能分享快乐、知冷知热，并育有几个孩子，这些都是他们想继续守望的。但对于当下想要的生活，他们却有着截然不同的看法。杰夫的工作以城市为中心，而坦尼娅的生活则围绕着郊区的社区展开。一年以后，他们最小的一个孩子将离家去上大学。一想到儿子即将离开，杰夫就感到不安与难过，但同时他也迫切地期待自己能更充分地追求城市生活，能有更多的自由与灵活性。当房子即将被清空的场景浮现在脑海时，杰夫对刺激的渴望涂上了一层淡淡的绝望。而坦尼娅则是期待小儿子离开的，这预示着她能与丈夫重温20多岁时亲密的夫妻生活。坦尼娅的愿景很简单，杰夫每天下班回来，他们一起享受晚餐，然后是看电影，接着是睡觉。对她来说，这似乎是对他们多年来养育子女的一种愉快和应得的回报。

在我大致掌握了他们的情况后，我不禁想，这对夫妻在养家糊口的同时还能继续一起欢笑，而且还那么恩爱，肯定有足够的能力在他们的优先事项之间找到一个可行的妥协。我把常规性的问题问了一遍。比如，他们是否试图通过让坦尼娅融入杰夫的工作来使二人世界更融洽？是的，他们有，但坦尼娅发现杰夫的工作很无聊，人也很浮躁。他们是否尝试过指定一周中的某个晚上只做一件事？没有，原因很简单，他们夜夜争吵，杰夫宁愿待在外面也不愿意回家。杰夫是否试图让自己完全参与到坦尼娅想跟他分享的家庭活动中？是的，杰夫喜欢这些活动，但他越来越不愿意按坦尼娅说的去做，他不想为了保持和谐而事事依从对方。

在婚姻中很常见的难题是，问题看似简单，但坦率地说几乎无解。他们的故事里存在一个惊人的共通之处：他们彼此相爱，也希望继续维持婚姻关系，但以妥协的方式让对方满足重要的愿望是两个人都不愿意的。在聊到他们的过往时，杰夫谈到了他固执的母亲，只要他不顺她的意，她就把杰夫晾在一边。照杰夫的说法，母亲的要求很高，而且是有点高不可及的那种。他花了大量的精力试图得到母亲的认可，但得以实现的寥寥无几。在后续的会面中，当杰夫谈到这一领域的话题时，我总是无法预知将从他那里听到哪个版本。有时，他会用毕恭毕敬的语气谈到自己的母亲；有时，我又可以感觉到他对母亲怒不可遏；有时，他会表现出一种近乎咄咄逼人的孩子气，认为想说什么就应该说什么，别人应该接受并赞美他。所有这些感受都可以从他与坦尼娅的核心问题上体现出来。在杰夫看来，坦尼娅对"好的行为"的定义是不灵活的、狭隘的，就像他母亲的定义一样，但他还有想取悦她的那一部分，而另一部分则对不被理解感到愤怒，他坚持自己拥有自由的权力，可以把气撒在她身上。杰夫既可以发泄愤怒，又可以满足他自己的爱；既可以用躲出去来惩罚坦尼娅，又可以真诚地回应坦尼娅的需求；针对坦尼娅不喜欢他有自己的兴趣爱好，杰夫会提出抗议，但他也会巧妙地将坦尼娅排除在这些爱好之外；他既能对过往有所表演，又在尝试着一些创新。

坦尼娅在一个将僵化视为安全的家庭中长大。在她母亲的眼中，行为规矩和良好的习惯就像一堵抵御焦虑和恐惧的墙。她的家庭生活井然有序，人人各司其职，相互协作，建立了确保人们安全的规范。当我们探讨要求行为合规会带来什么特殊压力时，坦尼娅透露说，在界限之外就会有一大群酒鬼和施虐者。她自己的一个兄弟就是因为行为不端而被赶出家门，此后再没人提过他。她说："据我所知，他现在流落街头。"坦尼娅通过自己对安全和危险非黑即白的看法，表达了她的攻击性和焦虑，就像她的母亲一样。她的母亲通过唤起其酗酒父亲的创伤性幽灵，把坦尼娅爱玩的父亲管得服服帖帖。坦尼娅的外部合理性是依赖，即一个人的时候会焦虑、渴望亲密，这让杰夫感到他被重视和被需要，这是他渴望从自己的母亲那里得到的感觉。但这也算是杰夫在控制方面的一种努力，部分是为了应对坦尼娅对生活中那些与她无关的美好事物的羡慕和嫉妒。

从深层意义上讲，杰夫和坦尼娅来求助的问题正是那个让两人关系有意义的东西。他们正在构建一种相处模式，从而使双方矛盾的意愿都得以表达。坦尼娅可能是控制欲强的母亲，而杰夫是具有安抚力的孩子。当杰夫表现出叛逆时，坦尼娅就是愤怒或恐惧的母亲，杰夫会用离开（他有权这么做）来惩罚坦尼娅对他的控制，然后再顺从坦尼娅的愿望重新回到她的身边。这无疑是痛苦的安排，却是早年生活教会他们的。他们相互选择，因为共同演绎故事的感觉太棒了。

跟杰夫和坦尼娅坐在一起，我有种被束缚的感觉，既拧巴又压抑。然而他们俩竟然组建了家庭，一同生活了近25年，这着实令人钦佩。这些年，他们之间的核心问题始终没变，那为何现在问题却更多了呢？到了空巢期以及重新安排日常生活的轻重缓急的时候，他们自然会遇到新的挑战。随着孩子们一个一个地离开，他们将不得不弄清楚，作为个体和夫妻关系中的一方，他们是否想要改变和成长，以及如何实现这一点。

婚姻成长的一个标志性要素是，从把自己的现状归咎于配偶（"我之所以这样，还不是你造成的？"）转变为对自己引发的冲突和发泄破坏性情绪造成的影响负责。如果我能认识到并承认我对你做了一些不好的事情，这既能让我不再这样做，也能让你重新成为一个我爱的人。纵然我要结束这段关系，对我来说很重要的一点是，我要从责备你没有做到位转变成有"不再想和现在的你生活"的想法而感到内疚。为自己的负面情绪感到内疚并勇于承担责任是成年人处世方法的重要组成部分。

一段婚姻既有向前发展的可能，也有面临阻滞的可能。夫妻双方可以选择在他们的关系中单独发展，或者也可以把婚姻当作应对不利变化的安全港湾，让双方轻轻松松，无忧无虑。当夫妻双方就是否需要尝试着发展或对未来的发展方向有分歧时，婚姻可能会出现小裂痕。夫妻之间也可以心照不宣，按兵不动，永远按照自己的计划行事。随着时间的推移，我在想这是不是就是杰夫和坦尼娅采取的做法。不仅他们的核心困境丝毫没有改善，就连他们在面对改变时的态度也没有发生变化。当我试图追究其中一个人的责任时，事情就会变得很滑稽：另一个人会借机介入。他们还会相视一笑，仿佛他们是队友，而我则成了他们联手玩的某个游戏中的对手。我有时觉得他们正在上演着暗自满意的场景：我是严厉的母亲，他们则是顽皮的"犯罪"搭档，这使他们处于一种奇特的、安全的、孩子般的位置。虽然他们表面上是为了改变而来接受治疗的，但他们却达成了长期不变的协议。

表面上，杰夫和坦尼娅很极端地展现出了中年夫妻在婚姻生活中的两种驱动力——向内深化和向外扩展。坦尼娅代表的这种向内深化的模式，将其与丈夫紧紧包裹，令人窒息。杰夫高举着与世界联结的大旗，但他隐隐表现出的彼得·潘综合征（Peter Panism，指长不大的男人）让坦尼娅很缺乏安全感。他们的目标虽有分歧，却处于悖谬的平衡中。人到中年，婚姻最好的样子是对舒适的二人世界与外部世界之间的地带进行拓展。夫妻双方没有变得越来越极端和封闭，而是为扩大联系网和加深亲密感留出了空间。但这样做就意味着以某种方式改变童年的剧本，并形成一个共同创造的愿景，一个属于他们自己的成熟故事。最终，对于坦尼娅和杰夫来说，熟悉的恶魔战胜了陌生的恶魔。六个月后，他们结束了治疗，对我提供的那些未必有用的帮助千恩万谢了一通。他俩的故事既满足了他们，又剥夺了他们。我有种感觉，他们还会接着抱怨，什么也改变不了。

富有成效的夫妻对话

研究婚姻的人士以各种不同的方式谈论着我们的故事的必要性，我在第 1 章提到过属于第二种思维模式——金戒指思维模式。精神分析治疗师把它称作第三种，而以约翰·戈特曼（John Gottman）的理论为导向的治疗师将其称为"我们的故事"。不管怎样，我们所指的是同一种核心的婚姻态度：夫妻中的任何一方都要培养、呵护和推动这段关系，使其成为外在于两人又介乎于两人间的实体。创造一个我们的故事是夫妻双方就价值、愿景和目标所达成的合作，它源自并反映了一种关心、在意的态度。但是，如果我们要进行合作，就得弄清楚如何进行富有成效的对话。对话与旁白不同，它涉及两个不同的人带着各自有效的观点，试图去理解彼此。在情绪的操控下，对话并不容易实现。

玛格丽特和本眼前就面临着做一个关于"我们的故事"的重大决定。他们正在考虑是否搬回玛格丽特的英国老家，去抚养他们四岁和六岁的孩子。这一选择会牵涉经济状况、家庭成员、文化差异和国籍身份，且需要很多方面的合作。但当玛格丽特向我求助时，她告诉我本和她根本谈不拢，他们无法对下一步何去何从达成共识，都感到了迫在眉睫的压力。每当他们试图取得一些进展时，之前的努力就会付之东流。他们需要有人帮助他们解决如何沟通的问题。

要处理好一场夫妻对话，从三个阶段来考虑会有所助益。首先是一个听起来简单但有用的开场白，那就是问你的伴侣："现在方便谈谈吗？"如果你的配偶的回答是"不，现在不方便"，那就让对方再定个其他的时间。这个问题很管用，是因为我们自己习惯于不由分说地就说起一个复杂的话题，而配偶或许正赶着出门上班，或是在为所得税的事焦头烂额，又或是马上就要进入梦乡，于是我们就会觉得受伤或愤怒（我们会为此编写一个相关的故事），因为他们"从不"倾听。这个开场白问题中蕴含着一个金戒指思维模式，那就是你正在要求一个复杂的、立体的、独立的人花时间和精力跟你一起解决一项或许充满挑战和压力的任务，尽管你希望这个互动能带来回报。

后两个阶段代表了在行动中对过程的感受与思考。还记得前面我讲的你小时候从自行车上摔下来的例子吗？你不仅需要父母的安慰，而且需要他们给你提供一个解决方案。而夫妻间沟通不畅的一个普遍的原因就是双方只提供或只接受其中的一个方面。例如，人们常会说："我希望你好好听我说话，而不是只想着如何解决问题。""你能不能冷静一下，好让我们想个解决办法？"当双方都有空间进行感受和思考时，夫妻沟通才最有效。这些未必同时发生，尤其当沟通陷入困境时，但这有助于每个人在问题的推动下，开始尝试发现和交流自己的感受，且不会受配偶评判的干扰。这可以自我控制。一方很可能只是走个过场，假装在倾听，然后等到该发言时象征性地敲敲桌子，并为提出的理由而感到焦虑。但此刻，要成为一个有爱的人意味着要管理好自己的情绪，这样你才能带着好奇心和同情心去聆听。在双方都分享完感受后，这相当于双方都已经有了金戒指思维模式，可以一起来思考如何解决问题。他们可能会惊喜地发现，在充分表达他们的感受后，所重叠的观点大大超出了他们的预期。就算没有，至少他们现在更了解他们需要做出哪些妥协，以达成一个他们都能接受的解决方案。

我与本和玛格丽特见面时，我会非常留意他们是如何交谈的。因为一般而言，我相信一旦人们能够开启合作性的对话，他们就成了足智多谋和有创意的问题解决者。于是，我让他们在我面前开始对话。

玛格丽特：好吧，搬家这件事你想好了吗？

我觉得这开场白火药味很浓。他们是否在我不知情的情况下已经达成一致？这次轮到本先行动了。

我：在你继续之前我先要搞清楚，你们是否都认为搬家的决定该由本来做？
本：并没有。
玛格丽特：每次我想聊这件事，他都不理我，所以我告诉他由他来做决定。

显然，玛格丽特还没有弄清楚如何在这个敏感的话题上成功发起对话。刚交流了三个回合，他们已经处于拉锯战的状态。玛格丽特感到很沮丧，因为她感到自己不被倾听，她也没有按照她的计划获得进展，于是便把这个问题抛给了本，做出一切由他说了算的样子。本现在也进退两难：全盘承担做决定的责任会被指责（如单方面行动、不照顾她的感受）；拒绝，同样会被指责（如推卸责任、不尊重她）。我需要鼓励他们有金戒指的思维模式，即我们的故事意识。

我：这的确是个困难且复杂的决定。显然，只有当你们能一起做出决定时，你们才会感觉良好。我认为，承认你们正在进行一场极具挑战性的对话是有帮助的。在沟通的时候，也不要忘了这件事。（对玛格丽特）你要不要试一试？

玛格丽特：搬家这事我考虑了很多很多，越想越焦虑。我希望我们能一起说说。现在行吗？

我：不错。本，既然你现在在接受心理治疗，我就认为你的回答是肯定的。你接着往下进行，怎么样？

本：感觉确实好多了。（对玛格丽特）好啊，当然咱们现在就可以谈一谈。

玛格丽特：你想打的那些电话，你都打了吗？

本：呃，因为时差的原因，电话打起来有困难……但我已打算在接下来的几天里做这件事了。

本似乎有点害怕，他的回应好像屈从了玛格丽特的压力。

我：本，能否把你的真实感受和想法清晰地表达出来，这要看你有没有这个意识，认为这是你的一项权力。我觉得你可能是习惯了由玛格丽特来推动事情的发展，所以只能被动地予以回应，甚至还会对她产生不满情绪，变得越来越消极。我希望你能找到一种不卑不亢的回应方式，不惧不恼地说出"这就是我的感受和想法，我也打算这么做"。你能试试吗？

本：（深深吸了一口气）那我试试……玛格丽特，我们能不能把此事的进度往回退一点？我觉得我们应该相互报告一下各自在这件事中的立场。我会告诉你我在想什么，我也想听听你的想法。我并非想逃避什么（他预料到她可能会害怕），我只是想花点时间来感受一下我们各自的立场。

玛格丽特的脸色柔和了一些，看上去如释重负，甚至有些感激。她也显得有些尴尬，因为发现自己处于一个自己也没想到的位置。她应该弄清自己的感受，而不要对本颐指气使。

从这段简短的互动中你可以看出，本和玛格丽特有他们可预见的崩溃形式。面对一个让人焦虑的决定，他们强烈而混乱的情绪被唤起，都在各自的立场上挣扎。玛格丽特隐隐地表露出对本的苛责，而本表面上怯懦，骨子里却是反对。他们都需要在各自的内部和彼此之间构建一个金戒指思维模式。看到本还是按照他的习惯方式反应，我要求他思考自己的真实感受，进而试着把自己的观点解释给玛格丽特听。当本这样做了之后，玛格丽特果然平静了下来。玛格丽特很直观地感受到了本在尽他的责任，她有了更多的安全感，也就不会自我封闭或进行反击。玛格丽特冷静下来了以后，本的情绪也得到了缓和。

引入更有条理的对话框架的一个好处是，它可以带来更中立的情绪基调，这对我们的神经系统也有好处。20世纪60年代和70年代，"宣泄性自我表达"概念被提出。心理宣泄理论被认为是通往情绪健康之路，但随着我们对情绪自我调节在管理消极状态中的作用有了更深入的了解，这一理论已经被彻底否定。我们现在知道，情绪和情绪表达有着天壤之别。关于夫妻的互动交流，研究人员约翰·戈特曼写道："回想一下你们有过的争吵，你或许就会同意，如果你的配偶能以中立的视角表达出他的观点，这对摆脱负面情绪会起到积极的作用。"虽然有时保持中立的沟通有难度，但还是很值得去试试的。在夫妻之间，更具中立性的沟通能促进对方给出积极的回应、增加合作性互动。对一方而言，中立性表达能让自己冷静下来，厘清自己的情绪，从而增加被倾听和被理解的可能性。

促进夫妻间富有成效的对话技巧

心理学家杰罗姆·布鲁纳（Jerome Bruner）曾写道："人们在讲故事的时候，不可避免地要采取一个道德立场。"我们讲的每一则故事，无论是关于婚姻还是关于生活，都涉及要对突出事件做出判断、要放大事件的一些细节以及我们希望给听众留下什么印象。伟大的讲述者用来吸引我们的技巧，与亲密伴侣之间用来促进富有成效的对话的技巧并无二致。这些技巧都是以可能性而非确定性的讲述方式，引导听众轻松进入故事。当一方想邀请对方考虑一下自己的观点时，他就发出一个信号，表示他无法凭一己之力掌握真相。他可能会使用诸如"我有时觉得"或"不知道你是不是也这么认为，但我……"这样的话术，来表达他的观点或看法完全可以被补充和被修改。如此一来，他就激发了人们的好奇心。相比之下，问题夫妻很难做到这一点的原因也是惊人地一致：他们认定对方的意思再明确不过了（通常往往是误判），而不去探究隐含的意义；他们对自己的偏见视而不见，常常打嘴仗却不讲故事；他们宁肯花时间争论事实（如"没错，你就是这么说的"），而不试图去理解意图；他们觉得自己没有被倾听，自己也不愿倾听他人。双方都处处提防，不敢开诚布公地表达任何想法，唯恐被误解、被责备。

在压力下，我们即使再努力，也会搞得一团糟，因为我们都站在自己的角度说话，往往在每句话前面加一个"我"字，来表达自己的观点。有时它有用，有时它不起作用。看多了人们想方设法将"我"的陈述扭曲成指责（如"你……我就很讨厌"），如果没有带来痛苦，还真是一件有趣的事。说话时使用"总是"和"从不"这类词语，是我们在渴望被倾听的同时试图强行达成单一说法做出的另一种尝试。

但是，当配偶表示，他的感受是他自己思想的产物，而不是对方行为的直接结果时，见证这种影响是非同寻常的。这一下子就能安抚对方，厘清对方的思绪，让对方有考虑的空间，不急着立马做出反应。令人印象深刻的是，即使当对方认识到自己无能为力的时候也是如此。一位妻子一旦情绪激动就会夸大其词："我的丈夫很可恶，我觉得我受到了虐待。"她选择措辞的时候，早已忘记了自己按下的是紧急按钮。而当她对自己激烈的言辞具备了觉察能力，也能对自己的故事是否合理做出评价时，一切将得以改善。那一刻，她会试着去理解自己的故事，而不是一味地盲从。

我们如何决定什么时候讲述自己的故事，什么时候不讲？在任何一天，故事都有可能发生变化。作为一个能够平衡自己情感的人，我们不要太完全相信任何一种变体。我们的每一个故事也不都是婚姻的故事，有的也会对分离充满了同情。在我们的故事中，虽然有一部分可能是向一个人倾诉我们多么不容易，我们经常会因彼此的误解而感到痛苦，或者很难拥有那些亲密无间、信任或轻松的美好时光，但我们有机会，也有责任去探索我们是怎样的叙述者，以及这会如何影响我们所讲述的故事。即使婚姻生活枯燥无聊、痛苦不堪甚至冲突不断，但我们仍然有兴趣去了解我们正在讲述的故事。

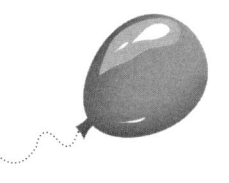

第 4 章

外遇不会凭空而来

The Rough Patch
Marriage and the Art of Living Together

婚外情的发生真的是因为他渣吗

玛莎和艾伦来找我,因为艾伦与他的一个同事搞上了。艾伦颇有好感的一位女同事之前向他倾诉自己婚姻有多么不幸福,后来两人发生了关系。在公司年会上,他们都喝醉了,接下来的六个月,他们在公司附近的一家旅馆继续着这段不正当关系。玛莎在艾伦的手机上发现了他们的短信,恶心得要吐。玛莎扬言要离开,艾伦承认了自己出轨并请求玛莎的原谅,因为他害怕失去她和他们的两个孩子。起初,艾伦到处推卸责任:一会儿声称自己是被对方勾引的,一会儿又试图把责任推卸到玛莎身上——她太拘谨了,跟她在一起休个假都无法放松下来。他们第一次来见我之前,玛莎跟艾伦都哭闹一周了,下一步该怎么办让两个人无所适从、痛苦不已。好在急风暴雨已经过去,除了哭闹他们也能够谈一谈,但不管怎样,这件事让他们深感疲惫、尴尬和迷茫,不知何去何从。

我们第一次见面时,我惊讶于玛莎的体贴周到。她39岁,瘦瘦的,不苟言笑,眼睛很好看。他们的孩子分别是8岁和10岁,儿女双全。两年前,他们的女儿被诊断出患有多发性抽动症,玛莎为照顾女儿就不上班了。玛莎说,帮女儿控制她的焦虑是一项全天候的工作。即使在当下,女儿在她心里依然是重中之重,这清楚地表明了这对她的影响有多大。我能感觉到,玛莎看似平静的外表实则是她紧张时保持冷静的方式。艾伦恰恰相反。41岁的他有着运动员般健硕的身材,散发着一种躁动的活力。换作别的时候,我会觉得他很有魅力。但此刻,和玛莎在一起的他很是尴尬,且小心翼翼,但我依然感受到了他有一股不耐烦的情绪。

艾伦说话的时候,显然更希望之前的事让它过去,一切恢复正常。"我坐在这里很不自在,也不知道你在想什么,"艾伦对我说,"你可能认为我是个渣男吧。"他尴尬地笑了笑,一双明亮的眼睛警觉地看着我。我好奇他为什么这么快就担心我的看法，我感受到了压力，特意让自己放松下来。

"不瞒你说，现在对我来说最大的问题不是我在外面鬼混，"艾伦说道，"而是我对自己的感觉不对。这样的状态已经持续一段时间了，那个曾经快乐的我已经不见了。"

"说不定是这件事影响了你对自己的感觉，"我说，"也可能因为不知道自己为什么要这么做，所以你感到一丝不安？"

他看着我。"我知道为什么，我这么做就是因为我太自私，一有机会我就抓住了。我不想为自己的所作所为找借口。"对艾伦来说，能认识到这段婚外情插曲毫无意义至关重要，只是证明了他是个自私自利、色迷心窍的"男人"——渣男。

经过几次这样的交流，我明白艾伦想承担起责任，也很佩服他能如此地诚实。但是，如果某个像艾伦这样的人，依然令人讨厌地想替自己开脱，我就会想是否有一个让他想想都觉得更可怕的情况出现。对艾伦来说，"自私"和"色迷心窍"似乎是一种相对可接受的自画像，这仅仅意味着他堕落了，就是"男人"都会犯的错，与其他无关。男人不会须臾地放纵动摇夫妻关系的根基，他依然可以回归正常生活。

"有件事是你对自己的看法没法解释清楚的，那便是为什么是现在？我的意思是，如果这就是'男人'的自私自利在作祟，那么为什么没有每个月都发生，或至少是每年？"

我的问题显然惹恼了他，但他还是认为合作会更好："你问得好。"

玛莎说："除非我们彻底想明白了，否则你我都不清楚这件事到底意味着什么，认知只能停留在表面上。"

浮于表面恰恰是艾伦所希望的。他很愿意相信"这没什么大不了的"，既是为了让玛莎免受伤害（尽管他知道伤害已经造成），也是为了宽慰自己好在没有酿成什么大祸，经过小修小补，他依然可以回归正常的生活轨道。我的视野受限于我看待这件事的视角，因为我当时还是把他们看作一对。但我在艾伦身上发现了更多的感情、更多的冲突，这比他想承认的要多得多。他显然觉得，正确的做法就是重新全心全意地投入婚姻中，从而回到从前的故事情节里去。但是，故事已然发生了不可逆转的变化，里面多了新的人与新的情感。他寄希望于找到一个新故事。要做到这一点，他就得利用这个混乱的局面来获得对自己以及这段关系更深层的理解。

我逐渐了解到，在他追求刺激以及有着"男人中的男人"假象的外表下，隐藏着令人困惑的情感。家庭生活，诸如工作上的压力、没完没了的周末待办事物清单、有关孩子令人担忧的讨论等挤占了艾伦过去用来发泄情绪的时间，久而久之让他满腹焦虑，脾气也变得越来越急躁。在以前，他一般都是靠与朋友寻欢作乐、与女人调情来调剂一下自己的心情；现在，即使有这样的机会，也只能让他分散一下注意力，而且他开始碰触到能转移注意力的天花板，外部的解决办法变得不那么有效了，而他想让内心恢复到正常，而压力却与日俱增。然而，单单靠近自己内心世界所产生的困惑已经让他心生逃避的念头。现在，艾伦发现自己已经到了崩溃的边缘，虽尚未彻底摧毁他的婚姻，但也是距之不远了。

他不喜欢谈论自己。就算不谈他此刻面临的困境，单单让他直面过往的情感他也很难做到。他怎样才能从因母亲情绪波动对他心灵造成的影响中痊愈呢？怎样才能从管理、安慰和确保自己不会成为母亲的问题的长期负担和恐惧中脱离出来呢？这意味着他得将自己的需求隐藏起来，哪怕对自己也要隐藏起来。他是如何做到甘心忍受来自父亲明显的冷淡的？显然，他很容易对自己生命中的女性产生强烈的责任感。当他让妻子失望时（两人都认为他经常这样做），他会感到羞愧，继而愤怒，一心想要通过其他渠道来维护自己的自尊心。在妻子面前，他保持一种开朗、外显、温暖的角色，而在她看不到的时候，他就会纵容自己。如果这一招永远有效，恐怕他早就试过了。但婚姻艰难时期的危机迫使我们去发现更深层次的真相，即使我们对此百般抗拒。

我了解到，玛莎的童年经历比艾伦还要痛苦。她的父亲很少陪伴她，据说还有过一段"隐秘的"婚外情，这是他生活的一个污点。玛莎 12 岁时父母离婚了。一边是母亲要求她对自己忠诚，一边是她迫切希望得到父亲的关注，她夹在中间左右为难。等到离家去上大学了，她遇到了对自己有帮助的导师，自己的生活也过得不错。做全职太太对她来说既是一种打击也是一种损失，她的情绪似乎始终没有完全恢复。

玛莎受到了很大的伤害，对艾伦很是气愤。同样令人不安的是，玛莎把艾伦的事称为她自己的"比尔·克林顿问题"。"性嫉妒让我抓狂，更令我难以忍受的是艾伦撒谎以及缺乏自控。我无法尊重他。"但她仍然觉得自己还是爱艾伦的，也努力地想维持家庭的完整，但原先欣赏艾伦的眼光再也看不见了。取而代之的是，她设想了一个彼此相伴却令人沮丧的未来生活场景，两人的理想破灭了。让玛莎感到困惑的是，一些经历了婚外情的伴侣会惊讶于她和艾伦还能被彼此吸引。玛莎对"为什么"这个问题的兴趣吸引了我。与艾伦不同，玛莎既没有去压制自己的想法，对后果也没有丝毫掩盖。"我想说的是，我与艾伦之所以还有夫妻生活，是因为它带给我一种解脱，让我觉得我还没有失去他。但实际上我并不确信，"她说，"我不觉得自己在和竞争对手进行某种动物本能的比赛中把艾伦赢了回来。更奇怪的是，我对艾伦是谁有了一些新的认识，他几乎如同一个陌生人。我有了一种感觉，有比我们的性格更深层次的东西在发生。"

诚实是婚外情创伤修复的前提

当我和一对经历了婚外情东窗事发的夫妻坐在一起时，有两个问题悬而未决：一是他们是否都想回到过去的生活状态？二是他们各自想回到过去的状态是什么样的？婚外情对受伤害的一方意味着背叛信任、性嫉妒、个人拒绝、应激性创伤、对现实把控的突然威胁、下一步何去何从的痛苦问题，而那些打算维系婚姻的不忠伴侣则陷入恐慌。他们会拼命地道歉，表达悔意，恳求再给他们一次机会。他们努力为伴侣疗伤，并把伴侣放在第一位，但也常常会感觉仿佛自己也遭受了重创。他们觉得有必要向自己解释一番，但对于已经发生的以及自己为什么会犯下这样的过错同样深感困惑。他们的故事已经复杂到没法讲述。

要消化创伤的影响，搞清楚发生了什么并找出走下去的方式，几个月乃至几年的时间就过去了。复苏历程多有波折，有时甚至会进入一段可怕的平静期。受伤害的一方时不时会发飙（如对方迟到了、莫名买了一件新内衣、电视上正在播放一部有关脱衣舞女的电影等这些稀疏平常的事），而出轨的一方便开始越来越觉得自己被困在一个自己无法摆脱的可耻角色中。他会冒着听起来冷酷无情的风险，大声质问受伤的一方还能不能忘掉这件事。出轨的一方知道这不公平，他觉得自己同样受到了受伤伴侣持续创伤和痛苦的伤害。

这一感受的情感来源可以追溯到英国精神病学家亨利·迪克斯对婚姻的描述："双方都肯定对方是一个值得爱的人。"感知到对方不再值得被爱，便会令人痛苦万分。受伤的一方理所当然会觉得自己被爱的感觉受到了严重的伤害。若要在出轨事件后恢复过来，双方就必须重新回到被爱的状态。出轨的一方所面临的挑战显而易见。他的行为并不讨人喜欢，而现在，要恢复可爱，他只能诚实，这迫使他揭露与他的可爱直接相悖的信息。当受伤的伴侣寻求安慰（如"他/她比我更性感吗""你们发生实质性性行为了吗"）时，痛苦的对话接踵而至，出轨的一方只好有问必答，信誓旦旦，极力安抚对方，而受伤的一方则急切地希望得到安抚。但扰人的细节要么被揭露，要么被隐瞒，无论哪种情况，双方都感受不到解脱。

夫妻们迫切希望时光倒流，回到"正常"状态。他们的生活和故事都已支离破碎，在原来的地方亟待重建某个不同的东西。他们如何走出失去信任、婚姻故事和亲密关系的失落感，将决定他们是否可以找到一条同时适合两人的路。发生婚外情绝非偶然，当围绕着一个人最核心的亲密关系出现的混乱、绝望和脱节时，如在父母离世、对未来失去希望、工作上不如意或孩子生病之后则是出轨高发期。心灵在陷入绝望的危险时，才发现一种诱人的可能性。而损失包括感受到被限制。我们不但会碰到对时间和机会的限制，同时还有对我们心理构成的限制。像艾伦一样，我们或许会发现，我们赖以生存的适应性不再起作用了。

面对限制和损失以及它们所产生的痛苦时，我们被一种分离瓦解的力所拉扯。在如此巨大的压力下，你可能会四处寻找解决方案，并注意到在一些新情况下，和一些新的人在一起，你开始蠢蠢欲动，变得活跃起来。夫妻双方面临的挑战是找到一种方法来面对这些压力，哪怕和自己的欲望有冲突，也要依价值观行事。这是定义完整性的一种方式：在面对困惑和痛苦时，有能力经受住分裂的冲动。

根据定义，婚外情与一个人的"桌面上"的生活并存。人们说谎是因为他们同时想要两个不相容的东西。在他们大脑的某个角落，他们保有了一种错觉，认为他们可以以某种方式让多个自我和不协调的故事情节保持活力。当他们被发现或被迫做出选择时，就会发现在两条轨道生活的努力是多么地不协调。然而，这种意识并没能消除人们可以采取某种方式予以实现的渴望和对失败的感伤。一段婚外情有很多含义，但对于出轨方而言，它意味着获得另一生命唯一可能的最后一搏。

已故治疗师雪莉·格拉斯（Shirley Glass）在其著作中就如何从婚外情中恢复给出了很好的解决办法。她留意到，美国职场中性别平等的增加令人欣喜，但这也导致了性诱惑机会的激增。人们不仅接触到了更多潜在的性伙伴，而且工作场所也出现了许多可能被性化的情况。格拉斯提出，出轨者与其他人的区别不在于他们的感情，而在于他们的选择。她那套人们已经熟知的表述是，人们可以选择在哪里放置他们的墙和窗户。具体而言，人们可以把窗户放在自己和配偶之间（象征着开放、透明、信息沟通），把墙放在自己和其他人之间（象征着不透明、隐私、限制）；他们也可以在自己和潜在的外遇对象之间开设一个窗口，在一起吃午饭时抱怨自己的配偶，袒露自己复杂的感情，或者以似是而非却又过分的方式与外遇对象进行互动，然后在自己和配偶之间设置一堵墙，将所有这些行为隐藏起来。

格拉斯的模型直奔选择问题而去，而在这个领域人们往往觉得自己决定不了什么。"它就这样发生了"或"一不留神，我已经陷得太深了"这样常见的说法是有原因的。当涉及一段潜在的婚外情时，我们常常通过一系列持久的小决定来隐藏自己的选择因素。这些内容不会自己宣布，它们更像是视角的微妙变化。它们很可能会被发现，因为它们的理由听起来如此合理、正常。"看在老天爷的份上，为什么我不能有一个异性朋友？"或"什么？结婚了我连享受他人对我的喜欢都不行吗？"

自欺欺人与合理性之间的毫厘之差，以及我们长期以来难以如实反映这两者的差异，是格拉斯治疗方法的基础。在愈合婚外情的模式中，坚贞不渝的忠诚在多大程度上对关系的修复是至关重要的尚存在分歧。对于受伤害的一方来说，探究血淋淋的细节有可能造成二次创伤。对于不忠的配偶来说，放弃最后一丝隐私会让人感到尴尬甚至是受侵犯。但在格拉斯看来，要想重新在正确的位置砌墙和开窗，需要夫妻双方将关系彻底予以修复。在相互诚实的基础上开始，意味着要把每一块腐烂的地板撬起来，把每一个发霉的壁橱好好清理一下。

虽然格拉斯并没有这么说，但其方法的心理学逻辑是，让人类封存自我和保持自我的这两个不相容的愿景都发出耀眼的光芒。格拉斯的方法（她也不是唯一的倡导者）相当于对诚信这栋大楼进行翻修重建，它攻击的正是人类内心深处渴望摆脱单一故事情节和对生活限制的想法。除非我们放弃每一个潜在的伪装，否则我们无法确定自己是诚实的，而我们的配偶看似无穷无尽地被触发的能力不断迫使我们回到这项任务中。一次真心实意地道歉并不起作用，受伤害的一方只有在确信出轨的一方真正在努力解决自己的诚信问题时才会开始信任。格拉斯坚持认为，挽回一段婚外情的婚姻需要认识到，我们的行为必须与价值观一致。

这很难，因为谁不希望生活不止一面呢？谁不曾渴望在新人眼中展现美丽呢？谁没想过自己可以和不同的人在一起呢？这些欲望是由一种限制感推动的，也是由好奇心和想象力以及希望推动的。任何处于一段稳定关系中的人都必须处于半睡半醒的状态，以防偶尔想知道体验另一个版本的自己或者遇到一个令人兴奋的新伴侣是什么感觉。每一次姻缘既是机会，也是限制。我们和其他人在一起会有所不同，也许在某些方面会更好。对另一种活法的幻想是挥之不去的，生活就是如此。

导致外遇的欲望是普遍且不言而喻的。正如格拉斯指出的，有婚外情的人未必比没有婚外情的人"婚姻不幸福"。相比之下，决定是否搞婚外情与我们个人处理这些欲望的方式有关，即与我们附加在这些欲望上的兴奋和恐惧、我们赋予它们的意义、我们抵制它们时的挫折感，以及我们对这些挫折的态度有关。在我们脆弱的时候，我们是否会去思考和关注大局呢？我们是将不方便的想法从我们的脑海中赶走，还是试图有意识地与我们相互冲突的价值观和动机进行斗争？换句话说，我们是分离还是整合？我们都时不时地渴望有个假期让思想放松一下，不再背负那么多的责任。但是，认真审视我们对思想开小差的渴望表达出我们的诚实。诚实，首先是一种与自己的关系。

然而，我们只有一种生活的现实，以及面对现实并生活在其中所需要的诚实，并没有消除我们能够选择的萦绕不去的本质。在婚外寻找真爱，可能会发现自己处于两个根本不可调和的诚实观念里。一方面，诚信以忠诚为中心；另一方面，则以亲密情感为中心。婚外情的三角结构总是引起我们怀疑，因为它专门以脚本化和迷惑性的方式分配情感角色而量身定制的——施虐者和拯救者、救世主和怪物、圣母和妓女。作为一名私人治疗师，我时常建议来访者花点时间去了解自己的内心想法，而不是屈服于错误的比较或是压力下的最后通牒。与此同时，婚姻困难期的婚外情往往痛苦，因为它们将我们本质上的分裂和试图变得更加完整的复杂性暴露无遗。当某个处于婚外情中的人寻求我帮助时，我总是对这两种可能的结局感到难过，因为无论是哪一种结局都意味着会带来令人心碎的损失。我相信，如果某人在决定与其他人一起找解决方案之前，先依照自己的条件弄清楚婚姻是怎么一回事，就可以保护自己免受痛苦，也可以保护他人，从而变得更有尊严。需要指出的是，大多数人最终都不会和那个背叛婚姻的人结婚，知晓这一点是有帮助的。尽管如此，对某些人而言，搞婚外情的心理就是"无法抗拒"。即使诚实可能另有要求，他们也还是接受了这样一种观念：他们无法忍受跳入虚空而"放弃一切"，但如果是跳入他人的怀抱，则完全可以。

性幻想对夫妻生活的潜在价值

以下这些问题可能会在一夫一妻制婚姻关系的人的脑海里萦绕，不仅会让他们感到困惑，而且会受到诱惑。

- 婚姻中，夫妻各自哪些方面的隐私是要保留的？如果有隐私，那么究竟哪些属于"不问就不说"的范畴？
- 婚姻到底需要我们承诺什么？
- 个人的利益和夫妻间的共同利益永远都不会完全一致。这适用于包括性爱在内的方方面面。既然一夫一妻制式的身体关系必然不能满足我们的性癖好和性幻想，那么我们该如何应对呢？
- 我们该如何利用婚姻享受更酣畅淋漓的夫妻生活，而不是把婚姻变成埋葬性欲的坟墓？

- 我们该如何保持高涨的热情，而又不会长期处于放纵自我的危险之中？

浪漫的婚姻叙事往往淡化了成人性行为的主要特征：我们的性幻想早在亲密伴侣出现以前就存在了，并且一直伴随着我们与亲密伴侣的关系。在拥有真实的性行为之前，大多数人都拥有复杂的性幻想，并且通常发生在自慰的时候。我们较年幼的时候就拥有了性幻想的经历，这到底是本人自愿还是被动接受值得存疑。与伴侣发生性关系时，我们努力实现自己性幻想中的某些情节，即使只是实现部分幻想。性治疗师告诉我们，我们通常将个人性幻想融入性行为之中，并在与性伴侣翻云覆雨之时，利用性幻想中的画面触发性高潮，以此将自己的性幻想贯彻到共同的体验中。

我们可以把幻想理解为清醒的梦境。幻想是人类的重要特征，是我们的潜意识在低吟浅唱。我们所度过的每一天，幻想都在持续上演，从性、食物、睡眠、运动到复仇，不一而足，应有尽有。无论是梦境还是幻想，都是精神层面的必需品。没有它们，我们可能会发疯。幻想是为了取悦我们的瞬间片段，它们只是一小包安神散，是我们自导的微电影。

幻想与现实之间的关系处理起来并不总是那么容易，尤其是性幻想和浪漫幻想。众所周知，我们很容易将幻想误认为是另一种现实（比如电影中的浪漫故事让我们深信自己的情感生活有太多遗憾），或者以偏概全（比如一场春梦就让我们厌倦了自己复杂的婚姻生活）。有时，我们忘记了现实与幻想之间根本没有可比性，反而产生了一种错觉——我们是在对比两种现实，而其中一种现实恰恰是我们想要的。但是我们也会在另一个方向上犯错误——过度压抑自己。我们严厉地告诫自己，不要将现实与幻想混为一谈。例如，相信结婚 15 年后还能被配偶吸引并不现实，或者宣称从短暂的调情中获得快乐是愚蠢的。

这两种方法都没有发掘出更具活力的选择，即找到将幻想与现实愉悦地交织在一起的方法，让现实"陶醉"在幻想的跃动中。做到这一点需要从根本上改变观念。我们中的许多人会暗中责怪我们的配偶没有达成我们的幻想。实际上，将幻想的能量和愉悦迁移到我们现实的关系中是一种内在的能力。我们不断打磨和精进这种能力，让幻想在脑中策马奔腾，让自责在心中偃旗息鼓。想象力就像是一个能够带给我们欢乐的游乐场。幻想终究也是思想，而成熟思想的标志就是能够认识到思想不能等同于行动。在性爱方面，我们大多数人完全可以更好地利用平日里的幻想和感觉，而不仅仅局限于给我们的性自我形象燃料箱加满燃料。可爱的收银员、曼妙的歌曲、飘来的香味、衣服的触感都可以成为你性幻想的素材，你的性幻想对你婚后的性生活有着独一无二、无比珍贵的意义，而且远远好过于抱怨配偶没有情趣。

不同种类的"燃料"驱动着我们的性爱引擎，而我们越能享受这些"燃料"，我们越能感觉到充满活力。"自娱自乐"是和配偶享受更加愉悦的夫妻生活的第一步。到目前为止，一切都还不错。但是，假设我们做到了"自娱自乐"，那么如何将所有的"燃料"融入我们现实生活中长期（我们还是面对现实吧）的亲密关系呢？充满活力的感觉是件好事，但是这种感觉又是如何转变为想要与现实生活中的配偶过夫妻生活的呢？这个问题的关键是要了解唤醒和欲望之间的联系，并认识到男人和女人之间偶尔表现出来的不同之处。

当我们想到性欲时，我们倾向于将自发的、突然的欲望视为"真实"的欲望，这是可以理解的。我们大多数人在新的恋情中都有过这样的体验。但是实际上，每个人都有自己典型的欲望特征：有些人感觉自己的欲望更像是"自发型的"，有些人感觉自己的欲望是"响应式的"，两种特征没有孰优孰劣之分。在某些情景中，响应式欲望发生的可能性更大。例如，结婚10年了，已育有孩子，只有在浪漫刺激的环境下才能挑逗起我们的欲望，因此挑战就变成了创造这样的环境，以唤醒欲望、点燃激情。《女士优先》(*She Comes First*)一书的作者伊恩·肯纳（Ian Kerner）博士说过："一段关系开始时，就有一种神经化学混合物，它会带来新颖、刺激，一般情况下也会使人自我膨胀。此后进入冷静期，夫妻往往开始依靠非常有限的套路。接下来的挑战就成了寻找更多方法以唤醒欲望。"

我们尝试唤醒欲望的方式包括引入情趣的谈话、玩具、电影等，但是还有一个唤醒欲望的重要方法，就是感性情境。许多年轻的成年女性对感性情境很敏感——感受到被爱、美丽、值得信任——因为她们需要放下一切顾忌。年轻的男性则反应敏捷，可以助其在早期的性生活中如鱼得水，但是这种迅速反应的能力无法永久克服情绪上的困扰，这一发现常常会使男人们感到惊讶。随着时间的流逝，男人们也需要一种爱意浓浓、心意相通的氛围来激发性欲，满足情感需求。

研究使我们摆脱了一种固有的观念，即男性因其性别特征而有更强的性冲动。如果性欲确实存在差异，那么这些差异产生的主要原因是双方是否都面临足量和有效的诱惑。因此，为了解决夫妻间的性欲差异，方法之一是让这对夫妻了解那些确实能唤醒对方、激发性欲的因素，从而让他们明白性别不同，诱因可能会有所不同。对伴侣们来说，共同探索让双方兴奋的实际诱因大有裨益，而这些因素更多是与情境（性、情感、社交）有关，而不是固有的饥渴特征。特别是在长期的感情中，性欲与其说是"饥渴的状态"，不如说是"一个关联的过程"。双方都了解彼此的情感世界就是这种"关联过程"的一部分。有证据表明，特别是对于女性而言，焦虑、压力和人际关系冲突都会影响其性爱感受。知道这一点会有很大的不同。基于此，男性伴侣可以认真倾听、理解女方压力大的原因，从而帮助她降低紧张感，增加亲密感。因此，女性也可以帮助自己积极地消除压力。

可见，我们所有人都需要一个心理隐私区域，在这里，情感可以在现实与幻想交织的空间漂浮，只为让生活多一点诗意。另一方面，个人想法可以获得自身的生命力。

但如果有的人跟着感觉走，好像他们的所作所为只是为了保持性欲，拥抱新事物，但是当他们意识到他们另类的虚幻恋情正在消耗他们的专注和精力时，为时晚矣。他们发现自己每天过着双轨生活，一边维持家庭生活，一边游离在闪闪发光的虚幻世界。当他们从焦虑或兴奋中抽离出来时，他们很困惑，为什么他们的情感生活变得如此难以控制？环顾四周，可供指导的文化模型寥寥无几。有一种"随遇而安"的长期关系模型，将"成熟"等同于努力工作和性厌倦。浪漫的爱情故事将幻想重新定义为寻找一生"挚爱"的线索，或者至少可以在性生活方面获得更大满足感的线索。几乎没有任何事物能够指引我们体验到完全规范的但可能不稳定的婚外情。

问题是，当我们选择把自己托付给另一个人的时候，我们如何巧妙且谨慎地处理好我们平时会遇到的各种诱惑？这可以说是维持幸福婚姻的重要生活技能之一，但鲜有人进行敏锐的反思或认真的研究。奇怪的是，没有人谈论这件事，直到婚姻灾难来袭，然后所有人同时表现出困惑不解和意料之中。这个问题不仅仅说明了潜在兴奋的普遍性，还有关于我们如何巧妙管理它们的情绪过程。我们需要很长时间才能为这个问题找到一个合理的答案，但我们可以肯定地说，这个问题的答案在于少一些说教，多一些美学。如果我们是道德家，我们就会把平日的夫妻生活看作可以被忽视、压抑、超越或控制的东西。然而，我们知道这种方法根本无法增进夫妻感情。相比之下，一个美学的答案给我们带来了挑战——既要对生活中不甚了解的两性素材保持开放态度，又要把它转化成更诗意的形式。也许我们记住配偶最重要的方式就是让我们对他人的浮想随风而来、随风而散。恰如在修学正念中，那些想法在我们的脑海中一闪而过，我们既不会兴奋，亦不会愧怍，只是选择了放手。为了在一夫一妻制婚姻中长久相处，最可取的方法可能就是既能在精神层面享受日常邂逅的愉悦，又在现实中保持边界。

如何从婚外情事件中走出来

与艾伦和玛莎一起工作时，我觉得艾伦很幸运，因为玛莎似乎想要了解他，也想要了解她自己。尽管结果悬而未决，但艾伦的行为并没有使玛莎陷入责备或僵化的泥潭。玛莎看出艾伦的所作所为并不完全是为了她。在我看来，这似乎是最有希望的迹象，这表明他们可能会找到渡过难关的办法。我把他们和我当时见到的另一对夫妻达恩和婕德做了对比，这对夫妻都是教师，年龄都是40多岁，他们的孩子一个12岁，一个15岁。他们都是天主教徒，二人很早就结婚了。运动是这个家庭的核心，两个孩子都有望通过获得体育奖学金上大学。但是，尽管有家人的支持、有明确的优先事项、有井然有序的家庭生活，在促成我们见面的那场危机之前，一场争斗似乎就已经开始了。

达恩最近发现婕德和一名一起健身的朋友有一腿。达恩很受伤，也很生气，而婕德也后悔得不断谴责自己。我亲眼见过许多事故场景，乍一看，他们的情况几乎没有什么不同：应激后的惊魂未定、余波后的混乱不堪、情绪波动不受控制。我的第一个目标是帮助他们找到安全感。渐渐地，我试着帮助他们思考两人之间的关系、彼此相处的感受，以及可能需要改变的地方。但几个月过去了，我发现自己越来越同情婕德的困境。周复一周，达恩的反应一如既往，没有改变。每次我们创造出一点空间来共同思考过往发生的事情，达恩似乎都会拒绝这种努力，然后又开始指责婕德违背了自己的誓言、破坏了他们的家庭。达恩感叹他们过去的生活是"多么美好"，直到婕德把它"毁了"。

达恩一直以理想关系的旗手自居，但是渐渐地，这种想法开始像一道屏障，封锁了他更深层次的情感。出轨事件发生后，达恩的破坏行为开始让人感觉像是一种撤退。他有权表达出自己的感受，但他被限制在一个狭窄的范围内。我担心治愈对话并不可行。用精神分析学家亚当·菲利普斯（Adam Phillips）的话来说，达恩似乎把他"定罪和复仇的状态"作为他"首选的自我疗法"。采取明确的复仇立场对达恩来说更有安全感，但如果他想和婕德重新建立联系或者修复这段关系，他就必须铭记婕德是一个独立的人，他无法通过自己的不满情绪来控制她。达恩逐渐从"伤心人"变成"坏人"。最初，这种情绪气氛使达恩疏远了婕德，现在更减少了他们和解的机会。

当双方都能认可是他们共同缔造了这段婚姻，他们就有可能开诚布公地沟通，探究婚外情到底是如何发生的。这无法抹去一个人撒谎和伤害别人的事实。另一方面，通过脆弱而真诚的情感分享，夫妻双方有机会走出死寂和幽闭恐惧症，收获一种更具有生气的联结感。一个人对婚姻的感情是起伏不定的。一位接受治疗师雪莉·格拉斯采访的男士是这样说的："在美好的日子里，当一切都很顺利时，我会忠于我的妻子；在平淡的日子里，我会忠于我的婚姻；在不那么美好的日子里，我通过坚守自己的承诺来满足自己。"有时，婚姻是一种我们"遵从"却"感觉不到"的规则。即使在那个时候，尤其是在那个时候，把婚姻看作更有价值和意义的东西，远超我们不切实际的挽救和弄巧成拙的日常，有利于我们找到走出混乱和崩溃的方法。婚姻就像一枚金戒指，在我们消除因疏远、争吵和补救所带来的痛苦时，它起到了稳定的作用。

艾伦不是世界上最善于自我反省的人，他当初也是带着谨慎和怀疑的态度接受治疗的。他讨厌"沉湎于感情纠缠之中"；悲伤的情绪会让他感到无力、虚弱又失落。在他看来，为什么要把时间花在撕心裂肺上，而不是采取一些微小的行动（如改变锻炼的方式、减少去酒吧的时间）？这些细枝末节的事情让他感到更有活力、更乐观。然而，这段婚外情让他明白，他并不能一直掌控自己的情绪。他有时会惊慌失措，有时会奇妙地超然物外。阴魂不散的过往让他得不到片刻安宁，他似乎别无选择。换作别人，有时会把赌注押得更高，每一回合都更不计后果地摧毁自己的生活。但是艾伦知道，他爱他的孩子们。他相信他的妻子是一个真正特别的人，他很幸运能和她走到一起。尽管他对这一切都了然于胸，他还是不明白自己为什么要破坏这段关系。尽管他最初声称自己知道其中的缘由，但他还是感到非常困惑。他有生以来第一次直面自己内心的裂痕。我发现自己经常告诉别人"困惑是好事"，并非所有人都喜欢听这句话，但我相信这是真的。困惑意味着我们开始梳理所有矛盾的经历，我们一直在努力与这些过往握手言和。这是发现我们真实感受和真实身份的第一步。

　　无论我们是受伤害的一方还是背叛的一方，收拾一段婚外情的残局都会让我们感到失魂落魄、支离破碎甚至迷失自我。在这段经历中如果能够有所收获、有所成长，意味着当我们寻找能够安放的、逻辑自洽的自我意识时，见识到了双方互相冲突所表露出的欲望、恐惧、想法和价值观。这是一个充满矛盾的经历，我们中的大多数人在这个过程中磕磕绊绊，甚至钻进了死胡同，到头来黄粱一梦。艾伦和玛莎之所以感动了我，是因为他们把这些都经历了一遍。他们敢于直面问题，他们的婚姻必须为两人腾出空间，因为这两个人不一定能想到或者说出彼此想听的话。他们试图欣赏而不是惩罚对方的诚实。他们都冒着风险尝试回应对方的诉求。即使活在性比较的恐惧之中，玛莎也试图放松自己，因为她知道即使在自己的小世界里，她也会感到不自在的拘束。艾伦开始用一种不同的方式（一种更温和的方式）来谈论他的感受。他似乎不由自主地喜欢上了这种方式。他们放弃了对确定性的需求，取而代之的是对存在感的渴望。他们控制住了自己的愤怒、困惑、不安全感和判断力，到达了另一种境界：他们既惊讶又庆幸地意识到，实际上他们真的彼此相爱。

第 5 章

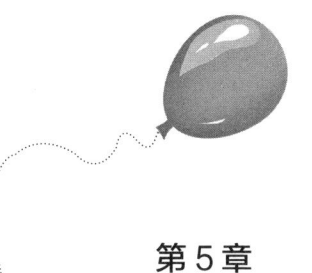

滥用成瘾性物质以期摆脱婚姻困境

The Rough Patch
Marriage and the Art of Living Together

成瘾性物质能帮助逃离婚姻困境吗

"我们不能像以前那样喝酒了。"时年 45 岁的保罗是一个体格强魄、肌肉结实的男人，他长着一头黑发，皮肤黝黑，戴着一副跟自己不是很搭、学究气十足的眼镜。作为一名精力充沛的承包商，保罗每天早上 4：30 就起床了，在奥克兰的小山上跑跑步，然后开启他忙碌的一天。下班后，他每周都会安排两次与高中时的同学打场篮球。保罗虽然内心包裹得很严实，但是谈吐幽默风趣，而他的妻子南希絮絮叨叨地说着自己的需求，常常会把保罗搅得一肚子火。再来说说南希，她迷人可爱，幸福地扮演着母亲的角色，深爱着她的丈夫，并极力想改善与保罗的关系。但是两人经常打得不可开交，到头来一地鸡毛。他们育有两个年幼的孩子——特莎和利亚姆，即便在孩子面前，两人通常也会使出浑身解数横加指责。尽管他们总是指责对方挑起事端，但是吵完之后又都承认很内疚。我跟他们的谈话有时会演变成评一评谁最先挑事的、谁先说脏话的、谁不停地侮辱对方的，总之他们很难达成一致。

尽管总是吵吵闹闹，保罗和南希还是有过很多的快乐时光。他们都善于交际，精力充沛，各种聚会和庆祝活动总是少不了他们的身影。保罗有时会夸张地拍着脑门，抱怨南希把他们的生活安排得满满当当，又或是把他们的社交日程排得"让人喘不过气来"，看似生气实则演给别人看。由此可见，乐于交际在他们的共同兴趣列表中是排在前面的。喝酒也是如此，他们都喜欢喝酒，这成了他们日常生活不可或缺的部分。他们几乎每个晚上都会喝掉一瓶葡萄酒。两人的共同乐趣是维系彼此关系的真正力量，而酒精发挥了核心作用。

最近，保罗感到大量酒精的摄入已经对他的身体造成了不良的影响。他的体重不断增加。一夜醉酒醒来，身体恢复得不如以前好了。他想让自己更健康。这一点南希由衷地支持,所以他们立即购买了健身俱乐部的会员卡,南希也重新开始每天做普拉提。她喜欢烹饪,为此她对照最新流行的食谱,细致入微地准备着家人的餐食,全身心投入到这项费时的工作中。尽管他们在减少饮酒量上达成共识,但当两人难以消除对酒精的渴望时,养生计划就会被抛之脑后。他们给出了一些含糊的、自我开脱的借口,说什么"生活压力太大了",但真正的问题是,他们谁也不愿意放弃每晚一瓶酒或和朋友出去畅饮的习惯。

"我认为我们没有把精力集中在如何解决问题上。"保罗有一天沮丧地说。他们的儿子利亚姆开始不尊重老师,但夫妻双方都没有关心儿子是否需要帮助。"我们没有采取任何后续行动。"

"你在说什么?"南希有点没回过神来,反问道,"在认识人中咱们是最团结的一对。"

"保罗,你是在担心晚上几杯酒下肚后会迷迷糊糊吗?"我问道,"在这种情况下,我们很难去关心那些无聊透顶但又不得不操心的事。"

"是的……"保罗瞟了他妻子一眼,好像我话里话外就是针对她的,"我只是希望南希白天能多照顾照顾孩子。"

"等一下,"南希说,"是你说我们要像一个团队进行合作的,而我一想让你参与进来,你就变成了一个控制狂,我们不又打起来了。"

他们陷入了一场无效的争吵中,发现自己说错了话就突然住嘴,在剩下的咨询时间里两人发誓要少喝酒、多锻炼。

当你发现自己处在婚姻维持、子女养育、工作不顺和逐渐衰老的多重压力下,上有老下有小,又没有足够的时间去锻炼、放松,或与外界失去了联系,你就会不自觉地把酒精或其他成瘾性物质当作可以逃避现实的理想解药。对许多人来说,仅仅是在漫长的一天过后回到家里也可能成为一项艰巨的任务,即使是家人团聚也是令人紧张的,不得不参与到第二轮的家庭工作中,这就足以摇响条件反射的"喝酒"铃。拥有一种不同的心态是多么美妙啊,我们可以在此"放空",而不是与人或宠物较劲。成熟多一些,可爱多一些,温暖多一些,敏感少一些,烦躁少一些,这些都是我们想要但是很难在孤立无援的情况下获得的东西。成瘾性物质不仅有助于我们缓解焦虑、改变情绪状态，还能让家庭生活变得更有趣，或至少让敏感的情绪变得迟钝一些。如果你搜索"酒精"和"婚姻"，你就会看到一项来自挪威的研究，该研究显示，饮酒量大致相当的夫妻离婚的可能性比饮酒量不同的夫妇更小。这一发现似乎很有新闻价值，因为它们证实了许多饮酒者和吸食大麻者私下里都认同的一个看法：这些东西难道就不能帮我应付一下婚姻生活吗？

保罗和南希喜欢一起喝酒。我不确定我对此有什么想法。作为心理健康从业者，我习惯于从成瘾的视角看问题，在过去的几十年中，成瘾已经成为解读以下问题的关键：不仅是成瘾性物质滥用（如酒精、成瘾性处方药、海洛因），还有一大堆现在被称为过程性成瘾症的心理问题（如性、赌博、色情制品、工作、消费、饮食）。匿名戒酒协会（Alcoholics Anonymous）自 20 世纪 30 年代成立以来，这一疾病模型使道德评判标准比以往更加宽松，同时捕捉了人们作为某种疾病受害者的主观体验。南希和保罗当然是很爱喝酒的人，晚餐时两人能喝一瓶葡萄酒，外加一两瓶啤酒。这已经伤害到这个家庭——他们逃避不愉快的工作、争吵，孩子们察觉到了他们的言行的影响。对他们来说，中年成本效益分析也发生了变化，因为饮酒对身体和关系的负面影响变得越来越难以忽视。但考虑到许多夫妻在寻找乐趣这一看似简单的事业中遇到的麻烦，我想知道，我对他们的行为表示强烈质疑是不是有点矫枉过正？在考虑他们的问题时，我不能完全忽视他们的庆祝精神。也许，在酒精摄入方面，另一种解读视角可以让我们更好地理解保罗和南希，这种解读不仅仅将酗酒视为一种疾病，更是一种"核心活动"。

一项核心活动可以规划、影响和启发其他生活选择和时间投资。一项活动一旦成为核心，就会对我们之后的自我定义、行动和价值观产生影响。一项核心活动传达了某种自我定义。无论健康与否，核心活动都与惯例、习惯有关。对保罗和南希来说，一种是愉悦有意义的活动，一种是分裂或缺乏自制力的活动，并且这种活动不符合积极向上、健康生活的常规定义，这两者到底有什么区别？药物使用者非常重视他们"控制"药物使用的能力，因为他们知道无法节制使用成瘾性物质意味着他们会有大麻烦。当这些物质的使用方式跨越了某个界限——心理健康领域不断产生和完善用于评估界限性质的工具，使用就变成了滥用，注定走向毁灭。

如果我们认识到意识的异度空间一直是人们超越世俗、自我升华的方式之一，我们就能更好地理解为什么饮酒是一种核心活动。婚姻中最基本的挑战就是找到既能保持激情又能井井有条、既能照常生活又能制造惊喜的方法。因此，我们不仅要从病理学的角度来思考成瘾性物质的使用，而且要把它当作一种能让夫妻双方激发活力、释放潜力的方法。无论是通过爱情、性、音乐、宗教、艺术、体育还是成瘾性物质，我们都在寻找超越日常生活的体验。我们渴望揭开面纱，我们每个人心底都有某种东西激励着我们朝那个方向前进。当我们偶然发现它们时，我们通常会觉得冥冥之中自有天意。这些经历对我们来说是有意义的——勾画了我们存在的轮廓，体现了某种个人真理。

保罗和南希都有一个天赋，那就是不惜重金也要招待好客人，善于营造气氛，并且他们的热情非常具有感染力，大家全年都在期待两人举办的新年派对。在这里，人们远离了以自我为中心的生活，找到了集体感。当然，事情可能会变得很糟糕。有一年，一个吸食了摇头丸的客人被人用担架抬了出来，但狂野的酒神精神也是乐趣的一部分。这个派对不仅仅是几十个朋友欢聚一堂，音乐、酒水，让人们打破了藩篱，产生了一种原始的亲密感。

但是，如果成瘾性物质能暂时满足人们对感同身受的渴望，那么习惯性使用它们就会与其本身的目的背道而驰。当我们终日都沉浸在如痴如醉、如梦如幻的世界，这个社会并不会积极拥抱我们；相反，我们会进入一个封闭的、自我参照的系统，宛如一潭死水。刚开始，前途充满了令人兴奋的契机，后来情况不断恶化，一切都成为麻木的重复。虽然喝酒的人（或吸毒的人）可能觉得他在寻求广泛的共鸣，但他喝得越多，他就越无法控制自己最终陷入狭隘的唯我论。这是关系中的一个大问题。从酗酒者的角度来看，成瘾性物质的使用可以被归为一种核心活动。但对于配偶（最终还会牵涉孩子）来说，酗酒者或吸毒者最重视的显然是他们的成瘾性物质。使用者之所以"选择"它们，是因为这些东西"令人愉快"，这一说法解释了为什么他们会无视自己的嗜好对周围人的影响。酗酒和吸毒是向内深化和向外扩张的虚假手段，它们似乎能同时实现这两个目标，但实际上两者都无法实现。

滥用成瘾性物质是夫妻关系发展的巨大障碍

本书让我们有机会直面内心的情绪，并勇敢地审视我们在婚姻中的表现。据此，让我们来看看人们给出的最常见的喝酒理由：（1）为了社交；（2）因为好玩；（3）为了忘却烦恼；（4）为了合群。成瘾性物质帮助我们放下拘束，这就是为什么我们觉得它们将我们带到更高的境界。另一方面，我们放下拘束的主要目的是为了摆脱痛苦和冲突的感觉。酗酒问题最为明显的信号是自我提升（这很有趣）和应对生活（忘记烦恼），这并非巧合。人们酗酒主要是为了调节负面情绪。

成瘾性物质的使用是一种化学强化法，它不直接处理情绪，但会在人们所依赖的情绪策略基础上创造自己庞大的、快速旋流的、自我延续的奖励机制。虽然奖励机制给人们带来短期的快感（或至少从痛苦中解脱出来），但它也会产生诸多长期危害，如互不信任进一步加剧、情感的剥夺以及对恐惧的不确定感。这就是为什么滥用成瘾性物质会对关系的发展产生极大的障碍，它通常包含隐瞒真相、半真半假的陈述、自我安慰和自我辩解，并使我们深陷否认的泥沼，即否认我们对自己以及对他人造成的伤害，否认快感消退后的崩溃。

对中年夫妻来说，毒品和酒精的滥用所积累的对婚姻的影响完全是毁灭性的，这并不难理解。房子已买下，工作干一天是一天，子女需要抚养，生活开支捉襟见肘。家里的床铺就支在那里，无论是好是坏，现在我们正躺在上面。我们每天的压力最终传导给了我们的婚姻。我们想要的实在太多，可给我们的时间又不够。在漫长的一天结束时，我们可能会主动寻求遗忘。晚上 10：00 还不是处理夫妻情感问题的时候，与敏感的情感对话相比，一边喝着啤酒一边处理工作邮件或一边看着无聊的电视节目更让人舒服。也许自我麻醉才是我们一直采取的主要的应对策略。在我们求爱的时候，这种方式的效果会更好，也有趣得多，它让我们享受了性爱而不是忍受鼾声。或者，之所以选择自我麻醉是因为我们无法以任何有意义的方式与配偶达成一致，这让我们感到绝望。我们甚至可能会为自己的选择进行辩护，如"我要一直这样做，直到发生什么事或完全崩溃的那一天"，却忘记了我们的孩子可能终其一生都在适应我们所谓的等待时间。

我们起初是怎么想到用这些麻痹自我的应对策略的？一种可能是有样学样。

在孩童时期，我们很多人都见过用酒精应对生活的成年人。超过一半的美国成年人家族史上都有某种程度的酗酒问题。我们中的许多人根据经验得知，父母并不完全了解自己喝酒会对孩子产生什么样的影响。当着孩子的面，他们给自己设定的标准相当地宽松，什么"我没有真的喝醉""他们没看见我喝酒"，无视孩子只有在和依赖的人相处时才会有的非同寻常的敏感度。当那些接受心理治疗的成年人回忆起他们酗酒的父母时，我听到的都是痛苦的记忆：下午5：00后，母亲就"消失"了；深夜里，父亲的口音变得不自然；在父母的聚会上，笑容可掬的背后透出一丝冰冷与无情；母亲跟自己道晚安时，吻得既草率又伤感。在滥用成瘾性物质方面，父母造成的影响有时是创伤性的甚至是悲剧性的（这让我想到了性虐待和身体虐待），但即使是轻度的毒品上瘾，仍然会让人疏远亲友，逃避责任。

我们现在还从科学证据中了解到，某些童年经历会让人倾向于通过成瘾性物质来寻求安慰。它们之所以强大，正是因为它们激活了大脑的自然奖励中心。这些中心包括我们的阿片类药物系统，我们的内啡肽（天然分泌的阿片）在这里产生了早期的情感纽带，具有镇定和缓解疼痛的作用。催产素是一种关键性的融合激素，它与内啡肽协同作用，提高我们对天然阿片类药物的敏感度，同时减轻我们的压力感。我们的多巴胺系统负责激活和启动对我们生存至关重要的愉悦活动，比如饮食和性行为；另一方面，多巴胺系统也可以被任何预期的奖励激活，无论是购物、吸毒还是追美剧《权力的游戏》（ Game of Thrones ）。

持续、适当的情感滋养直接影响儿童的多巴胺和催产素水平，以及他们自我调节能力的发展，包括对压力的调节。人类幼儿时期的环境塑造了其大脑，而环境指的就是孩子与看护者的关系。父母的参与和适当的情感接触决定了孩子在生理和情感层面上的发展。从生理角度来说，催产素的激增会转化为诸如安全感、亲近感和内心的平静等主观感受。有证据表明，当父母"人还在这儿，但心不在焉"时（这种情况又被称为近似分离），孩子们感受到的压力与亲子相隔两地时的压力水平相当。无论是身体上还是情感上，缺乏滋养都会导致孩子生理和心理上的缺陷，因此，孩子们在以后的生活中更容易把成瘾性物质当作替代品。父母酗酒或吸毒的一个严重后果就是，他们会缺席孩子在生理和情感方面的成长。

如果早期的亲子关系不能帮助孩子培养自我调节和自我安抚的能力，那么孩子长大后就会更容易产生压力反应，而且应对起来也会无所适从。父母成瘾的影响通常在孩子进入青春期时开始显现，强烈的情绪反应和较弱的自我调节能力使青少年容易冲动和冒险。80%的青少年在一定程度上接触过酒精，在14岁之前第一次喝酒的孩子在成年后滥用成瘾性物质的风险是其他孩子的4倍。初次饮酒的年龄越小，情感发育受损就越严重，这是因为当人们依赖成瘾性物质来管理消极情绪时，他们就会错失制定其他更为健康的应对策略的良机。对于正在康复中的酗酒者来说有一个不争的事实，那就是他们的心理年龄一直停留在刚开始饮酒时的年龄。曾经有人告诉我，当他在30岁开始戒酒时，他"完全错过了"他的20岁的时光，他感到自己在情感发育和成长方面滞后了10年。

当我观察夫妻们的时候，我很好奇是什么原因让一些人重蹈其父母的覆辙，染上酗酒的陋习，常常是推杯换盏，酒酣耳热，而另一些人则对他们的家庭问题进行诊断式批评。这似乎与家庭成员酗酒的实际严重程度无关。有些人欣然融入这一家庭文化，而另一些人则与之划清界限，尽管他们往往还会跟一个为酗酒的危险性和不负责任而争论不休的人结婚。无论何种情况，夫妻们都可能在早期求偶阶段就开始喝酒。渐渐地，当你试图用成瘾性物质缓解压力以寻找无伤大雅的乐趣时，就会逐渐增大遭受损害的风险，这不仅会损害健康，还会破坏家庭生活和婚姻。到目前为止，行为已经固化为模式，而这些模式会反复出现各种问题。所有这一切都发生在某种生活结构中，这种结构本身想要改变或废除很容易滋生祸端。

这让我想起了保罗和南希。他们不喜欢争吵，也不喜欢在重要的人生任务上失手。但是，如果我告诉他们这两种行为都与饮酒有关，他们就会联起手来一致对外。从最终结果来看，改变他们的饮酒习惯似乎是一个很大的损失。他们更愿意将其视为一种共同参与的核心活动，而不是一种非正常的停滞状态。因为两人的生活并没有急剧恶化，所以很难有兴趣去研究他们是如何伤害自己或其他人的。

鉴于我做治疗师的时间足够久，我有理由认为这种担忧是合理的，即父母的饮酒习惯最终会影响孩子的生活。一想到保罗和南希，我就忍不住编了一个可能预示他们的孩子利亚姆和特莎未来的故事。毕竟，在他们的家庭和社交圈子中，酒精被视为家庭生活和人际关系中自然而然、不可或缺的东西。父母每晚都要喝完一瓶酒，然后两人目光呆滞地看着电视机里经常上演的情节剧，没有任何交流。就像美国无数其他家庭一样，浴室柜子里放着几瓶几乎没用过的镇静类药物，随时可供取用。家里的每个人都认为与朋友们欢聚饮酒是人生中最美妙的时刻之一。那是我们状态最佳、最有趣的时候。宿醉是不可避免的副作用，但是我们也从中获得了幽默的灵感和家人的同情。我编撰的故事是这样的：

利亚姆长大后会变得有点叛逆，到高中时，他会成为一个更有魅力的派对爱好者。特莎可能是个循规蹈矩的人，在学校努力学习，但到了10年级，她就会在周末一醉方休。利亚姆和特莎都可能经常参加学校的派对，然后发现只喝一杯是远远不够的。一旦他们在上大一时体验了神秘的潘趣酒和桶装啤酒，到了即将毕业时则要喝"成人"酒（如葡萄酒和杰克丹尼尔威士忌）。大学毕业后，他们并不会减少饮酒量，在商务社交场合反而喝得更多。饮酒将从一个不加考虑的通过仪式变成一个各怀心思的欢乐场（"我们该喝第五杯葡萄酒吗？"）。既然他们是"有责任感的成年人"，他们就会知道自己的喝酒习惯有点幼稚和鲁莽。但这正是那些生活中"负责任的成年人"一直在做的事情。掌控生活意味着当你被各种情绪裹挟时，你就会诉诸成瘾性物质。由于健康的应对策略没有机会施展出来，这些情绪很快就会将你团团包围。特莎这个佼佼者最终会把育儿和工作塞满全部的生活，她那焦虑的完美主义会加剧这种需求。她知道，只要不窥探自己情感的深渊，生活就会照常进行下去。但是，如果她开始觉得浑水不断上涨，并且有可能淹没她，她可能会在每晚的酒里加点镇静药物。利亚姆是个爱享乐的人，他可能会在20多岁的时候到处寻欢作乐，勾搭异性，一旦他安定下来，喝酒就仍将是他的核心活动。当他和伴侣开始考虑要孩子的时候，他们会达成短暂的共识，这个时候有可能改变他们的行为。南希和保罗的婚姻最终可能会破裂，因为酗酒是婚姻失败的主要原因。无论如何，利亚姆和特莎在接下来的几年甚至几十年都将面临因其父母酗酒导致的健康问题：母亲认知能力的下降以及父亲肝功能的衰竭，而他们自己的孩子长大后可能会延续这一家族的传统。

为减压沾染上毒瘾，反而毁了一个家

如果你曾经听到过类似于"我在这段婚姻中太不快乐了，我需要减轻痛苦"这样的话，你就会知道，这些使用成瘾性物质来逃避现实的借口意味着他启动了独立的"合理化生成器"。然而，即使作为一名每天都接触这些问题的心理健康专家，我偶尔也会否认或忘记这个事实。很难记住它的一个原因就是这个事实令人无法忍受。对于任何一个严重依赖成瘾性物质的人来说，一个令人遗憾的事实就是，他们最看重的是成瘾性物质而不是与我们的关系（无论我们是他们的孩子还是伴侣）。谁都不愿意面对这个事实，谁都不愿意接受把成瘾性物质看得比什么都重要的人。对此，成瘾性物质依赖者在清醒状态下永远都不会赞同这种观点。但是从我们的观察来看，我们很难从他们的行为中得出其他结论。

"合理化生成器"的内部运作方式并不是肉眼立即可见的。然而，对于整个装置来说，强大的核心处理器在于使用者总是把成瘾性物质放在首位，并将它们视为不可或缺的东西。作为成瘾性物质使用者的生活伴侣，你可能认为你才是他生活中不可或缺的一部分，但是他会给出许多近似荒唐的论点来证明为什么你是他最头疼的问题。一旦你批评他的所作所为，你就会被怼回来，这些反驳从表面上看有着正当的理由，比如说你为什么不公平、爱评头论足、反应过激，等等。他们会最低限度地使用这些理由，然后为其辩解："她真是个唠叨鬼，我就左耳进右耳出好了。"是的，但如果你不走神，她还会唠叨吗？

这样使自己的行为合理化会有什么问题吗？即使你听起来像是在诚实地讲述你的情感经历，事实可能并非如此。你很可能在欺骗自己，并操纵你的伴侣。但更大的问题是，它让你无法处理自己真实的情绪。如果你在某些时刻控制或者停止成瘾性物质的摄入，你将被迫面对一个令人沮丧的事实：当你周围的人（除了你那些瘾君子朋友外）都在成长的时候，你却一直在原地踏步。

这种运作机制明确了康复过程中最艰巨的一个挑战就是，承认你有一个自己无法自控的问题。我成长于成瘾性物质泛滥的 20 世纪 70 年代的美国，我记得有一对夫妻，每隔几年妻子就会在某个假日派对结束后喝得酩酊大醉。她的丈夫看起来坚毅且很有爱心，他的行为举止传递出他是在与一个病人打交道，而不是在与一个举止尴尬的人打交道。他知道她病了。她也知道自己病了。随着年龄的增长，我了解到她曾经一次又一次地尝试康复。像她这样的情况，酗酒行为已然成为一种疾病，因为她知道自己无法控制自己。她接受了自己在身体上和精神上都患有疾病这一事实，也不再为掩盖自己的嗜好而刻意否认什么。相比之下，当一个人还不能接受他缺乏自控事实的时候，他的病看起来更像是一个心理问题，他就走不出让这些行为合理化、否认事实和指责他人的恶性循环。只有当他承认他吸食成瘾性物质的动机对他的思维产生了强大的影响时，他才能逐渐学会为自己的行为负责。成瘾问题专家加博尔·马泰（Gabor Maté）用鲜明的生理学术语描述了这一挑战："大脑，这个受损的决策器官，需要启动自我愈合的程序。一颗发生变化、功能失调的大脑必须下决心克服自身的功能失调。"

当瘾症发作时，无法控制自己就会带来第二个巨大的挑战：作为一个人，需要对自己的成长负责。我们认为，无论是中年生活还是婚姻生活，自我意识和责任意识都是核心必需品，但是二者在康复过程中有着特殊的重要性。众所周知，成瘾性物质的滥用会扭曲健康的家庭关系。夫妻双方会尝试通过各种非正常的方式去适应这一变化，比如找借口、过度补偿、保持沉默、情绪爆发，或背上无端的负罪感。培养更健全的人格和建立更健康的夫妻关系都需要同样的东西——更多的差异化、更多的个性化和更多的自主权。虽然这是一种可以理解的冲动，但是在早期康复阶段，坚持"更高的亲密度"往往会使夫妻双方陷入往日的适应不良的模式。自相矛盾的是，优先考虑分居和自我治愈可能是一对夫妻最终挽回彼此最直接的途径。不过，这是一个艰难的过程。夫妻双方可能需要经历多年的模糊性和不确定性。故事的结局将怎样，他们始终无法判断，也无从知晓。

露西和托马斯是一对来找我做心理治疗的夫妻，他们是在一场狂欢派对上认识的，当他们决定结婚组建家庭时，情况发生了变化。尽管露西有时会在社交聚会上饮酒过度，但在提出结婚的那一周的时间里她开始戒烟戒酒。托马斯喜欢听音乐，这通常意味着他要边听边抽大麻。辛苦工作了一天之后，他觉得自己应该抽上几口，有时回家前他会和朋友先吸上一口。托马斯的大麻瘾并不大，但只要是在他认为的闲暇时间里，他都会抽上一两根。

许多夫妻都因为他们对闲暇时间的定义不同而争吵不休。人们理所当然地希望，他们辛苦了一天后能享受到一种有意思、易上手、不费脑的娱乐项目。但是为人父母已达18年之久，不甚满意的晚餐也吃了18年之久。在压力之下，他们在到底是谁"专横"或"控制欲强"这个问题上非要争个明明白白，却回避如何公平地承担家庭责任这个更为实际的问题。一旦成瘾性物质加入进来，就必然会导致他们的关系一下子紧张起来。

露西抱怨说，上四年级和六年级的两个孩子晚上需要辅导家庭作业，而托马斯却不管不问。这样的批评虽不多见，但我希望托马斯至少能考虑一下露西的想法。然而，托马斯全力反击了露西的批评以捍卫自己的权力："露西，在你看来你做事的方法就是唯一的标准，每个人都应该和你一样焦虑、有控制欲。其实，孩子们很高兴我没有紧盯着他们，他们也希望你能放轻松些。就好像整个房子都要在你的规则面前战战兢兢的。"当然，托马斯冷眼旁观的态度让露西的要求随之增加。托马斯随后声称，露西的要求让他觉得生活"无趣"和"受控制"。

为了减轻妻子的焦虑，托马斯最直接的策略就是把大麻戒了，但那会迫使他承认自己有问题。成瘾与康复专家斯蒂芬妮·布朗（Stephanie Brown）发现了两个现实之间的紧张关系：尽管从机理上讲，成瘾性物质支配了使用者的日常生活，但使用者需要予以否认，以便继续畅通无阻地使用它们。为了控制这种紧张局面，成瘾性物质使用者必须将自己的行为合理化，声称完全依据"个人核算系统"来使用它们（如"中午之前我不会使用它""我不需要它，我只是享受一下它"，等等），以便让自己的行为符合自己"正常的定义"。打这个核算系统的旗号旨在模糊成瘾性物质使用者与其他物质使用者在依赖性上的不同，掩盖了成瘾性物质极其强大的支配性。

无论托马斯是真的在吸食大麻还是心里有想吸食大麻的念头，大麻已经支配了他的生活。上瘾的表现并不是从吸食成瘾性物质开始的，而是始于对吸食的期待和准备，这时多巴胺开始释放。吸食者瘾症发作的诱因始于用手卷动一根大麻烟，始于5:00的鸡尾酒仪式，始于接听毒贩打来的电话。单独的情绪前兆可能有（比如工作中遇到困难），也可能没有。吸毒者在吸食毒品之前往往会感到焦虑或沮丧，这成了他们触碰毒品的"理由"之一，但这也表明他们缺乏处理人类正常情感的策略。当某种药物成为应对不适或焦虑的默认方式时，它就会提升自身的使用频率，并陷入成瘾循环。

在一段关系中忍受情绪上的不适是一种我们需要倾尽一生来培养的能力。对于吸毒者来说，他们面临双重的任务：他们需要停止通过吸毒来缓解不适，同时他们需要学会承受在感情（如婚姻）中协商谈判的正常痛苦。和很多瘾君子一样，托马斯将大麻视为一种忍受婚姻问题的方法。但药物使用障碍是个"大问题"，因为它们是与其他情感和关系问题相互作用的独立条件。托马斯对露西行为的看法并不是毫无根据的。但如果我遵循托马斯的建议，把注意力转向帮助露西收敛锋芒，这就等于保护了他的嗜好。托马斯因而没法去面对他婚姻中的问题，更不用说他烟雾缭绕的吸毒生活了。除非托马斯承认自己无法控制自己的嗜好，不然他会继续推卸责任，把自己的情绪问题归咎于别人，他的说法有时听起来很合理，但基本上都是借口。

有一天，我对托马斯说："从你所说的来看，你认为晚上是放松的时间，所以你选择置身事外，既不做饭，也不监督孩子使用屏幕的时间？"

托马斯说："我并不是从来没做过这些事，但我认为露西事必躬亲的态度完全没有必要。"

"那么你是说家里一半的饭……都是你做的吗？家里大概一半的碗都是你刷的吗？"

我可以看到露西在努力地克制自己。

"不，不经常。"托马斯说。

"那么说到晚上不得不做的家务，你觉得你做好分内之事了吗？"

"不，也许没有。"

"所以，如果我理解得没错，你发现自己选择在晚上放松、吸食大麻，但在某种程度上你也知道这不公平。"

"没错，你说的是对的。但我一进家门气氛就很紧张，我不觉得这是我造成的。我觉得我的生活不应该被她的心理压力所左右。"

"当你走进这间房子时,你预感到会有情绪的爆发,这真的让你难以承受。它会莫名其妙地让你想逃离。但我们先把露西的心理压力放在一边,把注意力放在孩子们身上。从你孩子的角度看,你是否真的参与到晚上的活动?"

托马斯在座位上动了动,显然是想为这两种截然相反的看法辩解。"我想,有一个不那么紧张的父母,孩子们会轻松一些。"

"这可能有几分道理。但露西说她很紧张,部分原因是因为你在吸食大麻,还没完全清醒。我的问题是,你是否认为自己已经完全做好了准备,你的孩子们是否也认为你已经做好了准备。"

"我不知道。我只知道露西让每个人都心烦意乱。"

"你有没有注意到,你总是把话题从你自己转移到露西身上?你似乎认为你的问题就是有一个过分焦虑的妻子,是她让晚上的气氛太紧张了。你似乎相信,是露西的焦虑让你不得不逃避晚上的压力,包括做好你分内之事或帮忙照顾孩子。"

"差不多"。

"抽大麻是应对露西焦虑问题的方法之一,而这个问题没有任何直接解决的方式,比如多帮忙带孩子,或者跟她谈谈她的情绪对你的影响,或者少吸点大麻。"

托马斯很难回答上来。认可我的表述意味着他承认吸食大麻是他应对压力的唯一方式。这就反过来说明,抽大麻是一种必要的放松方式,而不是一种可选择的放松方式。

"除非你接受自己上瘾的事实,通过寻求帮助来解决这个问题,"我说,"否则,无论是你个人还是你的婚姻,情况都不会好转。把你的行为归咎于露西对你没有任何帮助。"

我们花了些时间研究托马斯和露西是如何相互磨合,形成由来已久的家庭模式的。托马斯认为他的母亲是一个非理性、过度情绪化的人。当他还是个孩子的时候,他的母亲就开始举止"失常",托马斯一开始会感到害怕,之后心怀蔑视。和他的父亲以及兄弟们一样,托马斯对母亲表现出一副漠不关心的样子,这既是一种防御,也是一种奚落。但在内心深处,托马斯对母亲所激发的情绪波动极为敏感。在他的婚姻中，"放松"原本是为了缓解露西带给他的紧张感，但最终适得其反。露西是被软弱无能的母亲带大的，她的父亲是个酒鬼，在她七岁时去世了。露西的责任感很强，几乎机械地处理好一切事物，但是也会有愤怒、受伤和被抛弃的感觉。当他们相遇时，托马斯为露西的能干而深受触动，一点也不像他那不理性的母亲；露西为托马斯的沉稳而深受触动，一点也不像她那撒手不管的父亲。然而，露西逐渐成了"过度情绪化"的妻子、母亲，而托马斯则成了"置身事外的"丈夫、父亲。

随着我们抽丝剥茧，一步步分析二人婚姻中的一些难题，托马斯和露西逐渐对彼此的反应有了更多的了解。托马斯开始意识到露西多么孤独，也因此感到多么害怕，因为她觉得自己无法接近他或者得到他的帮助。露西看出托马斯的首要任务是保持情绪平稳，不受自己情绪的影响。一旦他们对彼此产生了一些同情，他们在很长时间之内就都不会再相互指责，然后二人的注意力就会回到托马斯的嗜好问题上。

"吸食大麻让我不会太紧张，也不会为一些小细节而担心，"他说，"它让我着眼于大局。"

"大局？"我问。

"抽大麻让我看到并享受世间的美丽。在我成长的过程中，感觉好像每个人都在关注错误的事情。没把衣服放进洗衣房就是三级火灾警报。我受够了我妈的唠叨。"

"这很困难。你得花很多精力让自己保持冷静。没人帮你。"

"我想，当露西开始变得紧张时，我也会有同样的反应。我只是想逃离。"

托马斯字斟句酌，话语竟有些温柔。他的脸上开始露出难过的神情。

我们就托马斯吸食大麻的问题进行多次谈话，他开始承认他有自己的问题。他开始思考如何克服对大麻的依赖，这是一项极具挑战性的任务。托马斯在获得了一些见解后开始思考，如果他不用大麻控制自己的情绪，生活会是什么样子。他决定减少使用量，限制自己每周末使用一次。两个月后，他停止使用大麻，开始参加匿名戒毒互助会。

当托马斯开始恢复健康，发展他的互助组织时，我扮演了见证人、教练、支持者和参谋的角色。我的工作是帮助托马斯和露西找到自己的方向，同时引导他们不要对这段关系要求太多，要包容彼此之间的差异，鼓励个人的成长。夫妻们很自然地认为，一旦上瘾的一方戒除瘾症，主要问题就解决了。但托马斯和露西很快就发现，最艰难的事情还在后面。他们已经进入了成瘾专家所说的过渡阶段，即承诺戒瘾后的恢复阶段。这个艰难的阶段可以立即打破问题很快就会解决的幻想，并揭示药物滥用所掩盖的情感裂痕。在这段时间里，我最重要的作用之一就是让他们明白等待需要时间。上瘾往往会产生一种危机感。在恢复的过程中，人们面临着做出持久改变的困难和挫折。就在人们以为自己会解脱的时候，他们会被一种失落感所震惊：背负的责任让他们感到孤独，甚至是斗争所能带来的虚假亲密感也会丧失。有时，我所能做的就是陪伴他们进行长期、艰苦的斗争，让他们相信他们所经历的混乱是正常的，也是必要的。

即使在他们停止吸毒后，人们仍然要与自己的性情做斗争。首先，导致人们滥用药物的一些性格特征，正是那些使人际关系变得吃力不讨好的性格特征。正如匿名戒酒协会的文献所说："有缺陷的人际关系几乎总是导致我们不幸的直接原因，包括酗酒。"托马斯不太会表达情绪，早期的不满总是压抑在心中，心中满是责备，易怒而且不耐烦。他在自我膨胀和自我厌恶之间摇摆，总是把他对亲密关系的厌恶变成批评、屈尊和疏远。除了厌恶托马斯的嗜好之外，露西还在焦虑中挣扎，总是本能地照顾别人的情绪。她对外界的回应、对被抛弃的恐惧和没有边界感只会让他们糟糕的情绪周期雪上加霜。她意识到自己也有工作要做，于是决定成立自己的康复互助小组。

康复会议、心理治疗以及坚持锻炼意味着托马斯和露西一心只想着自己，这给两人的子女抚养工作带来了挑战。我们谈了很多关于如何为他们的孩子建立安全感的基本条件，包括与孩子们谈论正在发生的事情，并满足他们的需求。父母双方通力合作，共同教育孩子对托马斯和露西来说一直是个挑战，也是长期压力的来源。我们谈到了气氛紧张的情形（婚姻和家庭生活中发生的普通事件），帮助托马斯参与进来而不是退缩不前。露西试图在这一连串的反应中尽早地知晓自己的感受，并在她发疯之前告诉托马斯她需要什么。日常生活提供了大量的练习机会。

"为什么我让你填写学校的文书，"露西有一次说，"你就突然指责我太在意每一个琐碎的细节了？我是说，明明是学校要求我们提交文件的。我可不是为了麻烦你才瞎编的！"

"是的，但你指使我做事的时候，语气满是愤怒，好像我已经搞砸了这件事。"

我和他们一起寻找能够和谐共处的方式，既能照顾好他们的孩子，又不会给彼此施加压力。有时，他们觉得分居会让他们受益，但经济上不允许。我们就如何在同一所房子里分居一段时间达成了一致意见。因为这意味着他们要与孩子们协商各自的角色，这有利于平衡各方的抚养义务。这样，托马斯觉得自己作为父亲更有参与感，露西也能多给一些他想要的空间，不会对其指手画脚。家庭责任也是如此。彼此置身事外，各尽其责，有助于打破他们之间纠缠不清、互相指责的恶性循环，它曾经主导了两人的关系。我们可以把"家务谁来做"的窘境当作一个坦诚交流的机会，商量一下什么时候应该替对方收拾烂摊子，什么时候应该拒绝帮对方摆脱困境。

露西和托马斯历经三年艰辛，才建立起一个稳定、平静的家庭。托马斯不再吸毒，孩子们都很健康，夫妻俩几乎不再争吵。两人都有了更多的自主权，关系也更加和睦。他们在教育孩子方面配合得非常好。同时，两人继续参与各自的互助小组。露西和托马斯为他们所取得的成就感到骄傲。

另一方面，他们很难看清作为一对夫妻他们所共同拥有的东西。由于两人都养成了健康的情绪，夫妻之间的旧账或者怪事，对他们来说变得越来越没有吸引力。在吸食大麻的矛盾中，两人的对立达到了巅峰，但是这样的碰撞磨合也让两人最终走到了一起。不过，你来我往的拉锯战早已失去了痛苦的吸引力。由于整段关系都涉及毒品，因此这意味着他们总是在一方或双方吸毒的前提下作为伴侣相处。当夫妻双方都全身心投入到恢复过程中，他们会更有动力与对方建立一种全新的关系。他们有足够的共同点，感情和谐，真心喜欢对方，也想克服两人之间的障碍。但有时伴随个人的成长，双方越来越清楚彼此想要的是不同的东西。

对托马斯和露西来说，很明显，他们都想成为另一个人，而不是他们所分配的角色——他们想要在这段关系中扮演自己。

在大多数情况下，他们是幸运的，突破了局限的观念，不再把情感差异作为一场战斗，声称只要"一方""停止"或"开始"做这个或那个，他们"就会变得亲密无间"。他们现在能够以更加尊重、开放和诚实的心态接近彼此。他们都在努力解决基本的和谐问题，以及如何才能弥合分歧。为了孩子们，他们都在努力。他们不想为了孩子在一起，但孩子们极大地改变了分手的成本和收益。为了孩子们着想，两人都尽心尽力让生活继续下去，除非他们非常清楚自己真的做不到。

他们最根本的问题是关于亲密关系。在努力建立更稳定的自我价值感的过程中，托马斯开始不确定自己理想的情感亲密度。"实际上，我认为，如果我没有在情感上全身心投入，我会更理智，"他说，"现在的亲密度让我觉得很自在。我不知道我们未来应该何去何从，但我认为我的想法没错。"另一方面，露西渴望更亲密的关系。她想要更多的身体和情感上的投入。她不确定为了这个问题是否值得拆散他们的家庭。现在的情况比以前好多了。但是她心底的渴望并没有消失，为了压抑自我，真可谓是绞尽脑汁。许多人，也许是大多数人，认为在理想的婚姻中二人是亲密无间的。但并不是每个人都有能力做到或渴望这样的如胶似漆。在自我价值观的指引下，我试图帮助一位不情愿的夫妻看到提升亲密度的好处。但他可能选择不这么做，也不得不接受这样做的后果，比如他的配偶会感觉不到被爱或者离开。

正如露西和托马斯所发现的那样，在婚姻中，尝试的欲望是深刻而脆弱的。这种领悟不够真切，但是独一无二，即你失去了尝试的欲望，但你不知道如何找回它。尽管你很难接受，但是你内心有一个声音说"我受够了"。经过几个月的沟通和努力，从各个角度看待这件事，露西和托马斯都不得不承认，他们的心不在这件事上。这种感受总是会遇到每前进两步都要伴随后退一步的情况。但当我们最终都明白过来的时候，他们俩都觉得这是一种真真切切的解脱——他的血压下降了，她的胃肠疼痛减轻了，他们的失眠好转了。我也感觉房间更宽敞了，空气更流通了。

有时候，他们觉得自己已经走了那么远，却似乎不能走完最后一段路程，这几乎是一种折磨。但他们的所有付出已经让他们懂得了他们努力讲真话的意义。当他们"放弃"的时候，二人就会同情彼此，谅解对方。加博尔·马泰写道："无条件地接受另一个人并不意味着在任何情况下都要支持他们，不管自己要付出什么代价。在成人之间的关系中，接受一个人可能就是简单地承认对方本来的样子，而不是评判他们，也不会因为怨恨他们和常人无异而腐蚀自己的灵魂。"露西和托马斯不再试图把对方变成自己想要的样子，他们可以更坦然地接受对方本来的面目。

一天，在他们决定分开后，露茜说："这太艰难了。"当时我们正在讨论他们会对孩子们说些什么，"我不再生气或伤心了，但有时我太难过了。我看着你，"露西转向托马斯说道，"我可以看到我再次爱上的那个人。不知怎么的，现在我觉得我不必再爱你了。但这仍然令我难过。"

"是的，接受现实是一种很大的解脱，但这很不好受。"托马斯说，回望着她的目光。

他们相视一笑。前进的道路充满困难，但因为他们所做的一切，他们可以成为同甘共苦的朋友。

家庭美满、事业蒸蒸日上的她为何成了酒精的俘虏

彼得和贝丝第一次走进我的办公室时，我觉得彼得是两人中比较古怪的那一个。他们俩看上去都快60岁了。彼得满脸皱纹，穿着一双奇怪的厚底黑鞋。贝丝看起来是在扮演他的反面：她的头发是红褐色的，戴着时髦的眼镜，衣着整洁，甚至可以说一本正经。作为一名非常成功的学者，贝丝看上去更加完美、更有魅力。尽管彼得看上去要崩溃了，但是他让我感觉很自在。我注意到我费了好大劲才把目光转向贝丝，但她不怎么合群，几乎是在回避我的目光。

"那么，我们从哪里开始呢？"彼得对贝丝微笑着说。他打了个喷嚏，翻了翻自己的口袋，发现里面是空的，然后他穿过房间，翻了翻我的面巾纸盒子，尽管他旁边的桌子上有一个非常相似的盒子。我没有生气，反而觉得很有趣。面对贝

丝的不自然，我想知道彼得过分放松的态度是否给了我一种微妙的解脱感。

"是彼得主动提出来这里的。他觉得我想得太多，我们相处得不够愉快。"

"你怎么想？"我问。

"我认为他不公平。"贝丝若有所思地说着，用平静的目光注视着我，"我的职业要求很高，这不是什么新鲜事。今年我是系主任，有很多会议和办公室政治。我有时也讨厌这些，但事实就是如此。如果我要完成我的工作，我就得投入时间。和彼得在一起，我真的开始尝试更多的事情。我每周做三顿晚饭，周末我们一起去看电影，周末不用去办公室的时候，我经常提议出去玩。"

贝丝看上去既不生气也不伤心，配合度高，也很真诚，就是不易接近。或者更确切地说，愤怒和悲伤已经与她的性格融合得如此彻底，造就了她身上的这股气质，但是让人不易接近。面对她的沉着冷静，我不自觉地感到奇怪的绝望。

彼得热切的目光与我的内心产生了共鸣。他激动地向她靠过去，注视着她的眼睛。"有一半的时间我都搞不懂你在想什么。我又不是不能自娱自乐。我有很多事要做。是的，我们一起吃晚饭。是的，你给我讲你们的办公室政治。但我还是独自一人。"我欣赏他直白的情感诉求，他愿意表达内心真实的痛苦。我还发现，我正在观看一场之前已经发生过很多次的交流，这对他们来说已经变得烂熟于心且毫无作用。他跟她说话时，她目不转睛地望着他，尽管她的身体几乎在不知不觉地向后退。那一丝恐惧让我第一次为她感到心痛。

贝丝是教授，孩子们也很成功，拥有一段还不错的婚姻，她过得很好，不能再好了。她一生尽责可靠、信念坚定，控制权对她来说至关重要。她的工作狂性格让她的事业蒸蒸日上。她忠于她的家庭，尽管有点疏远。当孩子们还小的时候，彼得一直是他们情感上的北极星。这一切发生得天衣无缝，因为她的事业总是占据优先地位，她的家庭要根据她的工作要求做出调整。他的角色是自然而然的结果，和他成长过程中在家里扮演的角色很相似。他必须和颜悦色地处理各种混乱局面。我在想，他那不修边幅、面带倦容的外表，尤其是与她一丝不苟、精心打扮的举止相比，是否表明他受过良好的教育，能够以热切的关怀满足他人的需求，情愿牺牲自我也要优先照顾他人。

但彼得显然喜欢照顾别人。他独具一格，为人热情，幽默风趣又天真烂漫。他的孩子们很喜欢他，而他也渴望早日抱上孙子孙女。他在照顾贝丝的过程中也收获颇丰。他说，当他遇见她的时候，她是"一朵脆弱的花，通过施行铁拳政策经营着一本文学杂志"。彼得总是为贝丝在公开场合取得的成就感到骄傲，贝丝私下里对彼得的依赖也让彼得很满足。

当孩子们独当一面的时候，他们给了彼得无尽的关爱。现在，他那快活、随和的态度已被重复、急切的请求所取代。"我再也不能忍受这样的距离了。我一直以为，到60岁的时候我就太老了，连感情都没有了，看在上帝的份上，"他有一天说，"但生活就是生活。我还是想要我一直都想要的东西。我想接近贝丝。"对彼得来说，他们的肉体关系总是零零星星的，已经成了例行公事，几乎令人无法忍受。他们的问题早在第二个孩子出生时就开始了，当时贝丝为争取终身教授的职位疲于奔命，导致了两人长达数年的性冷淡期。近年来，对彼得来说，一些健康问题加上性欲减退使得身体上的感受显得更加重要。贝丝从原则出发，同意她"应该"向彼得表示关心，但这还不够。这是结婚30年来，彼得第一次说出贝丝的酗酒行为，还说他想要贝丝戒掉酒瘾。

"大多数晚上，贝丝喝了第一杯古典鸡尾酒后还会再来两杯甚至三杯。吃饭的时候，我们会聊今天的事，但这个时候她就不见了。我已经失去了靠近她的机会。晚饭后，她通常会躲进她的书房，而我则负责打扫。"

我瞥了贝丝一眼，想看看她对这样的揭丑做何反应。"听他这么说很难受吗？"

"不，不难受，"她说，"彼得是一个通过互动和交谈来放松自己的人。我是一个需要独处的人。喝一两杯能让我放松。这实际上是我一天中非常愉快的时光。"

"彼得，你能多告诉她一些你的感受吗？"

"我觉得是她在发号施令——这里没有双关语——因为我需要从她那里得到她不需要从我这里得到的东西。这不公平。她可以不理我，但我不能说话。难道就没有办法让我们俩都得到点什么吗？"

"我确实有和你交谈，而且一直都是这样，"贝丝的声音低了下来，"我们谈论孩子们的生活，我们谈论工作。我还问你周末想做什么。我有时觉得自己很难确切地说出你想要什么或什么能让你满意。"

不管我用什么方法，我都能明显地感受到一股压力，让我不要理会贝丝的饮酒问题，就好像她在保护一段异常敏感的关系。"酒精对酗酒者来说有着特殊的意义，"康复专家斯蒂芬妮·布朗写道，"酒精就像一位神秘伴侣。对于其他家庭成员来说，它是一位入侵者，他们必须在家庭内外的人际关系中做出重大调整。"考虑到贝丝在饮酒问题上设置的禁区，我可以理解彼得为什么不去直面它。但是这么多年他是怎么忍受下来的？他自己和孩子们都付出了怎样的代价？为了避开那些令双方都感到害怕的事情，夫妻们下意识地进行讨价还价。正如家庭治疗师沃伦·科尔曼（Warren Colman）所写，婚姻是可以塑造的，"以消除双方有意识和无意识的焦虑情绪……这些焦虑通常是双方共有的，所以回避某些情形符合双方的既得利益。"每段婚姻都具有发展性和防御性，在某些方面要鼓励发展，在其他方面则要限制。

这个时候成瘾问题无疑是雪上加霜。长期以来，彼得自己也有过度依赖的问题，这导致他不由自主地适应了贝丝的情感需求。年轻的时候，彼得和许多酗酒者的配偶一样，觉得是自己身上有什么特殊的问题才导致贝丝的酗酒。然而，随着时间的推移和经验的积累，彼得不再对自己持有那种看法。他知道他善良的关怀是一种终生的条件反射，他在婚姻中重温了童年的情感动态。但现在最重要的是，他想做一些改变。他想改变交易，改变不成文的合约。我认为，无论何时，不管怎样，发生这种情况就是件好事。合约不能永远不变，因为人会变。但有时，当一方要求改变时，另一方会认为这是背叛。戏剧性的抗议不是贝丝的风格，但她表情漠然，坚持声称她的饮酒没有任何问题。据她说，彼得是在夸大其词。但彼得一直主张两人应多亲近，贝丝应少喝点酒。我是彼得坚定的支持者，希望他不要放弃。

我开始怀疑，贝丝那种回避的态度是不是有时会让两人渐行渐远。有时，我觉得自己不知不觉地加入了她的行列：内心波澜不惊，在任何时候都与周围的人保持距离，为此我不得不叫醒自己。我们偶尔都会试探一下他人，但贝丝的性格更偏冷漠。为了寻找新的角度，我重读了我以前的笔记，然后惊讶地发现，在我们第一次见面时,我得知贝丝的父亲在她10岁的时候死于一场车祸。我怎么会忘记这件事呢?我大吃一惊,自己竟然忘记了这一关键事件。创伤性事件会导致精神分裂,所以贝丝对父亲去世的记忆并没有完全有意识地与她生活的其他部分联系起来,这就可以说得通了。我想知道这是如何影响我的记忆能力的。

正当我想着如何重新引入这个遗漏的重点时,贝丝却突然开始回忆起她的父亲,这让我吃了一惊。她向我们展示了一个充满爱和悲伤的世界,一个此前我们从未接触过的世界。她记得当她还是个小女孩的时候,她的父亲会倾听她的想法,父亲这么看重她,这让她非常自豪。她津津有味地回忆起她和父亲在书房谈话的情景,当时她的母亲在楼上照顾年幼的孩子们。我在想,这位父亲和他那目光炯炯的女儿大谈特谈的同时,是不是手边也有一杯威士忌,同时借机避开他的妻子。

"车祸与饮酒有关吗?"我问。

"我不知道。"贝丝回答。

贝丝对父亲的回忆让爱意如潮水般翻涌,但我注意到,当贝丝开始追忆时,我很难与她保持联系。我觉得,当我们轻轻地翻开过往的记忆,她掉进了悲伤的井里,怎么也捞不上来。她眼泪汪汪,是我们把她的不幸化作决堤的泪水,但她的悲伤依然深沉而克制。我越来越觉得,她把喝酒当作一种仪式,怀念她与父亲志趣相投的那段时光。但是,在谈到喝酒与父女两人亲密交谈的联系时,她强化了这样一种错觉:喝酒为她提供了一种重要的联系,不喝酒她就会失去这种联系。

我想让她对这种错觉产生怀疑,我想弄清楚她的酗酒问题可能会以怎样的方式阻碍她与丈夫、孩子甚至自己的联系。有一天,当我们在"井里"的时候,我对她说:"你有很脆弱的一面,还在为失去父亲而伤心欲绝——这就是你通过喝酒来安慰自己的原因。但你有没有发现,当你用喝酒来解决问题时,你并没有机会向彼得求助?你害怕自己是真的缺爱,真的想爱别人。太可怕了,风险太大了。你觉得酒不像人,它永远不会让你失望。当你需要它的时候,它总是在那里。"我以为那天贝丝已把我的话听进去了,她觉得自己真正被理解了。但就在我试图暗示她可能渴望爱情和即时的联系时,我觉得她似乎在阻碍与我的共鸣。这里存在一个盲点,一如她茫然的表情。我知道她非常依赖彼得,也很欣赏他。她甚至会为周年纪念日之类的事伤感。但是她的激情很难燃起，那些情绪的波段被干扰了。

令人震惊的是，彼得和贝丝很少谈及她父亲的去世对她的影响，也很少谈及她母亲随后的行为，包括反复无常的怒气，有时近乎残忍。贝丝试图抑制住自己的冲动，彼得不想因为问东问西而伤害她。但是，当我想到她痛苦的童年经历，以及她如何从这些情感阴影中解脱出来时，我开始觉得贝丝酗酒既是一种瘾症，也是她疗伤的一种方式。

精神病学家和创伤专家巴塞尔·范德考克（Bessel van der Kolk）写道："一旦你意识到，创伤后反应一开始是为了挽救你的生命，你就可能会鼓起勇气面对自己内心的声音（或者是刺耳的声音），但是你需要别人的帮助。你必须找到一个你足够信任的人来陪伴你，这个人可以妥帖地照顾到你的情绪，并帮助你倾听来自感性大脑的痛苦信息。"巴塞尔·范德考克谈到了治疗，但人们也渴望从伴侣那里获得支持，以治愈过去的创伤。然而，情况也可能很复杂，因为贝丝和彼得的情况已经清楚地说明了这一点。伴侣们为彼此的幸福而付出努力，从彼此的情感治愈中获益良多。但只要人们可以达成一种默契，永远不要揭开伤疤，几十年的光阴也就过去了，即使它日复一日地妨碍人们的生活，让人们与外界断绝联系、情绪波动、出现两性问题或自我药疗。未经处理的创伤会导致反应过度或麻木，这两者都不利于亲密关系。受创伤的人需要从他们的伴侣那里得到我们都需要的东西——理解、接纳和善解人意的回应——而且要更多。但是，正如家庭咨询师苏珊·约翰逊（Sue Johnson）所写的那样："与伴侣的当前互动中，创伤幸存者可能只需要一点点的证据，就能唤起过去的消极依恋模式。"那么上述要求就很难满足。受创伤的那个人可能对伴侣偶尔不理想的回应极为敏感，并将其视为"威胁"；反过来，伴侣也会因为对方反应过度而感到沮丧。

贝丝的断联策略保护了她很长一段时间。但随着彼得不断地恳求更亲密的关系，以及我的出现增加了她的安全感，我们试着谈论她想要通过喝酒治愈的创伤。她开始摸索着进入内心最黑暗和最痛苦的地方。对她来说，探索自己的记忆是一件可怕的事情，会有一种曝光的感觉，却又要抑制住把自己打回原形的冲动，不再抽离自己、独来独往。我们形成了一种仪式。每次我们见面，彼得都用双手握住她的手。他温和地向她询问一些事情，但还是会让她自己定步调。他用平静温柔的声音吸引她。这些象征安慰的标志性动作帮助贝丝了解到自己的情感，但又不会感到不知所措。渐渐地她开始放下戒备，发自内心地感受到彼得的爱和支持。

他们的伙伴关系足够牢靠，两人可以小心翼翼地展开对话。他们因此走得更近了。久而久之，贝丝可以更舒舒服服地做自己了，她开始练瑜伽。就在几个月前，她以一种异乎寻常的热情对我说，她感觉"比以前好了一百倍"。有一天，彼得随便讲的一个笑话让她的脸上绽开了笑容，我几乎情不自禁地说道："哇，我以前从没见过这样的笑容。"她有着美丽的笑容，我花了将近一年的时间才发现这一点。

贝丝一直在喝酒，虽然她可能少喝了一点。这件事可以摊开来说，她知道彼得的立场，但她仍然不相信喝酒是个问题。我告诉彼得，他可以继续思考喝酒对他的影响。考虑到彼得一辈子都在帮助他人，我认为这是一场令人印象深刻的自主权宣示，彼得接受了我的建议，并决定去参加匿名戒酒协会的聚会。当一个人嫁给一个瘾君子或一个精神病患者，抑或是其他的任何人，都必须决定好自己最终想要什么样的关系。一个人一生都在试图把自己的伴侣变成一个可以一起生活的人，这就导致了痛苦和怨恨。12步计划背后的指导思想就是，没有人可以改变另一个人。"我们的帮助、漂亮的外表、更高的收入或者更干净的房子，会阻止阿尔茨海默氏症的进一步恶化吗？"《匿名戒酒协会工作原理》(How Al-Anon Works)一书问道，"我们的同情和支持可能会让我们所爱的人更容易忍受疾病，但我们根本没有能力治愈别人的疾病。我们对别人的酗酒行为无能为力。疾病不是我们造成的，我们无法控制它，也无法治愈它。"我们只能做自己的心理和精神工作，决定自己能接受什么和不能接受什么，带着诚实和同情传达自己的底线和需求。

"我可以爱她本来的样子，"彼得说，"我们对此会有不同的看法。治愈我自己，用心爱贝丝，这就是我对婚姻的简单看法。"我觉得彼得是这么想的："我有什么资格把这一切从她身边夺走？"他欣赏贝丝，也同情贝丝。他不愿意采取极端行动或发出最后通牒来测试她是否愿意改变。但他确实开始和他的孩子们进行真诚的交谈了，内容是关于贝丝酗酒对他们生活的影响，同时他让贝丝知道他正在这样做。随着时间的推移，也许彼得的转变会开始改变贝丝的行为和思想。当彼得把这一切加在一起时，他觉得他们的婚姻很成功。他们的女儿要结婚了，他们希望不久就能抱上外孙。然而，彼得渴望更亲密的关系，无论是身体上还是情感上，这个愿望仍然没有实现。当他和贝丝结束婚姻咨询时，他在感谢信中写道："如果我实话实说，有三分之一或四分之一的感情出问题了。这是一段幸福美满、忠贞不渝的婚姻。我们的生活很精彩，我很知足。但一些让我们产生分歧的地方让我很难过，我想它们一直不会消失。当你读讣告，人们在上面谈论他们'优秀的妻子——她是我最好的朋友、伴侣、爱人'。我们的结果是不错，但我不能保证各个方面都不错。"

滥用成瘾性处方药带来的危害

似乎没有哪一类药物比苯二氮卓类药物更适合解决我们的文化疾病——阿普唑仑、氯硝西泮、劳拉西泮等被称为弱镇静剂，其目的是缓解焦虑和压力。《时尚》（*Vogue*）杂志援引一位精神病学家的话说："我们美国是世界上最焦虑的国家。"这位精神病学家声称美国文化是为"制造焦虑、压力、情绪障碍，以及给女孩和女性的自我形象施加压力"量身定制的，因为使用苯二氮卓类药物的女性是男性用药的两倍。阿得拉和其他兴奋剂也占据了文化中心的位置，尽管原因与之相反。如果苯并素能让我们在兴奋、疯狂、多任务的生活中冷静放松，那么兴奋剂能帮助我们集中注意力、熬夜、完成更多的工作。在大学里，孩子们互相兜售兴奋剂，以应付考试和论文，然后在奈飞（Netflix）平台上刷视频，来一套阿普唑仑和大麻的组合套餐放松自己。忙着应付婚姻、孩子、房子和工作的父母们因为茫然无助的心情而服用克罗宁，然后发现这种药能让他们在去超市、做饭（尤其是喝点酒）或做爱的时候轻松不少。尽管苯二氮卓类药物会让人上瘾，建议短期服用，并伴有骨折和认知能力下降的风险，但主治医师还是会给患有焦虑症或痛失爱人的老年人开氯氮，并让他们长期服用。

从 1996 年到 2013 年，苯二氮卓类药物的处方总量增加了两倍。开这种药通常是为了应对某个特定的问题——害怕坐飞机或失业——不知不觉间，它成了应对生活压力的镇静解药。它可以让你更心平气和地面对孩子，或者冷静地处理一个重要的商务会议，或者带着更愉快的表情问候你的配偶。那些认为药理学能提高他们生活质量的人，会尽量把药物的使用限制在一定范围内。一些人认为，他们可以接受药物的副作用，同时，他们可以从长期使用的角度出发，明智而审慎地服用药物。然而，长期使用苯二氮卓类药物是非常有争议的，因为停药仅三或四周后就会出现停药症状。不同于羟考酮和芬太尼等鸦片类药物，它们的危险性几乎每天都在新闻中曝光，但镇静剂在很大程度上没有受到关注。人们甚至会对治疗剂量产生依赖，而戒瘾会是一种地狱般的体验。报告显示，许多服用者声称，他们的医生没有充分告知药物的副作用，包括随着时间的推移，药物耐受性在潜移默化地增强。论坛上有一个专门的版块叫作"药量缩减计划"，因为突然停药会导致焦虑、恶心、抽搐、幻觉和其他一系列可怕的症状。苯二氮作为"过关"药物，是一种介于不可避免的灾祸和满足现代生活需求的福利之间的东西，现已进入主流。正如历史学家安德烈娅·托恩（Andrea Tone）所说："我们迫切需要快速冷静下来，因为在匆忙的赛跑中，我们要尽可能轻松、尽可能快地冷静下来，并且在奔向终点的途中我们要尽可能少地停下来（谁有时间接受治疗或度假呢）"然而，每几个用药适当的人中就有一个人越出边界，他们的孩子会受到伤害，他们的工作或婚姻会毁于一旦。

这就是发生在希拉身上的事，她向我讲述了她对酒精（25年）和阿普唑仑（6年）上瘾的故事。我们认识的时候，她60多岁，那时她已经戒了几十年的酒，还参加过匿名戒酒协会。但服用阿普唑仑的那几年是一团糟。"当孩子们离开家时，我失去了相当大的一部分自己。我从小受到的教育就是要成为一名完美的妻子、一名完美的母亲。表面上还不错——我的工作做得很好，生活也有情趣，女儿们看起来乖巧可爱，但我真的不知道自己是谁。我私下是个酒鬼，晚上边打电话边给自己倒杜松子酒。我没有出过洋相。我的二女儿离开后，我开始胃痛。我的医生说给我开点治胃疼的雷尼替丁和治焦虑的阿普唑仑，那时候我们都很信任医生——我现在都想告他了。我现在仍然很能干，但完全与外界脱节了。"

有一次过圣诞节，她昏昏沉沉、口齿不清、跟跟跄跄的样子吓坏了她的丈夫以及刚从大学回家的女儿们：

他们问我发生了什么事，我说"没什么"，然后表现得很生气。孩子们是在我酗酒的环境中长大的，所以她们习惯了假装相信我的故事。但是我在参加完节日聚会回来的路上，在等红灯的时候打起了瞌睡，然后被警察带走了。我的丈夫责骂了我。他对着我大吼大叫，好像多年来他默默忍受和压抑的情感爆发了。他发狂了，而我却无处可藏。我的家人从来没有表达过这种情感，从来没有。

第二天早上，全家人一起质问我。我丈夫说如果我不接受帮助他就会离开我。他事先和我们的女儿谈过这件事，女儿们都支持他。对我来说，这是一个转折点。直到今天，我也不知道原因。当然，我丈夫的情感流露也是其中的一部分。这是一个蒙恩的契机。我不是一个信教的人，尽管我认为上帝永在你我心中，存在于我们的高级自我。我知道我是个瘾君子。我知道我得做点什么。说实话，我觉得我的家人不相信我能做到。

我去了戒毒所，我记得医生告诉我，他们必须减少给我服用阿普唑仑的剂量，这样我就不会癫痫发作。我记得我回头看了看，以为他在跟别人说话。当时我还不知道情况有多糟。我的家人来参加互助会，他们一直支持我。

希拉停顿了一下，泪流满面：

我丈夫是个了不起的人。他非常大度，给我空间让我逐渐认清自己。相信我，这个方法能够奏效完全是出人意料的结果。当你开始坦诚相待，你并不总是知道会发生什么。经过多年的斗争，我戒了酒，明白自己为什么会活在这个世界上。他每时每刻都在我身边。他真的是个好人，是我的后盾。我觉得我们总共经历了18段不同的婚姻。但我认为我们最好的那段婚姻是从那时开始的。

除了他的忠诚外，希拉觉得丈夫在圣诞节的质问给她清醒的生活带来了另外两大福音——友谊和群体：

我加入了一个由12位女性组成的群体，我们都来自匿名戒酒协会，我们每个月见一次面。这个群体里有四代女性，我们经历了几乎所有的事情（丧偶、养育有严重问题的孩子、对孙辈的极度担忧、婚姻出现问题、离婚、疾病缠身等你能想到的事情）。我们互相照应，全力以赴，说出真相，诚实而有尊严地度过人生。我们愿意敞开心扉，说出秘密，共同解决难题——这份珍贵令人难以置信。

我还和一个女人之间有了一段非同寻常的友谊。这些年来，我一直在资助这个女人。她比我小 20 岁，但她同时是我的母亲、我的女儿和我的朋友。你听说过"亲密等于'看透我'"这句话吗？我们所拥有的超越了……诚实与爱，是我一生中始料未及的。

戒瘾，相信团队的力量

2016 年，美国加利福尼亚州纳帕谷葡萄酒列车（Napa Valley Wine Train）之旅体验项目推出了新的私人珍藏酒商晚宴（Private Reserve Vintner Dinner）。这顿美味佳肴由五道菜组成，就餐地点就在高档的"新款普尔曼车厢"，车厢内设有 36 个座位，客人可以在车上与酿酒师"深入探讨菜品搭配和品酒的注意事项"。发布会上展示了一张帅气的法国酒商的照片，他的眼睛里闪着一丝撩人的光芒，就像穿着燕尾服的影视明星詹姆斯·邦德（James Bond）或者丹尼尔·克雷格（Daniel Craig）。毫无疑问，这是为了吸引女士们。在我生活的地方，葡萄酒有着特殊的地位——葡萄酒作为一种有机产品，有益健康，自然环保，让人们拥有一种加州风格的健康醉意。就像我在旧金山湾区的一个朋友说的那样："你有没有注意到，这里的人并不认为葡萄酒就是酒？"

品酒是一项大生意，通过一种"轻松""自然"的饮酒体验，将旅游、奢华、浪漫等休闲仪式元素货币化。每餐 299 美元的私人珍藏晚宴无疑是一场高档活动，它不仅提供了一种特殊的饮酒规矩，还将饮酒包装成一种高高在上的"文化"体验。总的来说，社会学家认为旅行和休闲催生了一种被称为社群的情感形式——同一群体成员之间强烈的情感融合状态。同样的道理也适用于饮酒。在世界各地，从海滨社区到巴哈马"玛格丽塔维尔"（Margaritaville）度假胜地，饮酒者把"啤酒时间"奉为释放自己强烈的欲望、打破障碍、卸下自我的盔甲、融入声势浩大的人类有机体的时刻。

然而，我们中的大多数人意识到在某些方面这只是一种幻觉，而上瘾的人吃了不少苦头才明白这个道理。虽然我们感觉心醉神迷间人与人的联系非常紧密，但其实不然；虽然在那次马拉松式的饮酒聚会上我们感觉志趣相投，但结果是我惹毛了你。在康复过程中，人们开始了解团体真正的本质。通过与他人的接触，我们失去了本身的浮夸和深受其害的特殊感。然后，团体帮助我们以更正直和谦卑的态度处理亲密的人际关系。和抚养孩子一样，夫妻生活"需要共同的努力"。一名在匿名戒酒协会待了 30 多年的男子表示，在与亲密伴侣的关系中，男性团体在相互支持方面起到了至关重要的作用。"我们都在处理同样的问题，需要和其他男人交谈才能获得这样的情感基础，"他说，"我们的斗争不只是关于我们自己的个人问题，这是野兽的本性。这能让人非常平静，也大有裨益。"

有太多的婚姻和生活都是让当事人带着不舒服的感觉过着，而不是让他们寻求权宜之计。这有时意味着困惑、缺乏自制力或在你感觉完整之前先感到破碎，也意味着把"不知道"看作一种能力，而不是失败或无知。祈祷的人、冥想的人都有这样的榜样，他们认为谜团需要时间才能解开。艺术家乔治亚·奥基夫（Georgia O'keeffe）有句名言："没人见过一朵花——真的——它太小了，需要时间——我们没有时间——看花需要时间，就像交朋友需要时间一样。"修行让我们知道看东西需要时间；有时我们需要很长时间才能看清，因为我们抗拒痛苦的现实。

这一切都很艰难，文化的要求也没有让事情更简单些：时间久了情绪就会大变，把不耐烦当作一种优点，混淆自我肯定和情感健康。成瘾之所以得以在家族中延续，是因为基因、行为模式以及两者的相互作用。对于有瘾症的家庭来说，无论来源如何，一个主要特征是缺乏健康的情绪应对能力，并且盲目要求他人忽视自己的感受，以此作为被接受和照顾的代价。人们可能要花一辈子的时间才能看清这是什么，才能从伤害中痊愈。但是，当一个人开始揭开这层面纱时——无论是被心爱的人质问，还是鼓起勇气坦白秘密，或接受治疗，或坠入谷底——他都会发现自我意识是可以挽救生命的。就像一个正在戒酒的酒鬼对我说的："一旦你有了这种自我意识，你就永远不会倒退。你不能假装你没有。事情永远在变化。"

在这段艰难时期，核心难点就在于发现我们平时的应对策略完全失灵，包括饮酒和吸毒。我们从康复和成瘾领域了解到，摆脱与毒品的不健康关系的基本准则，类似于与他人建立健康关系的基本准则。我们试图看清、接受和理解自己的情绪。我们尝试从大局出发，着眼于过去、现在和未来，使我们的行为与我们的价值观保持一致。我们对伴侣和朋友说真话，对造成的伤害进行补偿。我们在团体中相互支持。一旦我们放弃了药物，我们就将不得不面对自己，然后才能发现我们关系中的可能性。理想的情况是，当我们探索自己的破坏性模式，与我们的恶魔做斗争，并为成长开辟道路时，我们可以求助于我们的伴侣，这样就多了一位朋友。

第 6 章

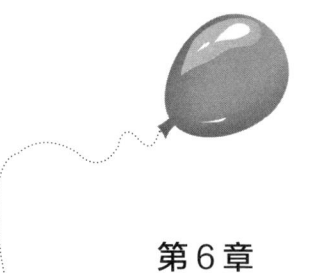

金钱对婚姻的严峻考验

The Rough Patch
Marriage and the Art of Living Together

金钱是婚姻中隐藏的通货

从金钱与性，到性与爱情，爱情与权力，权力与性别，性别与金钱，再回到金钱与性，每当我们谈及金钱的时候，人们就会变得非常疯狂，其最原始的本性渐渐显露无遗。金钱无疑是我们感情不顺、婚姻痛苦的重要原因之一，也是问题婚姻中最经常上演的剧情之一。卡莉·米切尔（Karly Mitchell）是美国康涅狄格州费尔菲尔德县的一位理财规划师，她说："有很多人在日常生活之外，几乎不与金钱打交道。他们不做计划，不理解为什么要理财，更不知道如何理财。夫妻二人从来不谈论这件事，也从不设定理财目标。经常会有人来跟我说'我相信我的配偶会处理这个问题'，但他们并没有坐下来给彼此一个目标或路径，如 10 年或 20 年后他们想要达到什么水平？他们从不动这个心思。"

在婚姻中，金钱很容易成为一种隐藏的通货，用来解决紧迫的情感和精神问题：我值得吗？我会被照顾吗？我能照顾自己吗？我拥有的东西足够多吗？这就产生了两种不同的混淆。第一种混淆是，人们把自己的情感需求误认为是经济需求，将婚姻中的金钱冲突与童年的创伤、过往的委屈混为一谈。我们对金钱的态度反映了我们通过在童年时期观察家庭成员拼凑起来的深刻认识。我曾与一位旧金山湾区的"理财教练"交谈过，她花了大量时间与客户探讨这些信息。她使用了卡尔·荣格的人物原型（战士、受害者、傻瓜），试图帮助人们认识并修正令他们不安的剧本。第二种混淆是，当金钱上出现分歧时，夫妻双方会误以为这完全是他们的婚姻不和谐造成的。金钱的压力有一种惊人的力量，能助长婚姻的阴郁气氛。它渗透到我们的意识中，以至于我们很难准确地识别出因它而起的婚姻问题。金钱方面的烦恼会让我们其他所有的烦恼雪上加霜，这就是为什么债台高筑的夫妻往往也会在其他婚姻问题上（比如性爱和姻亲）发生更大的冲突。

有钱似乎并没有像人们期望的那样帮助解决这些问题。卡莉·米切尔的工作地点是在绿树成荫的郊区，在那里，富裕的行业精英和高净值人士和其他人一样，在财务矛盾和口是心非中苦苦挣扎。在极端情况下，人们偷偷地用抵押贷款再融资来偿还赌债，小心翼翼地积敛遗产，或者让家族企业陷入困境。更常见的情况是，一个家庭指定的"挣钱人"和指定的"花钱人"之间存在着一道无法沟通的鸿沟，慢慢就到了"真该死"的地步，信用卡负债累累，为租用象征身份的交通工具而支付高昂的费用，还有一点奢侈的相互憎恨。有一些女性，她们的女权意识在其他方面完全能够发挥作用，当面对真金白银的具体现实时，她们就会陷入手足无措的恐慌或像公主一样漠不关心。一些原本认为自己开明的男性，在专横支配和软弱焦虑之间摇摆不定。

当一方（通常是女性）终止婚姻关系时，财务混乱的严峻程度就显露出来了。四分之一的离婚人士将"不同的财务优先事项/消费模式"作为离婚的原因之一（这是男人离婚的五大理由之一，但对女人来说不是）。然而，一旦一对夫妻认定不同的优先事项是导致分手的主要因素，他们就会分裂成两个阵营，同时面临多方面的财务压力。金钱冲突会在婚姻问题上火上浇油，调解不成就闹上法庭。然后，这对夫妻的愤怒不断升级，这样只会导致他们银行账户的枯竭。"有些人没有这种基因，"一位离婚律师对我说，"他们似乎无法感知财务现实。如果他们无法达成协议、找不到工作、不储蓄或投资，他们的钱就会花光，而他们在心理上却无法接受这个事实。"

婚姻中的金钱分歧可以通过各种方式（如集中或分散资源、重新考虑有收益和无收益劳动的划分、建立优先级和制订储蓄计划）得到有效的处理，但前提是夫妻二人能达成共识。只有共同着眼于大局，才能让他们在金钱或其他任何事情上合作。然后，他们可以讨论、妥协、整合他们的想法。他们可以在经济上或其他方面设定共同的目标。某位专栏作家写道，积累财富的最佳方式是遵循"一房一妻"规则。这虽是一句调侃的说辞，但它也从经济角度反映了夫妻彼此有共同的、一致的世界观（从情感和经济两个方面）是助力夫妻财运亨通的关键因素。在婚姻中，金钱问题可能是对金戒指思维模式的最大挑战。欲求不满会让人们产生强烈的恐惧，很难不恶化成跷跷板思维模式，这种情况下每个人都只为自己着想。

金钱是对我们婚姻的严峻考验。那些不能把短暂的感情放在远大目标之内的夫妻往往会有麻烦。他们行事冲动，凡事做最好的打算。即时满足的诱惑，以及把购物当作情感养料，可能助长这种得到文化认可的疯狂。中产阶层家庭从表面上看都非常相似（诸如房子、孩子、工作等），但如果窥视一下他们的银行账户，你就会发现，金钱是衡量两个人是真诚合作还是逢场作戏的标准。

金钱就像放在抽屉里的一把刀

山姆讨厌他的工作。真的、真的很讨厌。他在 2008 年美国金融危机的血腥洗礼中幸存了下来，托老天的福，他可谓死里逃生。而他的回报就是盯着电脑屏幕发呆，太阳穴突突直跳。他所在的金融服务公司的网站上，展示了一名男子深情地盯着自己的三连屏，仿佛他是哥伦布，正在思考地球是不是圆的。但他办公室里的同事们只有在尖叫的时候才会觉得自己在工作。不定期的野蛮行径、危机感、一触即发的脾气——这些都是一个男人努力工作的信号。

薇拉是山姆的妻子，但是她不知道丈夫是如何熬过这一天一天的。她完全不知道被虐的感受是多么地正常。山姆知道，如果薇拉试着站在他的立场想象他的感受一定有所帮助。但当她顽固地乐观，仰着脑袋，试图把"我们会尽力而为"的态度当成友情时，他看得出她是在拐弯抹角地拒绝体谅他。他把自己折磨成另一个奇奇怪怪、发育不良的自己，身影如同鬼魅，一腔悲愤难平。然而，她的回应是"如果压力太大了，我们会想出别的办法的"，这让人有种她看不起山姆的感觉。总的来说，她认为山姆心情不好是他自己的问题。

薇拉每天早上 5：30 起床，在跑步机上跑 30 分钟。她的日子过得非常充实，每一刻都很有意义。他们有一对双胞胎，很是讨人喜欢，但雅各布患有多动症，露西亚和她父亲一样喜怒无常（八岁时仍然会发脾气）。薇拉的任务清单看不到头，但她尽量让孩子们在上学的路上不那么单调乏味，她会让双胞胎说出那些盛开的花的名字。露西亚有时拒绝回答，但薇拉努力保持积极乐观的态度。她不假思索地付出努力，只为照亮他人的生活。少时的她一直都在为她的母亲加油喝彩，帮助她一步一步向前走。薇拉的滑稽动作总是逗得父亲大笑，父亲揉乱她的卷发，直到精疲力竭才作罢。

不过，薇拉最近厌倦了为其他人加油助威。有一段时间她觉得自己成功弥补了过去的遗憾。她嫁给了一个负责任的男人，她给了孩子们当初她的母亲无法给予的关爱。但当山姆因为工作感到焦虑时，他会失眠且易怒。他的不快开始让他变得自私，甚至有点刻薄。薇拉的同情没有给山姆任何安慰；当看到薇拉有好心情山姆并不开心，仿佛这就是她没有感同身受的确凿证据。一天，薇拉看着山姆，山姆瘫坐在他那把最喜欢的椅子上，这是一把样子吓人的橘黄色球状椅子，山姆骄傲地从学生时代保留至今。薇拉的目光落在了山姆的鞋子上，鞋底从皮鞋头处已经脱落。是时候了，薇拉想，是时候解决这个家的糟心事了。

改造开始。双胞胎出生后不久，山姆和薇拉就在他们能负担得起的一个富裕郊区买了一所房子。这座房产坐落在20世纪60年代的牧场上，当时人们既没有必要也没有足够多的钱把他们的房子翻修成城堡。这符合山姆的长远规划和选址的理念。薇拉梦想着将来有朝一日能施展她的艺术才能。他们都认为这所房子所在的社区非常适合抚养孩子。

这些年来，这所房子因光线不足、年久失修让薇拉越来越感到不安。孩子们还没有注意到，但要多久他们才会注意到呢？她的朋友们都有漂亮的房子，而她却为自己的房子感到尴尬。山姆传递给她的是模棱两可的信息。他说薇拉是他们家庭生活的"首席执行官"，照看房子是她的职责所在。那么，为什么山姆把薇拉修理厨房水龙头的请求视为又在无休止地要钱呢（"听到吸骨髓的声音了吗？"山姆会挖苦地说，"你在榨干我。"）？山姆太消极了，她决定尽其所能地榨取快乐；薇拉不会因为惧怕山姆的反应而克制自己。谁知道呢？也许一个愉快的环境就能让山姆心情好起来。无论如何，薇拉知道她必须做点什么来让大家看到更多的光明。

薇拉的办事效率赢得了山姆的尊重。为启动他们的翻修计划，薇拉投入了大量精力，这一点让山姆很感激，他甚至意识到这样一套有价值的房产应该多少改造一下。山姆很难承认这一点，但他心里暗自松了一口气，因为他知道，如果让他自己来安排，他会累到瘫痪，而薇拉可以调动资源，搞定这样一件花费高昂的项目。然而，翻修的结果是，山姆比以前更担心钱的问题，更被他讨厌的工作栓住了。不出所料，房屋改造的范围扩大了，完工的日期一拖再拖，以至于他们不得不搬出自己的房子，在别处度过了不吉利的 13 个月。现在，施工终于完成了，他们的积蓄也花光了，薇拉突然又有了想法，好像美化他们的花园是当务之急。这些钱从哪里来？显然，是山姆要拿命去换来，他要在工作中投入更长的时间，拍上司的马屁，随之而来的还有不良饮食和失眠。更有甚者，薇拉几乎坚持要求山姆扔掉那把椅子。为了证明自己没有恩将仇报，山姆顺从了薇拉的意愿，这使薇拉相信，现在这是"她"的房子，从今以后，山姆要忍受自己专横的命令，包括灯泡功率、清洁方法甚至在什么地方允许他放松。

薇拉和山姆来我办公室的时候，他们在是否要为婚姻咨询支付费用的问题上意见不太一致。对山姆来说，薇拉似乎需要许多昂贵的商品和服务才能生活得更好，而婚姻咨询不过是她那一长串清单中的一个项目。那份为他所不齿的工作让他以自损精神和身体健康为代价，换得那些昂贵的商品和服务。对薇拉来说，山姆不愿努力改善他们的关系只不过是他又一次拒她于门外，并忽视了在婚姻中感觉亲密无间的重要性。为了让他们的家更舒适，她已经花了一大笔钱，她担心山姆执意要让他们的情感生活黑暗而肮脏。她很努力地想找到一种能让他们幸福相处的方式。

当我开始试图理解山姆和薇拉的问题时，我知道我们处于同一个社会阶层。我们遵循相同的社会公约，这些公约就像俄罗斯套娃一样嵌套在一起。对他们来说，有关房子、孩子的教育体系、安全社区、婚姻和亲密关系这一系列的世俗观念导致他们不得不花一大笔钱去寻求帮助，解决自己一开始大手大脚花钱所暴露出的问题。有一天我在梅西百货排大队，发现自己排在薇拉后面，我们中间还隔着几个人，这让我联想起我们在那个世界里仿佛是在排队应召入伍。她的胳膊上挂满了商品，从鲜艳的颜色来看，应该是给双胞胎买的衣服。我去那里是为了退回一些冲动购买的商品。当时我正要发誓不再被购物冲昏头脑，由算法生成的优惠券立刻跳了出来，我就这样稀里糊涂地买了下来。

我们不仅生活在同一个消费驱动的世界，还准备进入同一个经济布局。心理疗法仅有百年历史，却毫无悬念地取代了一个曾经由牧师和亲属所扮演的角色。

心理疗法是一种情感关系，其商业基础仍然让人感觉不舒服。这和婚姻有一些相似之处。婚姻是一种"我和你"的关系，用神学家马丁·布伯（Martin Buber）的话说，在这种关系中，我们关心和自己有相同人格的人。但婚姻也是一种交换经济，交换的元素包括金钱、性和劳动。理想情况下，我们发挥想象力，代入伴侣的角色，代表他或她的利益行事。我们通过商品和服务（如金钱、性和劳动）来表达我们的关心。但是每一种依赖关系都包含某种形式的利用，婚姻永远无法完全摆脱这一因素。这种紧张情绪往往很难驾驭。

也许，在夫妻的竞技场上，金钱是最不加掩饰的利器。金钱与我们所谓的生存核心如此接近，我们的自我保护冲动不断寻求自我满足，胜过其他一切事物。金钱会带来污点，因为它很容易牵动我们求生的原始欲望，即使是以牺牲他人为代价。一位同事把婚姻中的金钱称为"抽屉里的刀子"，暗指金钱是一种潜在危险，有可能把一向脆弱的平等关系变成一种支配和屈服、无力和控制的展示。

在薇拉和山姆向我介绍他们的婚姻时，经济问题（谁在消费、谁在生产）都摆在了最前面。心理疗法不可避免地会带来尴尬，因为它需要花钱解决情感问题，山姆和薇拉根本不愿意承认他们在为一段感情买单。当我与山姆探讨他不愿进行治疗的原因时，他承认，如果我能保证我会提供一些有用的"工具"，他就不会那么担心费用了。薇拉担心，既然他们要花这么多钱，"赶快工作"才是重点——就好像我应该尽可能加快对他们的了解似的。

如果我把自己看作提供纯技术服务的品牌，我可能会认真履行职责，努力加快生产线的速度。我并不反对给来访者提供建议，而且我会让他们知道，他们可以从书中获取许多常见的技巧和工具，而且价格更加实惠。我私下里认为，山姆和薇拉代表了美国人两种截然不同的金钱观。山姆是一个自食其力的人、一个沉默寡言的受难者，他的坚忍和殉道很难区分，他的节俭有时看起来更像是清教徒式的吝啬。薇拉是一个有进取精神、不断完善自我的求知者，她强烈的欲望导致她在非必需品方面心安理得地享受和不顾一切地消费。不过，他们都是实用主义者——他们甚至在我还没有掌握他们的情况之前就向我请教策略，并迫使我把我的建议打包，这样他们就能以实惠的价格买走并加以利用。

山姆和薇拉都迫切希望我送达货物，我感觉这样的心态正是让他们陷入麻烦的原因之一。山姆觉得自己被误解了，没有人爱他，因为他觉得薇拉只是想让他"生产"，这样她就可以在别处购买她的满足。薇拉觉得山姆把温暖、幽默和感情当作他买不起的"奢侈品"。他们不假思索地将治疗的可能性转化为"钱花得值"这样的习惯用语，即使他们设法将他们的关系从经济陷阱中拯救出来。在我看来，他们所关注的方向与他们需要培养的能力相背而行。挑战在于如何帮助他们发现景观设计、年终奖金或新椅子所承载的情感意义，以及让他们明白为什么钱和其他东西似乎是唯一可以用来表达它们的货币。

有一天，薇拉说道："你真是个末日预言家"，当时她和山姆正在争论如何花钱美化他们的院子，"你说得好像是如果我按你说的做，我们大家都会过得更好似的。可是，当初是你说即便楼下的厕所坏了也可以住一年的。难道我应该接受你那令人沮丧的观点来证明我是罪魁祸首吗？我不这么想。我拒绝。"

"我那'令人沮丧的观点'恰好是我们能存这么多钱的原因。而且，我们说的是园林绿化，不是厕所，"山姆说，"记住，我们说好了不去修理任何会导致翻修的东西。你总是这样——夸大其词，还想让我看起来很贱，这样就能如你所愿。"

山姆的咄咄逼人让薇拉的脸变得通红，我能从她姿态的微妙变化中感觉到一种坚持自己和失去控制的内心纠结。"如我所愿是什么意思？"她激动地说，"应是如我们所愿，是我们的意愿。当初可是你同意翻修的。我们一起做的。每次你紧张的时候，你就把它变成我的事儿，然后开始表现得这好像是我的疯狂计划。这不公平。"

"那是因为每次你管事，我就发现你的想法比我们当初同意的要贵五倍！举个例子，从什么时候开始，景观美化成为家庭必需品了？它是怎么塞进去的？"山姆难以置信地向后一靠，然后又用愤怒的讽刺补充了一下自己的观点，"当然，继续吧，尽情享受吧，享受你的热水浴缸、你的藤架、你的运动场，或诸如此类的东西。我放弃。"

"我知道这很复杂，"我说，"但我想说清楚的是，你们对园林绿化的预算有共同的看法吗？"

"你在开玩笑吧？"山姆爆发了，"根本没有园林绿化的预算！"

"那不是真的，"薇拉反驳道，"我清楚地记得我们去年 12 月时的谈话，当时我们谈到用你的奖金去修理院子。你现在要装作什么都没发生过吗？"

"啊，"山姆气冲冲地说，"我们谈论的不仅仅是院子！我们谈了大学基金、你的退休储蓄，还有应急基金！我们谈过我什么时候能离开这该死的工作！你只记得园林绿化的事吗？天啊！"

这时，薇拉已经认定山姆是个恶霸，是个暴君，不愿妥协，甚至不愿倾听。她无助地看着我，渴望我的帮助。她的表情似乎在说，明白我的意思了吗？

"你们知道吗？"我开始说，"我能理解想法一致有多困难。就好像你们在这里分配好了角色，所以你们俩都不觉得自己有责任去了解全局。从你开始，薇拉，当你纵观全局，你是否有一种感觉，即你的想法才是最重要的？ 对于这些不同的优先事项应该如何协调，你有自己的想法吗？"

她有点沮丧地看着我，因为我没有站在她这一边。她深深地吸了一口气，然后停了下来，想了想。"我想我是这么想的……"她似乎不确定自己的想法，"我觉得山姆有点像末日预言家。"

"我不是问你对山姆的看法。我是在问你，从你自己的角度来看，你认为哪些财务优先事项是重要的。"

"我的首要任务是给我的孩子一个美好的童年。我想让他们在自己居住的地方感到快乐。我从来没有拥有过这样的快乐。一个不错的户外游戏空间是其中的一部分，我认为这是我的首要任务。能有个地方和朋友一起玩对他们来说意义重大。在某些方面，两个孩子的社交生活并不容易——雅各布总是不能控制自己，露西亚喜怒无常，经常和朋友吵架，"薇拉真诚地看着我说，"如果这意味着山姆要在现在的工作岗位上多工作一段时间的话，我认为这个代价是合理的。如果他一天的大部分时间都在工作，他为什么不希望我和孩子们住得开心呢？"

薇拉的声明是发自内心的，尽管她回避了我提出的关于财务优先级的问题。我向她施加了一点压力："据我所知，山姆觉得这样的安排并不完全公平。"

"但我们很早就达成了共识：山姆赚的钱比我的多，我来负责带孩子。虽然山姆表面上看没什么，但对他来说这并不是一件轻松愉快的事。然后，他就责怪我做了我们一开始就约定好的事。我理解他工作上的努力，也感谢他对这个家的付出。"两滴眼泪夺眶而出，顺着薇拉的脸颊滑落。她停顿了一下，硬着头皮开口："但有时我希望山姆不要那么消极，只需做他该做的事情。"她的声音听起来有点哽咽："我有些朋友会带孩子去海滩避暑，而孩子的爸爸则留在城里工作。你能想象山姆会那样做吗？我知道，他会很想念孩子们的。但他不应该多为孩子们考虑考虑吗？我只是觉得孩子们整个夏天都待在这里，没有地方玩耍对他们来说不好。"

不知不觉中，我发现自己在想："好吧，我们现在正式进入了'富人问题'的领域。"这些画面映入了我的脑海，在我们的世界里，有闪闪发光的露天场所和海滩，更不用说公园了，它们可以像庭院景观一样满足孩子们的社交需求。我思索着如何让薇拉再多说一点她的想法，但山姆插了进来。更确切地说，是对薇拉发火。

"这与孩子们无关，是你的问题，你只是想要一个可以炫耀的院子。当然，你想让我感到内疚，然后花钱让你和孩子们去远方度假，而我却在家里汗流浃背。你很想和莉比还有乔伊丝在一起，享受闺蜜时光，远离各自的丈夫。我想说的就是这些！你为什么不说实话呢？对你来说，你的生活方式才是最重要的。没什么可说的。"

我不得不承认，我很同情山姆。薇拉似乎不知道自己听起来有多自以为是。但我也记得几周前她受伤地告诉我，山姆不愿和她同房。我能看出这使薇拉变得更加疯狂，尽管山姆以无休止的工作要求为借口，声称自己疲惫不堪，但我感觉到他有一种保护自己和惩罚薇拉的倾向。我听到的是音乐而不是歌词，我听到了每个人对自己不存在的绝望，因为他们无法在对方身上找到一些理解。两人都不觉得对方有兴趣或愿意分享他们的实际情况；相反，双方都试图通过赢得争论并建立他们对真相的看法的优越性来生存。

我相信，在内心深处，山姆和薇拉都知道他们的说法站不住脚。在激烈的争吵中，我们大多数人都会扭曲一点事实。我们试图掩盖他人的观点，同时把自己的行为完全看作由他人的行为所导致。我们将恐惧、悲伤、困惑的情绪转化为对现实严厉、果断的要求。当我们高度情绪化时，这些扭曲似乎是真实的，这对我们的生存至关重要。

在这些时刻，我们失去的不仅仅是对我们现实情况的真实写照，而是一幅为双方的情感真相腾出空间的现实图景。家庭咨询师詹姆斯·费希尔（James Fisher）曾说过"想要亲近另一个人，我们必须能够直面真相"这样的话，他在这里表达的是两层意思，即我们既要直面自己的真实经历，又要承认别人的真实经历，同时不能扭曲或否认我们自己的现实情况。在费希尔看来，"结婚"是一种持续性的情感活动，夫妻之间你来我往，不死不休，可以理解为不断了解对方的需求和感受，同时知晓自己的情况。

这是多么困难的一件事啊。对山姆和薇拉来说，这无疑是一个痛苦的挑战。在感知到情感威胁的情况下，他们围绕真理的争夺愈演愈烈。实际上，每个人都说："你试图让别人听到你的事实，结果抵消了我的事实。所以，我自然需要喊得更大声来让别人听到。"在这种心态下，人们开始为自己的利己行为辩护，认为这是对对方利己行为的合理回应。他们不知道什么是维护自己、什么是屏蔽他人。人们很快就能在对方的行为、感受或观点中找到问题所在，却没有在自己的思维模式中意识到先前的问题。

和一对夫妻坐在办公室里，我会看着其中一方在听到另一方的抱怨后，会试图在听到对方更多抱怨之前把它屏蔽掉。这是为什么呢？为什么一方的感觉或想法让另一方如此无法忍受、无法倾听或接受呢？人们提供了各种各样的理由来解释为什么他们觉得配偶的话让人难以忍受，如"她以前说过无数遍了""他想凌驾于我之上""那不是真的！"，但是这些答案都没有回答这样一个问题："为什么听到对方的观点会令人如此痛苦、绝望，并感觉自己受到挑衅？"我认为，让人无法忍受的是配偶的看法要么否定了我们的感受，要么是在用他们的感受来责怪我们。这些都是跷跷板思维模式的精髓。

金钱出现在这类斗争中再合适不过了。两个人的"真相"可能真的不相容，因为消费确实是一个零和命题。如果我得到我想要的，你可能就得不到你想要的。我买一辆新自行车和你花钱买几件新衣服是相互矛盾的。许多夫妻通过欠债、把财务和情感问题抛到一边来消除彼此消费不相容的"真相"。或者，他们观念相同，双方都默许不理会实际的财务状况。但有时，我们谈论的是真正不相容的价值观。如果我计划采购的新滑雪装备并不跟你的周末水疗起冲突，而是跟你的屋顶维修冲突了，那就有问题了。当配偶觉得无法让对方认可自己的价值观时，相互尊重就会成为一纸空谈。

在金钱以外的婚姻领域，夫妻二人可能因为捍卫各自的真理闹得不欢而散，最后受损的是情感氛围，而不是他们的钱包。如果妻子对丈夫说："嘿，你打电话给儿科医生的时候，能不能问一下祖西该不该服用维生素？"丈夫回答说："我不相信维生素，如果你愿意，你可以自己打电话问医生。"丈夫显然没有考虑到他妻子的现实处境。他把妻子对孩子的担忧仅仅看作"她的问题"。如果放任不管，像他这样的行为会逐渐耗尽夫妻之间的亲密、信任和相互尊重，但这个过程可能需要很长时间。

金钱冲突也有可能反复出现，腐蚀夫妻感情，但因为涉及的资源有限，它们不可能无限期地持续下去。对于钱是否会流入银行账户、是否会累积到退休时、是否可以用来修缮屋顶，你可以试着用"哦，我自己来做（工作、预算、担心）吧"来解决这个问题，或者直接忽视这个问题。但这通常是有限制的，然后夫妻俩必须共同做出某种决定。

山姆和薇拉的问题就在这里。他们既不喜欢也不尊重对方对金钱的态度。他们为彼此的盲点感到愤怒和痛苦。但庭院的园林绿化要么得到批准要么否决，暑假要么有出行计划要么没有。为了采取行动，他们必须找到另一种思考和交流的方式。金钱是一个棘手的问题，自然会让人产生跷跷板思维模式，但它也迫切要求配偶向金戒指思维模式转变。一个鼓舞人心的事实是，即使价值观的差异似乎不可逾越，正确的对话也能让双方重新获得相互尊重和温暖的感觉。对话的过程可以重拾尊重和温暖，即使内容仍然有争议。

关于薇拉和山姆的暑假大战，让我们做一个更具建设性的想象吧。在这个版本中，山姆没有指责薇拉自私，他的语气反而变得更加温和："你的话让我感到很受伤，好像你想和孩子们单独离开。我觉得你想离开我。也许你这么做是因为你觉得我是个扫兴的人。这是真的吗？"山姆允许自己了解和表达他的恐惧和疑虑，把直面他的真相作为直面薇拉的第一步。这创造了一种不同的氛围，在这种氛围中，薇拉可以开始反思自己和山姆的情感体验。也许薇拉确实觉得山姆是个扫兴的人，或者薇拉需要为自己辩护，或者她试图同情山姆，但山姆却以批评回应薇拉的努力。如果薇拉的回答传达了自我意识和对丈夫感受的关心，他们就会从一个人有权决定"真相"的假设，转变为两个人都好奇地想要发现自己和另一个人的真相。詹姆斯·费希尔把这种基本能力定义为："容忍他人经历的真相，承认并接受他人经历的意义而不失去自己经历的意义，尤其是当这些经历不仅不同而且冲突时。"当夫妻能够做到这一点时，这是一个重大的发展成果。

压垮婚姻的一根稻草——家庭账单

山姆和薇拉在看似小题大做的房屋改造问题中展现了跷跷板和金戒指两种婚姻思维模式之间的紧张关系，但在社会阶层层面上，金钱问题引发了类似的紧张关系。我们知道，金钱和"满足自我"的心态（如自恋、权力、傲慢等）在社会经济领域的高端往往是密切相关的，在低端也可能是相关的。当我遇到琳达时，她向我表达了她对"这种生活"的厌倦——她和丈夫的关系因为钱的问题出现裂痕，但彼此都三缄其口。她有三个孩子，在半农村的学区里当家教，要长途开车往返于各个地点。尽管她的丈夫有一份工会的工作，但他们只是勉强维持生活。她自己种菜，自己养鸡，亲自下厨，从不用干衣机，没有有线电视和手机，她努力工作以控制预算。琳达说，她的丈夫经常去昂贵的便利店买零食，在易趣上搜索不实用的东西，并告诉她"一切都会好起来的"，同时接受她父母的借款。如果琳达向丈夫施加压力，让他感受她的内心多么绝望，他会说："琳达你应该更努力工作或者另找一份工作。"他借着喝啤酒发泄情绪，而琳达则通过吃零食发泄怒气。如果琳达质问她丈夫啤酒的事（喝啤酒会让他在花钱时更加"草率"），他会批评她的体重。听着琳达的话，我很容易想象到她的丈夫遇到困难就退缩，自私自利，让她来承担两个人的大部分负担。琳达丈夫的行为严重损害了他们之间的相互信任和尊重。但我发现，很难想象琳达是如何促进他们之间的关系的。显然，琳达无法有效地面对丈夫是个大问题。虽然他们的经济状况让琳达备感压力，但两人无法合作让她压力更大。

金钱是婚姻中的一个问题，也是决定与谁结婚、结婚多久的一个主要变量。失业、就业不稳定和缺乏教育均会导致结婚率下降和离婚率上升。在过去40年的时间里，美国的贫富差距急剧扩大。众所周知，经济压力（更不用说夜班、多份工作和缺乏福利）会削弱婚姻的稳定性和质量，它会导致家庭成员和配偶之间相处时间的减少、沟通灵活性的降低，以及产生更多的情感压力，所有这些都会极大地损害夫妻关系；相反，最有可能结婚并维持婚姻的人是那些获得最多的人，而那些能够通过教育、健康和机会将自己的命运与另一个人联系在一起的人获得的收益最大。今天，受教育程度最高的美国人相比受教育程度中等和最低的群体，结婚率更高、离婚率更低。他们的优势源于并强化了过去所谓的中产阶层价值观：努力工作、延迟满足和追求教育。

统计数据显示，对于大多数人来说，"老婆孩子热炕头"的婚姻梦越来越遥不可及。然而，来自不同财富水平、种族和年龄阶层的美国人仍然高度重视婚姻。他们认为，婚姻"极其重要"，并希望能够步入婚姻殿堂（约90%的美国人至少结过一次婚）。他们渴望为自己的婚姻投资，即使他们的处境让他们很难这样做。在结婚率最低的穷人中，保持配偶的不固定性是为了避免被无收入、受抚养的配偶进一步拖累，或通过与有偿付能力的配偶建立联系来提高自己的经济地位。各个阶层的人都渴望维持婚姻，但却受到社会和经济现实的阻碍，这显然值得我们这个国家给予更多的关注，协调更多的资源。

我在书中提倡的那种细致的情感交流，似乎是大多数人无法承受的奢侈品。然而，在婚姻的运作机制中，人们对于经济是如何与情感满足联系起来的主观体验既不简单也不浅显。一方面，客观上的经济困难所产生的影响有时主要是情感上的。例如，如果配偶失业，离婚风险会上升，但配偶残疾则不会。裁员和残疾都导致财务危机，但当配偶因裁员而失业时，它会引发对配偶个性或性格的怀疑和焦虑，并催化对配偶"健康"的怀疑。这些情绪反应让婚姻变得更加脆弱。

另一方面，即使夫妻掌握了经济资源，情感匮乏也在所难免。研究人员假设，在我们这个时代，对婚姻的不满源于人们想要实现理想、获得成就感极强的婚姻，这里面所需要的时间和努力与人们实际投入的时间和努力之间存在差距。这一趋势不仅是经济弱势群体的问题，它也存在于各个社会经济阶层。这种现象既有文化原因，也有情感和心理原因。人类是复杂的，即使他们在经济上是安全的，他们也并不总是按照自己的最佳利益行事，他们不总是顾全大局，他们会遇到无法适应、阻碍成长的关系模式。无论贫穷还是富有，我们只有克服恐惧、弱点、坏习惯和旧的剧本，才能在时机成熟后拥有一段亲密、充满信任的婚姻关系。花费时间对于每一种情感的深化都是必不可少的，但出于实际和情感的原因，有偿工作可能会阻碍我们花费时间。在不同的社会阶层中，人们都认为时间是他们消耗最多的资源。

婚姻的情感"经济"是指：人们在情感上投入时间、精力和资源，期望他们的投资能得到回报。由于情感"经济"不浪漫，我们淡化了这种潜在的运作机制，但从道德上讲，这是个公平和正义的问题。当人们开始感觉他们的投资没有回报，或者交易并不公平时，他们就会觉得日子痛苦且艰难。社会交换理论家将"相对的比较标准"这一概念应用于婚姻。在这个框架中，关系承诺是通过比较当前关系的回报和一个人可能从另一段（想象的或真实的）关系中获得的回报来计算的。比较越有利，承诺就越多；比较越不利，承诺就越少。任何人在公共场合以这种方式谈论他的婚姻都会被视为一个肤浅、无情的混蛋。但人们必须感到，他们在关系中的投资和回报从根本上来说是公平的。当双方都尽心尽力时，他们就会感到更亲密、更幸运。有很多方法可以维护公平，也有很多有效的照顾方式。对一对夫妻有效的方法可能对另一对夫妻无效，公平最终是一种个人的主观评价。但如果一方觉得付出的比得到的多，久而久之，他们可能会发现爱的感觉正在消失。他们可能会开始觉得，他们维持婚姻是出于责任，而不是满足感，即使这样，他们可能会想知道，对于一个他们觉得不负责任的配偶，他们又该负有什么责任呢？

投资也是人们在考虑离婚时权衡婚姻成本和收益的核心因素。当我们订立婚约时，我们就承诺要携手未来。原则上，夫妻双方同意，随着时间的推移，均衡每个人的个人投资。夫妻在婚姻的不同阶段会有不同的谈判立场，但如果他们在一起的时间很长,没有一方会在"上升"时不公平地获利,也没有一方会在"下降"时不公平地损失。但这种交易可能以多种方式失败。首先,在婚姻中,一方可以利用他更强的谈判地位来剥削另一方。例如,在家带孩子的女性可能会觉得自己几乎没有谈判的能力,因为她的从属地位使她留在婚姻中,无论她的婚姻有什么缺点,都比离开要好。一个剥削的丈夫可以利用妻子相对无助的地位来逃避家务,和他的朋友在外面待到很晚,并延长他的"私人时间"。其次,通过离婚,一方可以挪用另一方在婚姻中所做的投资。一种情况是,在你的配偶花了三年时间让你完成学业后你转身离开。另一种情况是,有年幼孩子的女性提出离婚,通过有利于她的监护安排,占用丈夫(未来)与孩子相处的时间,通过赡养费和孩子的抚养费占用丈夫(未来)的劳动。

在传统的婚姻和离婚叙事中,男人离开女人。他们从女性养育孩子的早期投资中受益,并将这些投资收入囊中,从而在经济和婚姻方面获得更大的优势。但这个故事站不住脚。一方面,性别角色和工作模式已经改变。另一方面,大约三分之二的离婚案是女性提出的。研究人员推测,如果女性在孩子还小的时候就感受到不公平的地方,或者丈夫对她们的需求不够敏感,她们一早便察觉到信任受到侵蚀,那么她们就失去了从婚姻中获得未来收益的兴趣。也可能是随着女性年龄的增长,她们不像男性那样对结婚带来的好处感兴趣。在社交生活、邻里关系和家庭结构方面,女性对男性的依赖程度可能低于男性对女性的依赖程度。

在当今的离婚案中,最常见的与金钱有关的原因是什么?经常被引用的候选因素是女性由于更大的经济独立性而拥有离开婚姻的自由,以及家庭资源有限的压力。但是,丈夫没有全职工作似乎是预测离婚最有力的财务指标之一。正如我们前面看到的,任何一方的失业都可能导致离婚。这并不能很好地反映我们在性别平等方面取得的进展,但它确实有助于解释,为什么当丈夫没有获得足够的收入或根本没有工作时,男性会饱受痛苦,女性会焦虑沮丧。妻子们会感觉自己受到了批判,即使她们知道这是不公平的或者说是冷酷无情的。丈夫可能会感到信心不足或者说羞愧难当。权力转移,男人和女人对此都不高兴。令人沮丧的是,男性的失业还与婚姻中的两性问题以及身体暴力有关。

当男人拒绝有报酬的工作时,尤其是当他们对适合自己才能的工作过分挑剔时，女人对男人失业持更加消极的态度。和这样一个女人坐在一起是痛苦的：她的伴侣对她的极度漠视正在慢慢但无情地显现出来。这让她意识到，她的婚姻与她在成长过程中承担不公平负担的历史密切相关也就不足为奇了。然而，因为担心要带孩子独自生活、养家糊口、放弃丈夫（因为丈夫获得了孩子们的支持，并开始与一个可爱的年轻人交往），一种恐惧感笼罩着她。

另一方面，一些女性对丈夫的收入也有一种令人愤怒的优越感。有时候，这份理所当然源于女性对金钱拥有未泯的天真，尽管在成年后保持自己的天真状态是一种逃避。一种更痛苦的情况是，当丈夫失业，他的妻子似乎对削减开支的需要时而视而不见，时而抱怨。对于每一个单方面决定辞职去自主创业的丈夫，都有一个妻子对丈夫说："你想办法支付孩子上大学的费用。这是你的问题，不是我的问题。"但女性这种不负责任的行为得到了更多的文化掩护，而男性则更直接地面对没有完成"男子汉"义务的耻辱。

这种自私自利的表现存在于一系列更极端的婚姻金钱场景中，其中一位家庭成员的强迫性消费会危及整个群体，或者表面上自给自足的中年人靠啃老养活自己。令人不快的阶层动力也回荡在人们的心理建设和财政安排中。"我们都知道，"一位朋友说，"有些人会贪图对方拥有光鲜的履历、漂亮的房子和高档硬木家具而跟其结婚。"人们密切关注自己是"上嫁"还是"下嫁"，并将自己对原生家庭的强烈认同作为骄傲或羞耻的来源。众所周知，人们会巧妙地用自己的家庭财富折磨对方，这种财富只属于一方，而不属于另一方，或者最终化为乌有。一位来自中下阶层家庭的丈夫努力工作，而他的妻子则利用她可观的家庭财富，抱怨他"无聊"，因为他"从不在身边"。一位妻子打了两份工，付出了身体上的代价，而她的丈夫，吸毒成瘾，一辈子都在等待一笔横财（事实证明他没能如愿）。生活建立在无凭无据的设想之上，金钱对许多人来说是一个难以言说的话题。

大多数人的生活没有这么极端，也没有这么戏剧化，金钱可能是夫妻不和的长期根源，其中很大一部分与孩子有关。养育孩子是很费钱的，孕育生命是昂贵的。手机账单、车贷、房贷都是一回事。但是，每赛季的足球比赛要交2000美元，一年音乐课或者暑期科学项目也价格不菲，又如何呢？不去星巴克或者从不下馆子都不能解决这些问题。社会学家安妮特·拉鲁（Annette Lareau）创造了

"协作培养"这个概念，用来描述中上阶层的育儿方式。通过让孩子参加家庭以外的体育和文化活动，父母承诺"采用有利于每个孩子个人发展的育儿策略，有时以牺牲家庭时间和群体需求为代价"。这种方式带来了忙乱的家庭生活，以及众所周知的"时间饥荒"，社会学家长期以来一直谴责这种现象。但这也让人们在金钱和价值观上产生了困惑。如果父母决定放弃协作培养，他们担心会让孩子处于不利地位，并与更广泛的育儿文化脱节。如果他们选择加入，他们可能会感到压力重重，手头拮据。我们从研究中知道，金钱和时间的压力可以直接导致对婚姻的主观不满。因此，尽管他们在钢琴演奏会和少年联盟锦标赛上拥有值得骄傲的时刻，但所有这些协作培养都可能以情感为代价。

金钱给父母带来压力，因为如果他们想让孩子赢在起跑线上，就要为这一珍贵目标提供资金支持。他们在金钱上的冲突加剧了他们童年的创伤，激起了他们对社会归属感的焦虑。父母在金钱上的分歧会引起极具破坏性的裂痕。一个负责养家糊口的丈夫因为控制欲要检查所有购买的东西，而他的妻子却发现他的行为很霸道，并觉得这营造了一种消极的情绪环境。挥霍无度的父母向孩子灌输物质主义的价值观，而节俭的父母则因无望得到任何帮助而疏远配偶，同时担心孩子的品格塑造。一个中产阶层家庭因经济拮据无法为孩子创造理想的环境，这种落差让他们感到苦恼，于是他们发现自己不停地争吵。他们担心这将导致自己付出更高昂的代价，最后以离婚收场。一位父亲希望自己的孩子拥有自己成长过程中所拥有的一切，他怨恨妻子在找工作时拖拖拉拉，而妻子却认为他极度轻视自己在家里无偿劳动的价值。孩子们可能会向父母透露他们在金钱上的严重分歧，从而给婚姻带来压力，他们可能甚至都不知道这些分歧的存在。

在一个完美的世界里，我们的社会制度将支持工作和家庭的平衡，让有孩子的家庭承担更少的金钱和时间压力。长寿研究领域的领军人物之一劳拉·卡斯滕森（Laura Carstensen）赞扬了在我们生活的"第二幕"和"第三幕"之间更平均地分配工作和其他义务的好处。她建议"创造一个就业'弧线'，让员工在年轻时逐渐进入职场，在照顾孩子、完成学业和努力寻找合适职业的这些年里，工作时间更少"。她写道："一个较慢、较长的工作阶段，将减轻中年人的时间压力，并让各个年龄段的人有更多的选择来支配自己的时间。"将卡斯滕森的观点付诸实践,即使只是部分实践,也会对中年夫妻和中年父母面临的"正常"生活(和金钱)压力水平产生巨大的影响。但社会规范变化缓慢。在某种程度上,这是因为人们沉浸在他们所在社会群体的习俗中,他们的身份依赖于他们不愿承认的经济状况和消费模式。社会不可能在一夜之间自我改造,如果我们等待职场文化的沉重齿轮发生转动,我们将等待很长时间。

在美国知名理财博主"钱胡子先生"(Mr. Money Mustache)的博客文章中可以找到一种更接近反主流文化的方法,他提倡激进的节俭,这种节俭是禁欲、崇尚佛教和"反派"的个人融合。和他的许多热心粉丝一样,有一年夏天,我花了一周的时间疯狂阅读他自2011年以来的每一篇博文,并被他独特的幽默、讽刺和灵感所吸引。他将自己的使命定义为"试图让世界上富裕国家的人们兴奋地认识到,终生幸福不等于购买昂贵的垃圾来放纵自己……这不仅是一个金融、技术或政治问题,也是一个人类心理问题"。

他的方法颠覆了社会科学家所说的时间折扣。对大多数人来说,"当下的力量"意味着他们会选择享受当下,而不是延迟满足。相比之下,钱胡子先生[真名叫彼得·阿德尼(Peter Adeney)]认为,在个人理财领域,最有用的概念之一是一种大局思维,他称之为"过去、现在和未来自我的想法"。他写道:

你今天所做的每一笔金融交易,与其说是与抵押贷款公司、汽车经销商或百货公司的交易,不如说是和未来的自己的交易。毕竟,当20岁的你借了32 000美元买了那辆最新升级版的本田雅阁时,最终不得不还钱的人是谁呢?过去的你得到了新车,不用承担任何责任,而现在的你面临这样的结果:债务缠身和一辆现在只值新车价格一小部分的车。过去的你欺骗了现在的你。

彼得·阿德尼用当前财务理念统筹过去、现在和未来自我的观点与我们讨论过的金戒指思维模式一致,即用一种大局观念统筹个人和夫妻的需求。但考虑到你过去、现在和未来的自我,并像阿德尼所说的那样成为一个财务"反派",你会觉得自己与主流消费文化格格不入。他不追捧通勤、新车、昂贵的课外活动、债务、外出就餐,以及美国中产阶层生活的任何其他固定项目,他最鄙视的是富有的美国人抱怨他们的经济困境,他喜欢在我们头上浇一大桶冷水来治愈我们:

几乎在每一个财务危机的故事中，真正的罪魁祸首都是受害者过去的自己……报纸所描述的医疗破产事实上可能是加勒比海度假破产的"受害者"，他在几乎没有钱的情况下，碰巧有了生病的厄运。经济衰退导致的丧失抵押品赎回权可能更大程度上是由于在过去10年的时间里，每天开通用雪佛兰塔霍通勤25英里[①]。事实上，如果你曾经挥霍了1美元，几年后发现自己因为困难时期的到来而少了1美元，那并不是困难时期击垮了你，而是你很久之前挥霍的那1美元。

金钱在家庭稳定中的作用

山姆和薇拉的"暑假"之战发生在一个周二的晚上。随后的周五，他们提出在下班后进行一次咨询。薇拉全程都在哭泣。当她想象他们即将离婚时，她的抽泣变成了喘息。山姆沉默了，悲伤和内疚交织在一起，让他痛苦得哽咽着，说不出话来。

"在他眼里，我就是一个只知道花钱享受的人，"薇拉说，"我怎么能嫁给这样看我的人呢？我怎么能嫁给一个只看到坏处而看不到好处的人呢？"

"我并不总是看到坏的一面，我看到了好的一面。"山姆痛苦地说，"我正在努力。"

薇拉哭得更厉害了。"在你眼里，我为这个家庭所做的努力都是自私的。我所做的一切都不能让你快乐，但我一直在努力让你开心。"她的肩膀在颤抖，哭声也渐渐止住了。沉默了一分钟："我厌倦了婚姻。我不想尝试了。"

山姆勉强装出一副怀疑的样子，但他还是忧心忡忡。"我知道你一直在努力，我真的知道。"他看上去很泄气，好像也要哭似的，"只是……我快淹死在这里了。"

我们静静地坐着。有一段时间，我觉得解决这个问题的任何尝试都是微不足道和荒谬的。他们的愤怒平息了，心里只有内疚和悲伤。尽管他们很难受，但我在他们语气的变化中看到了一丝希望。这给了他们反思争吵的机会，也可能教会

---

① 1英里≈1.61千米。——译者注

他们如何处理旧伤。

在接下来几周的时间里,他们害怕自己可能会走到一条不归路,开始有更多的耐心去进行更深入的了解。直到现在,山姆对自己原生家庭的描述几乎都是公式化的,似乎是很久以前他那恪守道德的父亲灌输给他的,直到现在才被重新审视。山姆的父亲是一个"努力工作的人",他的整个职业生涯都奉献给了中西部工具和模具公司,"从未误过一天工"。山姆的母亲曾经是个"挥霍无度的人",在山姆11岁的时候,她和教堂合唱队的指挥(总负责人)一起私奔了。在山姆的描述中,他的母亲很肤浅,他的父亲很禁欲,但在这些标签的背后,我感觉到他的父亲很阴郁甚至很沮丧。山姆的母亲离开后,一束光消失了。山姆认为自己有责任与父亲联手,与负责任的男人一起对抗反复无常的女人。然而,尽管他和父亲对母亲的鲁莽嗤之以鼻,他还是想念母亲。

在山姆和薇拉最近一次凄凉的战斗之后,山姆感到有些崩溃,也更愿意审视自己了。我和他谈了他在父母之间站队的压力有多大。在他们极度分化的世界里,只有一条路是正确的。山姆意识到父亲需要一个同伴,理解父亲对母亲的怨恨,而且无论如何,山姆的母亲已经离开了。山姆父亲的感情使他看不到儿子对母亲的需要。对山姆来说,爱他的父亲意味着淡化他对母亲的需要,需要母亲就会伤害父亲,两者必选其一。

薇拉的危机促使山姆第一次重新审视自己内心的本能反应,即拒绝和评判母亲所代表的更温和、更宽容的品质。母亲在他心目中的形象是深情、不可靠、孩子气的,这与薇拉在他心目中的形象融合在一起,他意识到,这让薇拉既极具吸引力,又略显卑微。从我的角度来看,重要的一点是,山姆开始注意到,并在脑海中反复思考,他过去的声音严重影响并定义了他目前的看法。在某些时候,他甚至觉得无法让成年的自己不受父亲信息的干扰。他意识到,缓和对薇拉的看法会让他直接感受到对父亲不忠的伤楚。山姆对薇拉居高临下的评判是他童年痛苦处境的实时重演。"我想我爸爸也有他自己对孤独的恐惧,"一天山姆说,"就好像他看不出我和他是分开的。"

山姆很难承认是自己把这一切都强加给薇拉的,但他终于开始从自己的成人角度看待问题了，这让他感到宽慰。虽然薇拉很受伤，但她也感到如释重负，因为山姆正在消除对她的偏见。薇拉开始思考，为什么山姆的设想对她来说如此正常，甚至是理所当然的。这让薇拉想起了自己的早年生活。她六岁时父母离异，作为三个女孩中最小的一个，她享有"可爱女孩"的美誉。父母都很依赖她，因为她是父母的"开心果"，而且薇拉早熟，可以看出父母心里想的是什么。她真的是他们的"光芒"，金发碧眼、活力四射、笑容爽朗。她知道自己得到的比她应得的要多，部分原因是她给父母造成的麻烦比她两个闷闷不乐的姐姐要少。随着薇拉的长大，她能够游刃有余地满足父母的需求，因此在家庭中享有相对的特权。她比她的姐姐更可爱，这既说明了她的特殊之处，又使她感到内疚。她得到了更多的东西，而且多亏了她的穿衣气质，她总是看起来很时髦。她开朗的性格和务实的做事风格给其他陷入困境的家庭成员留下了深刻的印象。但她对教养、安慰和父母保护的需求却能不经意间得到满足，她隐约感到了自身魅力的力量。

在她 20 多岁的时候，她通过照顾酗酒的男友来间接表达自己的情感需求。当她摆脱了和这个男人长达七年的关系时，她感到很骄傲。这个男人在各个方面都像她的父亲年轻时的样子，包括他的淡黄色头发和对朗姆酒的喜爱。当她遇到山姆时，他似乎是一个成熟的选择，一个可以养家糊口、不找借口的男人。她欣赏他的职业道德，并自然而然地想让他在休假时感到快乐和放松。和他在一起时，她对角色有了清晰的理解，没有太多混杂的信息和模糊的依赖。她想，能认真地开始她的成年生活真是一种解脱。

他们谁也没有料到孩子的到来会使他们如此疲惫不堪。抚养一对双胞胎确实很难。父亲的身份加剧了山姆作为一家之主的焦虑。薇拉自己也需要更多的帮助，但山姆已经精疲力竭，无法抽身。周末没有给他们任何机会来弥补。他们精疲力竭，互相指责，很少对对方表示同情，每个人都退回到自我保护的姿态。对山姆来说，这意味着他低下头，没精打采地苦干一周。山姆觉得给薇拉带来温暖是一个很高的要求。薇拉对山姆没有做到的事喋喋不休，而不是赞赏他做到的事，这使他很生气。薇拉开始觉得山姆把自己的经济责任当成了一个万能的借口，不与家人联系，也不向她表达爱意。如果他不打算参与，她就会专注于尽可能让自己和双胞胎生活得愉快。在她的世界里，这意味着消费——一种麻醉性的消遣，可以平衡她内心的天平，弥补她的匮乏，并收买她的不快乐。

两人都因为不被理解而感到越来越愤怒和沮丧，这导致抗议和撤退交替进行。抗议将在他们激烈的争吵中爆发出来，双方都试图让对方听到自己的声音，而这场争吵也随之升级。撤退将表现为下决心离开，还要为自己辩解。山姆和薇拉都没有见过一对夫妻能够有效处理追求自我和关心对方之间的紧张关系。除了自己的需求之外，他们的父母都没有考虑过山姆或薇拉需要什么。因此，山姆和薇拉都不相信，在他们有需要的时候，对方能想到去同情、安慰或帮助他们。山姆和薇拉都处于情感匮乏的状态——为人父母只会加剧这种匮乏——两人都决定，他们所能期待的最好结果就是照顾好自己。

金钱成了关心的替代货币。薇拉觉得自己有资格花钱，因为她必须从对婚姻的剥削中找到一些安慰。薇拉的花费让山姆感觉"被榨干了"，也被利用了，这让他更疲惫，更不愿意付出。山姆漠不关心的态度加剧了薇拉的需求，而这种需求最终导致她追求更多的物质享受。如果山姆质问她，她会责怪山姆剥夺了她的权力。这使山姆断定薇拉在自私地追求自己想要的东西，不惜损害他的利益，不顾他的感受。

在有些婚姻的财务窘境里潜藏着一点"伪造账目"，正如人们允许自己在持有不相容的观点时有回旋余地。一位离婚律师告诉我，婚姻似乎从来都和金钱有关，但直到离婚后，这一点才完全显现出来。这对夫妻似乎是为了爱情而结婚，但爱情起初与求爱时的放纵享受并无两样。用美貌换取财富，用青春换取家长式的扶持（一位女士称她的丈夫为"爸爸"），娶了一个猎物并为她昂贵的嗜好买单。还有一种原始的婚姻安排，只不过是将性别货币化而已。男人的价值在于他们有能赚大钱的"男子汉"气概，而女人"获得报酬"来展现其女性气质，包括所有需要的衣服和整容手术。

作为家庭生活的典型象征和资产，住房是婚姻中非理性支出发挥作用的关键舞台。有一种情况是，一对夫妻考虑不周，购买的一套房产对他们来说过于昂贵，但是这弥补了一方对另一方的"亏欠"，弥补了他们对自己的"亏欠"，弥补了他们对未来子女的"亏欠"，或者说这就是他们"真正需要"的房子。只有当财政最终崩溃时，人们才会开始互相指责，指责被对方"误导"或"欺骗"，但从来没有人真正寻求过真相。对于有意在财务上自欺欺人的夫妻来说，市场周期通常让他们有机会借过多的钱，并进入过度消费、自不量力和攀比跟风的文化怪圈。一对夫妻利用房地产市场的上升，不间断地买卖和搬家，据说是为了用房屋抵押获取资产净值，再为生意提供资金支持。当妻子带丈夫去接受治疗，谈论这些举动是多么令人不安、她再也受不了了时，我花了数周时间尽心调查，才得出这样一个结论：这些剧变的发生主要是因为他们的生活方式，而她一直坚持这种生活方式。这种生活方式的维持依赖于不断出售房屋所产生的支出。他们头脑中支出与剧变之间的脱节令人震惊。

山姆和薇拉至少在试图理清头绪，以一种更有爱、更合作的方式行事。尽管他们花了很多时间也无法理解对方的过去，但在合适的条件下，他们会有见面的机会。当他们有了同情彼此的经历，他们更加相信自己能够办到。当山姆开始意识到他为认同父亲而竖起了一堵坚不可摧的墙，这堵墙是由殉道者的愤怒铸成的，他可以逐渐让自己真正享受薇拉努力带给他们家庭生活的温暖和美丽。根据我在第2章提到过的成熟思想，山姆开始回应他自己的柔情，这样他就有了更多的自由来回应薇拉的情绪。当山姆以这种方式欣赏并尊重她对美的热爱时，薇拉也逐渐从"占他便宜"的羞耻感中解脱出来。她可以把审美和温暖作为自己成年性格中的优势，并且更加确信，这些优势为他们夫妻二人创造了一种家的感觉。

在进行了几个月的治疗后，他们进行了一次互动，这让我备受鼓舞。一周前，薇拉为出席学校的筹款晚宴付出了很大的努力。她买了一件新衣服，并把头发挑染成了明亮的颜色。她来咨询时抱怨山姆甚至没有注意到她，更不用说对她的外表表示高兴或自豪了。这件事给我留下了深刻的印象，因为这起典型的事件破坏了两人之间的心有灵犀。把自己打扮得漂漂亮亮的是薇拉小时候博取关注的少数方法之一。父母嘴里发出的"噻"和"啊"往往是一种（对他们）要求很低、（对薇拉）回报很高的关注形式。尽管薇拉渴望取悦山姆是一件令人心酸的事，但她期望花钱打扮自己对山姆和对自己一样有意义，这个想法有点孩子气。她似乎没有意识到，山姆对她的花销的第一反应更可能是担心他们在钱的问题上意见不一致，以及担心他们的下一个信用卡账单。他的思绪很可能回到他的母亲愉快地收取堆积在门口的邮购商品，而没有考虑到这给家庭财务带来的负担。

幸运的是，他们都悬崖勒马，看清了现实。晚餐当晚，他过去可能提出的所有批评意见在脑海中一一闪过，但是有所进步的他设法压制了这些声音。在我们的谈话中，山姆说他最大的冲动就是对这些花销和他们在金钱问题上的分歧予以置评。但是他一直等到他能把这些想法和一些更慷慨的想法混合在一起时，才把它们表达出来。山姆最终表示，他明白薇拉是想取悦他，当时他本应向她表示敬意，但他也希望他们以后能有更深入的交谈。薇拉说她理解为什么山姆会有这种感觉，为什么山姆复杂的感情让他很难去恭维自己。在我们谈话期间，他们俩一致认为，应该就可自由支配开支达成更明确的协议以及薇拉应该开始找工作了。

夫妻金钱观一致，才能让婚姻走得更稳

如果起初薇拉和山姆的金钱观念更加一致，事情就会容易一些。在夫妻相处的过程中，他们几乎没有花时间思考他们之间的分歧，甚至没有定义他们的个人观点是什么，这一点并不罕见。精明务实的金钱讨论与新恋情并不是最佳组合。在理想化的光环下，人们甚至可能欣然接受一种全新的消费方式（如"他解救了我""她让我更有责任感"），以此来纠正自己的错误。求爱是一段漫长（且昂贵）的时间，即使是最坚定的吝啬鬼也可能会因为兴奋不已或者为了表现出适当的热情而放松自己的标准。当不可避免的清算时刻到来时——计划婚礼、拟定预算或选择公寓——权衡和限制可能会对浪漫的激情和逼真的幻觉产生冲击。

我记得有一次我和朋友们坐在芝加哥的一家餐馆里，无意中听到邻桌的谈话。一位年轻女子在和她的伴侣共进晚餐时宣布，她已经决定辞去工作，策划他们的婚礼。随之而来的是令人难以忍受的沉默。当我漫不经心地在面包上涂黄油时，我眼角的余光被这关键的时刻所吸引。空气中充溢着这对情侣将来要面临的误解和不言而喻的失望。这一刻，不得不说些难听的话，我默默地支持着这个男人，心里说道："你为什么不跟我说？这难道不是一个共同的决定吗？我不知道这样做是否明智。我们得一起想办法。"相反，他保持沉默，气氛依然紧张。我想我看到他根据这条新信息重新调整了自己的位置，就好像他在重新安排他内心的情感家

具。他表情中的冷酷令人心碎。在他们共同生活的最初阶段，他似乎就做出了不战而退的决定。从女方简短的声明可以听出，她犯了两个致命的错误，因为金钱问题导致了婚姻的毁灭。一是，她不愿意去思考限制；二是，她把这个问题作为既成事实提出，因此不和配偶一起思考摆在他们面前的选择。

在某种程度上，金钱之所以给夫妻带来压力，是因为他们直面限制并在这些限制内生活是令人沮丧的。他们需要意志坚定，目光长远，有时宁可放弃金钱，这意味着他们还在不同的目标之间做选择。对于一对夫妻来说，金钱决策需要考虑到对方的想法、愿望和倾向，而这些往往与自己的想法、愿望和倾向相冲突。我们总是面临这样的风险，把理应被认为是因为现实世界的限制而产生的内心冲突，变成与配偶的争吵。薇拉很难精打细算，也很难克制自己，但当山姆告诉她，他认为他们已经超支时，她只说他是一个"扫兴的人"。夸大配偶的地位可以让我与他抗争，而不是用我认为我们能负担得起什么这样的难题考问自己。我将某些特质赋予我的配偶，例如，将他的合理担忧重新定义为他对金钱的"消极"态度，同时赋予自己其他的特质——我花钱是为了反抗配偶的"支配"，"维护自己的合理利益"，或者对比配偶的"惰性"表达我的"冒险意识"。

当我们把需求投射到我们的配偶身上时，我们并没有在自己身上形成一个综合的观点。人们会对金钱有不同的看法，但理想情况下，每个人都愿意在内心进行艰难的权衡取舍。只有当我内心挣扎着试图协调我的欲望和我有限的资源时，我才会开始诚实地看待问题。如果是妄想的话，那么把现实的痛苦归咎于配偶的失败是多么有人性啊。我们采用这种策略是因为思考现实是件难事。在现实中，我们很少能鱼与熊掌兼得。在现实中，可怕的事情有时会发生。除了可怕的危机和损失外，生活中常见的问题——孩子、钱、工作、房子——都难以启齿、令人沮丧，而且往往难以解决。这需要努力保持足够的自知之明和自我控制，以继续共同思考这些问题。我们需要努力抵制将配偶视为障碍的诱惑；相反，我们要努力面对生活本身带来的障碍，而与配偶保持对话有时是我们克服这些障碍的最佳希望。

薇拉和山姆证明了，在艰难时期金钱可以成为一个"反生长黑洞"，这一点并不比其他夫妻更具戏剧性。夫妻俩急于给孩子最好的人生开端，关心事业的成功和职业的保障，想要融入他们的社区，他们面临着真正的经济挑战和大量的焦虑。僵局和合作之间的区别在于夫妻俩如何处理这些焦虑，以及他们是否能坦然面对这些焦虑。

我对山姆和薇拉的心理干预持续了几个月。慢慢地，他们想办法降低了指责和批评的音量，创造了一个更安全的探索氛围。这种更安全的氛围帮助他们各自承认自己的矛盾情绪，尽量避免将矛盾归咎于他人。薇拉把山姆描述成一个无可救药的、顽固的保守者，薇拉意识到并承认她这样做的动机是为了开脱责任，因为她放弃了弄清他们能负担什么、不能负担什么的责任。薇拉同情山姆在工作上的痛苦，因为山姆变得不那么有戒心了。山姆意识到自己倾向于扮演愤怒的受害者，让家庭闹剧一次次上演，让薇拉扮演了一个她无法逃避的角色。他们努力理解自己在这个循环中所扮演的角色，这给我留下了深刻的印象。他们的自我意识最终让他们合作，找到了将各自不同的财务风格融合在一起的办法。当他们离开时，我很高兴他们没有在重新装修后离婚：新装修的房子很快就草率地卖掉了，有点茫然的孩子们在郊区的公寓里继续他们的童年，那里只有稀稀落落的家具、冷冻的食品。山姆和薇拉开始认识并欣赏彼此的本来面目，也开始因自己最珍视的是自己而被对方看到和欣赏。

第 7 章

如何化解精神出轨的执念

The Rough Patch
Marriage and the Art of Living Together

欲求不满的单相思

当克里斯蒂娜 16 年来第一次坐在我的办公室里时，她看起来和以前一样：身材娇小，富于表现力，趋于神经质的瘦削。当她还是研究生的时候，我曾见到她接受过心理治疗。据她自己说，她工作太少，喝酒太多，和太多男人上床。从那时起，她在电话里告诉我，她的生活过得很好。她热爱她在当地研究实验室的工作。10 多年来，她的婚姻一直很幸福，有两个"明显适应良好"的孩子。在她友好的开场白之后，她说："我遇到了一些麻烦。"泪水使她的声音变得嘶哑："但我更想跟你当面解释。"

当克里斯蒂娜刚进来时，我很高兴再次见到她。她坐了下来，屏住呼吸，似乎在试图寻找一种方法来开始她的故事——一个真实而完整的故事。她是一名科学家，尽管她年轻时放荡不羁，但她很看重精确度。"我想，我想要的开场方式是描述一下发生了什么。因为我真的不知道发生了什么。"克里斯蒂娜告诉我，两个月前，当她的丈夫带着女儿横跨整个美国去看望他的父母时，她五岁的儿子伊桑有一天一觉醒来发了高烧，似乎已经语无伦次。她很担心，当她打电话到医生办公室时，他们告诉她立刻把孩子带过来。

"当时我正从家里开车下山，心烦意乱，我开车碾过一个被风吹到街上的垃圾桶盖子。尽管我吓坏了，还想继续开下去，但我还是停了下来。我的邻居迈克尔从他的车库出来。他捡起盖子，给了我一个大大的、温暖的微笑。我突然觉得他的微笑是如此地迷人，这让我感到震惊。我记得'炫'这个词闪过我的脑海。在那种光线下，我看着他的眼睛，感觉就像是某种古怪而超然的时刻。"

经过两天的抽血、尿检，以及克里斯蒂娜和丈夫本、儿子医生的多次讨论，伊桑的健康状况更加清晰，他的康复也得到了保证。但她不断回到"超然"的时刻，就像一个秘密的安全源泉。在儿子熟睡后安静而漫长的时间里，她在屋子里走来走去，无法集中注意力，反复回忆着迈克尔和他的微笑。

"起初，我觉得这是一个无伤大雅的假期。我会想到迈克尔，这让我既欣慰又兴奋。整天在家里照顾伊桑，我几乎觉得自己也在恢复。但后来，当伊桑好转回到学校时，我一直有这种感觉。几周前，我在超市碰到迈克尔，我开始发抖。这一天过得很糟。我觉得自己要疯了。"克里斯蒂娜哭了。她的眼泪令我吃惊，我问她是否察觉到自己沮丧的情绪，她早年就曾经历过这样的痛苦。

"我经常哭，但我不觉得沮丧，"她说，"当我看到迈克尔时，我感到焦虑，但我不会整天焦虑地走来走去。我的问题是我太敏感了。有时候我觉得我的身体被这种强度给翻了个底朝天，我想要爬出我的躯壳。然后我开始觉得，如果我不能做点什么，我就会死去。我来这里显然是因为我需要向他人倾诉。"

我们说好那周晚些时候再见面。

在我们见面后的几天时间里，我让她的感受、她的直率左右着我的思想，我试图捕捉脑海中出现的东西，而不是维持秩序。为什么是现在？我想知道。为什么这么强烈？我不断回想起迈克尔对她微笑的生动时刻。我想到了鹅出生后本能地与它们看到的第一个移动物体建立亲密关系的方式。这让我想起了处于脆弱状态的克里斯蒂娜，在她看到第一张人类面孔时，她就深深着迷于这副面孔的美丽和善良。当时的她仿佛短暂地回到了过去，那个时候她还没有竖起自己的保护屏障。

当我们再次见面时，克里斯蒂娜的情绪好了一些。她看起来更像一个陷入迷恋的人。看到她的心情愉快了许多，我说："也许问题不在于你所感受到的吸引力。也许是它让你有了一种危机感。也许当你见到他的时候，你可以让自己变得风趣，享受一些无伤大雅的玩笑。"

她让我知道这么说完全是错的。"无论是情感上还是身体上，我感觉自己像是正在从悬崖上掉下来。这感觉不像是游戏。"她突然显得很疲惫，告诉我她现在的生活状况。每天早上，她都下决心要高效工作，结果却发现自己心神不定，几乎要哭出来了。如果她在学校接孩子的时候碰到迈克尔，她会花好几个小时来平复自己的心情。常规的学校活动引发了她的高度焦虑，因为她期待着与迈克尔和他的妻子肖娜闲聊，并在事后处理个人情绪的影响。

我问她，在我们见面之前，她过去几周是怎么过的。她详尽地报告了她为摆脱她所谓的扭曲心态所做的一切努力。首先，她深入研究了那些试图通过荷尔蒙和大脑活动来解释复杂情绪的畅销书著作。她了解到，大自然已经在我们的基因中埋下了花心的种子，而且她旺盛的性欲可能是由于"睾酮水平高"。显然，她大脑的多巴胺奖励系统正在被激活，因为对爱和可卡因的强烈渴望都会通过该系统发挥作用。她从社会生物学中进化的角度了解到，她每四年就会再次坠入爱河，而她对另一个男人的兴趣可能源于古老的进化法则，即通过混淆男子的亲子关系来获取资源。

也许这些基本事实是正确的，克里斯蒂娜想，但它们又能解释什么呢？显然，所有的情绪状态都有生理基础，但这些基础并不能告诉她有关她的情绪对她的心理的影响。作家们对人类的微妙之处和复杂性明显缺乏兴趣，这让她感到沮丧。然而有一天，克里斯蒂娜惊呼道："我真希望这些书能说服我，至少我能有一个解释了。"她发现他们的简化论是肤浅的，但奇怪的是，它也让人感到宽慰，仿佛它为某个世界带来了希望，在那里，她生命中的个人意义可以被视为微不足道的斑点，在不可调和但是永恒不变的进化力量面前显得微不足道。克里斯蒂娜很想摆脱那种使她与迈克尔的交往过度饱和的意义感，而这种意义感本身就毫无意义。

克里斯蒂娜还求助于爱情成瘾方面的治疗书籍，希望能在书中认清自己。克里斯蒂娜对自己的渴望感到无力，成瘾范例或许可以解释其中的原因。她早年曾在酗酒的诱惑下苦苦挣扎，她完全可以想象到，她对迈克尔的思念是一种类似于自我毁灭的逃避方式。但她又一次失望了。"爱情成瘾者"痴迷于无法爱自己的伴侣。克里斯蒂娜没有这样的行为模式。她不会反复被那些"逃避爱情"的男人所吸引，也不会习惯性地把爱情当作一种毒品，暂时让她逃避自己的问题、模糊健康的界限，逃避成人的责任或空虚感。她无法准确地将自己归入任何爱情成瘾类型或行为模式。

在她复述的过程中，她脱口而出对我说："我的脑海中有迈克尔向我倾诉婚姻问题的画面，我无法忘记。"我亲眼看见了她的思想拥有令人不安的侵扰性，冲破了她的正常意识，以及她为了对抗这些思想所付出的努力。她继续痛苦地说："我看见我们坐在公园的长椅上，我们都在向对方倾诉我们的经历。我们相互理解，感觉如此亲密。"尽管她态度诚恳，试图强调这是毫无意义的，但她的这段经历却赤裸裸地揭示了三角恋中扭曲的逻辑。我曾经认为，对于害相思病的人来说，他们所渴望的东西几乎总是少不了爱和排斥。这些细腻但注定失败的爱情吵闹地把旁人排除在外。

克里斯蒂娜在寻求知识上的理解时意志消沉，所以她试图更加自律。她一头扎进了越来越多的意志力书籍中，通过获得充足的睡眠和规律的饮食，帮助自己抵御"自我损耗"（人们调节思想、感情和行为的能力减弱）。运动也有帮助。但她发现，即使是意志力专家也没有断言，你真的可以通过意志力来改变你的情绪。正如一本书所解释的那样："情绪调节并不依赖于意志力。人们不能简单地让自己坠入爱河、感受到强烈的喜悦，或停止负罪感。情绪控制通常依赖于各种微妙的技巧，比如改变人们对手头问题的看法，或者分散自己的注意力。"克里斯蒂娜当然是在耍一些"花招"来分散自己的注意力。但是，改变她的思维方式不仅仅是一个技巧，而且事实证明，要付诸实践非常困难。她转而求助于正念冥想，作为一种更深层次的情绪控制方法，尽管她每次随着呼吸几乎都会迷失在一个任性的想法中，但她觉得努力让自己集中注意力能获得些许的平静。

她以特有的务实精神，尝试建设性的自我对话，以避免暴露自己、突然发怒。她给自己写了便利贴，每天都读一读："尽量减少接触。注意并检查反应。遵守纪律。""我不评判自己，我认真地帮助自己，不因为自己的困惑而批评自己。""归根结底，这始终是关于我如何管理自己的情绪的问题。这是我的首要任务，也是唯一的任务。"

克里斯蒂娜试图有条不紊地解决她的问题，但她所采用的方法到头来却像一堆堆干枯的树叶，没有任何意义或相关性。我们约定暂时每周见两次面。她讲，我听，问题在我脑海里来来往往。她是否在重温早期的情感创伤，试图修复童年失败的爱情？这名44岁的女性是否正在被一堆莫名其妙的内分泌活动折磨着？已

第 7 章　如何化解精神出轨的执念　151

经步入中年的她是否在努力找回年轻时的自己，因为对她来说，新的恋情还在后面？克里斯蒂娜告诉我，当她独自开车时，她已经习惯性地去收听青少年时期的音乐。她发现自己沉浸在遐想中，回忆起多年来都不记得的往事：与父亲的深入交谈是她高中时第一次心碎。

"我不知道自己为什么如此专注，"有一天她说，"有时我四处走动，心上压了一块悲伤的砖头，就好像我内心所有可用的空间都被这块砖头填满了。我的孩子们跟我说话时，我感觉自己好像在从一根长管子的末端处倾听，耳边回荡着他们的声音，遥远得难以听清。这就是他们的童年，我感觉自己并未参与其中。我内心愧对本。很明显，他知道出事了。我能说什么呢？我爱上了另一个男人？这么说太伤人了。这甚至都不是真的。有时我觉得，如果我不得不'放弃'迈克尔，我的心都会碎。但后来我想，我并没有放弃一个真实的人，或者一段真实的感情。"我真切地感受到克里斯蒂娜在努力控制自己的感情，以及在与本的关系中竭力摆平这些感情所带来的压力。在我看来，这就像是一种真正的婚姻极限状态，在这种情况下，面对意想不到的、无法解释的情感，尽管从根本上来说，个人和婚姻的利益仍然一致，但却感觉像是在分崩离析。我想象着本一定饱受不确定性的折磨，既心痛又担忧。

我想知道，克里斯蒂娜"放弃"迈克尔意味着什么呢？她要放弃的是什么？一种感觉，一个幻想，还是一个想法？我开始阅读，试图对克里斯蒂娜的状态了解更多。起初，我惊讶地发现关于相思病的文章寥寥无几。在西方文化中，这种现象无处不在。小说和电影中充斥着对三角恋、通奸和矛盾心态的精彩描写，但在学术或临床著作中却鲜有体现。在文学作品中，从希腊神话到《仲夏夜之梦》（*A Midsummer Night's Dream*），爱情的非理性因素被描绘成一种既令人恐惧又令人渴望的经历。被爱神维纳斯抚摸过，或者被精灵帕克（Puck）的魔法药水擦拭过，意味着你会爱上下一个你看到的人——这对你是不利的。非理性既不能被召唤，也不能被驱逐；它只是会现身，而我们必须忍受、处理和引导它。它为我们开启了创造的可能性，但也开启了毁灭。20 世纪 60 年代，存在主义心理学家罗洛·梅（Rollo May）在《爱与意志》（*Love and Will*）一书中描述了"恶魔"的力量，而德尼斯·德·鲁热蒙（Denis de Rougemont）1940 年的经典永恒著作《爱情与西方世界》(Love in the Western World) 对浪漫激情的危险和诱惑进行了深层次的论述。但在当前的心理治疗时代，渴望和相思病的症状似乎在很大程度上被重新定义为成瘾。

当我为这样的差距哀叹时，我意识到一份宝贵的资源正隐藏在显而易见的地方。精神分析领域是建立在发现"移情"的基础之上的。弗洛伊德（Freud）观察到一个女病人的情况，这种情况"经常发生，而且非常重要"，她"有确凿无误的迹象表明，或者公开宣布，她就像任何一个凡人女子一样，已经爱上了正在分析她的医生"。乍一看，这种行为似乎并不合适，而且具有潜在的破坏性——不幸地阻碍了手头的工作。但是弗洛伊德逐渐把移情理解为治疗本身的载体。他写道，如果治疗关系中产生的爱"具有'真'爱的特征"，如果它的强度、盲目和不顾后果似乎"不正常"，那是因为"这些离经叛道的行为恰恰构成了恋爱的本质"。事实上，人们将痛苦的、非理性的爱情生活和他们的相思病带到了治疗中，这为他们创造了一个机会，改写他们过去令人不安的情感剧本。

坠入爱河是移情的一个共同特征，而移情是坠入爱河的一个关键方面。强烈的认同感既是移情的基础，也是坠入爱河的基础。事实上，在每一段有意义的感情关系开始时，这种认同感就成了点燃的火花。它吸引着我们，并为一些全新的、真实的事情的发生奠定了基础。回想一下我们在第3章学到的：我们被爱情治愈，因为它们重新打开了我们早期情感体验和自我意识故事之间的通道。爱能激发主观上的情感接受度，并减少我们为塑造个性而做出的心理妥协。在情感生活中，有一个真理就是，我们只有在感情中真正做到以不同的方式行事才能学会其中的方法。爱情使自我和对故事的想象重组成为可能，方式就是在过去和现在、有意识和无意识的经历、具体化的情感记忆和自我的连贯故事之间产生一种流动的相互作用。通过这个过程，我们重新创造了自己，获得了一种心理上的完整感，并感到我们生活的意义。

这一切如何帮助我们理解相思病呢？正如我们在第4章讨论的，人们在成年后还会继续爱上不同的人和物，而这些经历必须有一席之地，婚姻本身并不能抵御"点燃的火花"。我们当然不希望我们"与这个世界的恋爱"被那些"让真正的恋爱变得激动人心"的潮流所主导，但我们也不希望这些洪流完全消失。我们对他人和事物秉持开放心态，这为我们活着提供了诗意的快乐，它们用新奇的方式把我们与自己联系起来。突然的吸引、渴望、来电，这些在人类情感层面和灵魂层面都是真实存在的。任何爱的主观体验都是真实的，因为无论出于何种神秘的原因，它提供了一种欲望与世界契合平衡的深刻感觉。对于有稳定关系的人来说，问题不是"这怎么可能发生"——这当然会发生，问题是"我如何理解正在发生的事情"。

我们的答案取决于我们的故事本质上是否可行。当婚姻幸福的人被配偶以外的人吸引时，他们往往只是注意到并欣赏这个人，而不是增强感情或追求纠缠。他们可能会在平常的日子里一滴一滴注入美好，但他们不会打开水龙头。他们不会把这一时刻编织成一个完整的故事，因为他们觉得没有必要这样做。他们有一个总体连贯的故事，在这个故事里，无论是他们自身，还是他们的婚姻，都令人满意。他们所感知到的真实情感符合他们故事的逻辑。

但正如我们所看到的，并不是每个人的故事都能在艰难时期产生效果。人们感觉自己的情感和故事并不匹配，这可能是它的关键特征，也是核心价值问题。其中有些人会利用一段"坠入爱河"的经历，开始构建另一种故事情节。他们将利用第三者引发无限遐想的价值来砸开他们迄今为止打造的个人和职业人格面具。他们可能会觉得事情开始逐渐合情合理，开始步入正轨。也许他们第一次感受到自己摆脱了基于羞愧或内疚的情感契约，直到现在，这些情感契约一直限制着他们的选择。对他们来说，编织一个新的故事就像是个人的自我成长。最理想的情况是，对于孩子们来说，这个时刻会激发他们内心的疑问："是什么出了问题？婚姻的模式？未竟的心愿？这些是如何结合在一起的呢？"有这样一种成熟的方法，人们艰难地保持着平衡，接纳混乱而不是被混乱打败，找到一种从迷惘通向道德行为的方法。

还有像克里斯蒂娜这样的案例。克里斯蒂娜陷入了困境，她找到了我，正是因为她坠入爱河的时间和地点令人无法理解。她觉得这种行为不仅是考虑不周，更是疯狂——情不自禁、失去理智，而且极具破坏性。不是她选择了感情，是感情选择了她。她知道她对迈克尔的感情是"移情"。正如她自己所说的，她不会"放弃一个真实的人，或者一段真实的感情"。她心里很清楚，她对迈克尔的幻想并没有改变她的基本信念：和本在一起的日子让她觉得充实又有满足感。但她知道这一切似乎并没有什么帮助，这让她感觉更糟了。

克里斯蒂娜强烈的渴望有自毁倾向，当我思索着它的特征时，我偶然看到了一位法裔加拿大精神分析家阿拉纳·弗朗（Allannah Furlong）的文章，她把香港导演王家卫的电影《花样年华》和《2046》作为研究"某些相思病个体的强迫性困境"的媒介。作为引言，她写道：

几位病人（曾经同时有五位患者）强行让我明白了无能为力与压抑的激情有关……对所有这些患者来说，坠入爱河是一种创伤，让他们暴露在无法控制和被否定的兴奋之中……在所有的案例中，激情的爆发都是在慢性抑郁症的背景下发生的，导致短暂的欢欣发作，然后是生存崩溃。这些相思病患者经历着严重的痛苦，尽管他们在其他领域表现得还不错。在不可抗拒的渴望和没有余地的禁止之间，他们的绝望有时会到达自杀的边缘。什么样的东西会引发如此多的激情和厄运？

阿拉纳·弗朗的叙述有两个亮点：坠入爱河是一种创伤，以及相思病与抑郁症之间的联系。至于第一个观点，相思病中的"创伤"是不是因为"压抑"了激情，受到了胁迫——不需要对强烈的性欲采取行动？或者更确切地说，性爱本身是否包含某种内在的创伤？性感觉充满了无节制的体验，用精神分析学家露丝·斯坦（Ruth Stein）的话来说，包括"超出常规控制的身体感觉、超出理智判断的欲望、超出象征作用的意义，以及另一半身上令我无法理解的无节制行为"，无节制的体验完全在利用"一种过度兴奋的感觉，让人觉得它无法被包含进去"。

令人惋惜的是，这种状态在婚姻过程中不断递减，我们对此做了很多论述，但我们至少得承认，维持性生活的热度并非易事，以及为什么人们可能会对它的减少感到一丝宽慰。然而，"日常"的性体验也具有"过火"的特征，这是性固有的特性。性的独特力量部分来源于"填补空白"和"抓住性伴侣难以捉摸、难以言喻的特质"的冲动。这种探索开始于我们早年的生活，当我们的母亲第一次以一种感性的方式慈爱地教导我们时，这既使我们宽心，又使我们兴奋。她不可避免地从她的潜意识中给我们传递信息，这些信息兼具诱惑和鼓励，我们的性是通过我们"翻译"这些不能完全翻译的信息而建立起来的。我们渴望了解神秘的另一半，这种渴望长久地烙印在我们的性生活中。性感觉可以表达一系列的身体体验和情感，而不仅仅是愉悦。任何形式的过度兴奋，即使是那些受过创伤或痛苦不已的兴奋，都可以在性兴奋中寻求释放。这些问题会淹没我们，让我们不知所措，有时还会让我们感到羞愧。但是，即使是"正常"的性行为也涉及某种程度的羞耻感，因为它本身就具有不节制、未调整和无掩蔽的特征。爱帮助我们克服性羞耻感，原因之一就是，和所爱的人在一起，我们认可彼此的兴奋，一起违背禁忌。

克里斯蒂娜感受到了这种纵欲过度，这动摇了她对自己和人际关系的感觉。她自认为是一个婚姻幸福、性生活和谐的女人，不习惯对邻居和朋友产生难以控制的性冲动。她的感受拥有截然不同的特质，把她成年的自我远远甩在后面，这两点说明了一件事，即我们早期性欲的深海洋流，可以把这股模糊而又汹涌的力量强加给我们原本有序的生活。我们放荡不羁的情欲核心从一个符号思维和语言无法触及的领域赋予我们生命。人们必须经历它、忍受它并与它合作，但它不能被合理化，被充分解释或通过解释消除。

同样地，在一般情况下，生理唤起可以满足许多不同的主观情绪，但怎么解读这个现象取决于环境。当我在美国黄石国家公园露营时，熊的出没以及午夜时分郊狼诡异的齐声嚎叫，让我陷入深深的恐惧，但是这份恐惧似乎让那次经历给我留下了生动美好的记忆。我们往往不能确定我们的生理唤醒状态与特定情绪之间的关系。高度情绪化的事件也会带来更生动的记忆。情绪唤醒既会在应激事件发生后让人一遍遍地复述这些事情，也会让人在随后的数小时或数天内重复这些记忆。

克里斯蒂娜曾经感到一阵强烈的恐惧，这让她开始迷恋迈克尔。她一个人带着儿子，丈夫也不在身边，她害怕极了。她感觉自己手无寸铁，失去庇护，极度痛苦，没有安全感可言。虽然她像个成年人一样讲究实效——她把伊桑放进车里，开车去看医生——但在情感上，她无法正常地处理事情，她觉得自己像个受到惊吓的孩子，渴望安全。如果她的丈夫在场，这种情况的强烈刺激可能会通过向丈夫寻求安慰而得到释放；相反，在赤裸裸的恐惧中，她遇见了迈克尔，迈克尔的微笑穿透了她，传递出一种无言的、原始的安全感，也许是强大的身体记忆将这份安全感与母亲的微笑联系在一起，让她想起她的母亲，她既觉得安心，又觉得兴奋，母亲充满生机的微笑说明了生活一切都好。

如果这是真的，一旦伊桑康复了，本和她的女儿回到城里，生活恢复正常，克里斯蒂娜对迈克尔的迷恋可能仍然会消散。但是克里斯蒂娜的问题并未随着短暂的恐惧经历而结束，而是融合了过度的性刺激感，以及从迈克尔的脸庞和微笑中得以被拯救的浪漫感；相反，这个问题成了持续不断、不可控制的死循环。她所经历的这一特点，与阿拉纳·弗朗观察到的相思病和抑郁症之间的联系相似。抑郁症和相思病都导致患者无法做最有利于自己的事情，并产生一种萎靡不振的自我保护精神。也许有一天，我们会发现相思病和抑郁症有着共同的潜在生理与情感状态，或者，相思之苦为本就存在的抑郁情绪提供了特定的想象内容。但是，即使相思病并非因抑郁而起，相思之人被迫忍受的反反复复的渴望，也确实令人感到沮丧。

克里斯蒂娜说她并不沮丧，但她确实感受到一种痛苦的怀旧之情和失落之感。"有时候，这感觉像是亲身经历最真实的场景，"她说，"但也像是一场梦。"当我们探索她那种如梦似幻却又栩栩如生的情感状态时，她注意到她的悲伤与"我永远无法告诉他"的想法有关。她说："如果能以某种方式让迈克尔承认我们一起'经历'了什么，那就可以释怀了。尽管我知道，这么说听起来有多可笑。"

她如梦般的感觉很像阿拉纳·弗朗笔下患相思病的人通常会有的怀旧幻想。每位患者在童年时都有缺爱的父母，他们向往某种失去的爱，比如受冷落的父母之爱、疏离的兄弟之情、远离故土之思。因此，孩童时期，患者的父母长期处于悲伤状态，那么患者就会将目光转向其他地方。阿拉纳·弗朗认为，看到自己的父母处于无休止的、无法解决的憔悴状态，会让孩子产生无助感和痛苦的无力感。这就可能会逐渐灌输一种持续不断的渴望，其核心特征是踌躇不前、优柔寡断。孩子就像父母一样，一直在寻找着从未寻见的东西。

克里斯蒂娜快 30 岁时第一次来见我，是为了处理和男人之间的问题。她父亲多年前有过一段婚外情，这种家庭危机使问题变得更加复杂。她总是想知道自己的童年发生了什么，她认为父亲渴望更多的爱，心里暗自同情。在克里斯蒂娜年轻时，我曾与她一起工作，她十几岁时，我听说她的父母分居了一年。现在再见到她，我意识到她父亲发生外遇的年龄与她现在一般大。

克里斯蒂娜深爱的父亲很可能已经传达了一个信息，那就是他已经移情别恋。但她与母亲的关系也让她容易产生渴望。在气质上，她的父亲是一个"温暖的人"，而她的艺术家母亲则比较冷淡。克里斯蒂娜欣赏并继承了母亲的严肃和严谨，但她也觉得母亲对孩子们表达的需求有些恼火。克里斯蒂娜的母亲虽然育有四个孩子，但她非常重视独处，她的少言寡语和失望的眼神，造就了孩子们过早成熟的气质。令克里斯蒂娜感到孤独的是，她无法持续不断地吸引母亲对她悉心照料。有时她会花过多的时间来争取母亲的认可，这是她获得母亲补偿的一个策略。即使是面对丈夫，她也通常会因为害怕被认为"幼稚"而小心地控制自己的情绪。长期以来，她一直对自己渴望、渴求的那部分感到矛盾，现在她发现这部分在主导一切时，感到非常震惊。

大多数人的生活都充满了丧失，人们很容易就会想到，许多相思病患者的父母都失去了无力挽回的东西。在我的临床工作中，我已经认识到某些事件和情感的组合会让人们患上相思病，这与他们认为自己的婚姻是否可行无关。一个关键的维度是最近经历的丧失或丧失的威胁。有些人因为失去某种亲密关系而陷入浪漫或沉溺性爱，其中包括一位 62 岁的男子。面对罹患癌症的妻子，他把时间都花在了一段友谊上，而这段友谊后来变成了一段折磨人的婚外情；一位 40 岁的丈夫已经是三个孩子的父亲了，他的母亲曾缓慢而痛苦地死去，他花了几个月的时间去看望她，最后迷恋上了一位脱衣舞俱乐部的舞女；一位 43 岁的女士，在多年的不孕不育后，收养了一个孩子，然后开始思念她的大学男友。这些人里面，没有人想要或打算结束他们最初的关系。

像克里斯蒂娜一样，他们的平衡遭到破坏，他们所建立的情感平衡现在变得不稳定。也许我们所有人都处于一种比自己想象的更需要帮助、更脆弱的状态中，随时准备被令人震惊的失去摧毁。人们还会有一种被"掏空"的微妙感觉，这更像是情绪低落或轻度抑郁。他们发现自己在最不经意时被某人莫名地深深打动了。只有在回想时，他们才会想起自己曾经有多疲惫，有时候几年都不曾发现。

另一方面，躁狂的情绪也会引发相思病。一项新的冒险事业或一次突然的成功都会让人们陷入意料之外的迷恋。从心理上来说，抑郁和躁狂的情绪都会改变我们与丧失和限制的关系。因为抑郁症，我们长期处于悲伤之中，对失去的东西感受不到悲痛，也无法继续前进。因为躁狂症，我们感到自我膨胀，以至于否认那些构成我们生活的条条框框。过度的满足和过度的丧失，都会以不同的方式耗尽我们的精力，从而降低我们的高级心智功能，以及抓重点的能力。

因刺激与平静失衡而坠入欲望之网

用谷歌搜索"宇航员纸尿裤"（astronaut diaper）这个词，搜索结果最靠前的是维基百科关于莉莎·诺瓦克（Lisa Nowak）的条目。2007年，43岁的美国宇航局宇航员诺瓦克——三个孩子的母亲，驱车950英里从休斯敦出发，经过得克萨斯州到达佛罗里达州的奥兰多，"一顶黑色假发、一把88口径手枪和弹药、胡椒喷雾、一件带风帽的棕褐色风衣、一把1000克重的钻锤、黑色手套、橡胶管、塑料垃圾袋、大约585美元的现金、一台电脑、一把20厘米长的戈贝尔折叠刀和其他几件物品"，她的目的是对海军上校科琳·希普曼（Colleen Shipman）"造成严重的身体伤害，或致其死亡"，就是因为诺瓦克把科琳·希普曼视作妨碍自己追求美国宇航局宇航员比尔·奥夫林（Bill Oefelein）的情敌。诺瓦克在停车场用胡椒喷雾问候了希普曼，之后在奥兰多国际机场被警方逮捕。被捕时，诺瓦克告诉警方，为了不耽搁行程，她在开车时穿了纸尿裤（随后她的律师声称穿纸尿裤的说法"纯属捏造"）。当事情暴露，各种各样事前与事后的对比照片伴随而来：一张是诺瓦克穿着橙色飞行服的宇航局官方照片，在美国国旗和火箭发射图像前摆出可爱的姿势，微笑着，而旁边则是一张诺瓦克在奥兰治县监狱蓬头垢面、心烦意乱的入狱照。这些照片既迷人又可怕。很难想象诺瓦克明显陷入如此极度精神错乱状态的原因。然而，我认为，人们对这一事件的普遍反应是哈哈大笑，心中怀疑与认同并存，也让他们有些发慌。这可能是诺瓦克的故事盛传的一个原因，在电视连续剧、流行歌曲和深夜喜剧节目中都有其身影。我们无法想象自己经历她的遭遇会如何，然而怀有一种令人不安的怀疑，在某些情况下，我们中是否也有人会做出诺瓦克的举动来。

诺瓦克的相思病极其严重，与其他大多数普通人的挣扎无法相比。但到了中年，我们中的许多人在和熟人相处的经历中都有过这样的想法："那个人有什么大病？"这可能非常令人不安，因为它可以颠覆友谊，制造尴尬的沉默，甚至处于千里之外也能扰乱我们对生活的认知。我认为，这种经历并非"中年危机"中困扰我们的一些新行为，而是因为外表和内心生活之间的脱节。在内心深处，每个人都充满了需求、恐惧和梦想，并努力寻求平衡。我们一直在寻求刺激与平静之间的个人平衡。大多数情况下，人们试图在别人看不见或与亲戚、朋友或治疗师进行私密谈话中应对这些挑战。

"当我想到我一直是个好女孩时，我简直不敢相信自己做了什么。"丽塔说。这是我们仅有的三次治疗中的第一次治疗。50岁的她活泼、漂亮、时髦，极具女性气质。她自以为会赢得我的好感，这反而让我警觉起来。她皱着眉头，带着一脸的恳求开始讲述她的故事。"健身房的教练斯坦掌控了我。在他面前，我无法正常工作。就好像我的皮肤都保护不了我，他似乎一眼就能看穿我。当他给我发调情短信时，我甚至不假思索地就回了。我以前从来没有做过这样的事情，我必须弄清楚我为什么要这么做。"

丽塔已经和布伦特结婚20年了，两个女儿已十几岁了。"在布伦特心脏病发作之前，我不知道我是否真的认为我们之间有什么问题。布伦特一直是A型人格的终极成功者。他当家做主，对一切都有自己的看法。说实话，我只是在照看孩子，并没有妨碍他。而且，能和他在一起我觉得很幸运。每个人都喜欢布伦特。他做什么都是赢家。但自从心脏病发作后，他变得更挑剔了，幽默感消失了。他试图控制一切，而且要求很高，一副高高在上的样子。"

"优越感？"我问。这打开了她批评的话匣子。

"他总是对的……但后来我又想，我怎么就错了？"她改变了自己的想法，从抱怨丈夫变成了批评自己。

我保持沉默，等着听下一步会发生什么。

"布伦特一发现这条短信的踪迹，就狠狠地惩罚了我。他没有事先问我，就告诉了孩子们。他就这么做了。我感到可怕，一切暴露无遗。然而，我知道这是我自作自受。"

我觉得"我知道这是我自作自受"这个评价令人不安。在他们创造的环境中，丽塔的"恶劣"使布伦特有资格羞辱她。在丈夫心脏病发作之前，丽塔似乎已经接受了达成共识的假设：布伦特是不可战胜的。这种特殊的关系令彼此都很舒适。但丽塔也认为，布伦特侵犯她的自主权是正常的。布伦特心脏病发作导致他们之间的共同关系受到强烈冲击。布伦特不再是丽塔不假思索地理想化的合适对象。他更加顽固，也更脆弱。在他们的关系中，是否有改变力量平衡，改变现状的余地呢？似乎丽塔还不能真正坚守自己的立场——先是受制于专横的丈夫，然后又受制于引诱她出轨的引诱者。

我们会面之后，在我了解到的故事片段中，我想到了丽塔对健身教练的吸引力。尽管她将自己的经历描述为非常自然的、破坏性的、神秘的、似乎无法克制的觉醒，但身体从来都不是直接的信息传递者。我们对信息的体验总是由思想塑造的。有些人不知疲倦地创造出性感区，丽塔的教练很可能就是其中之一。丽塔随口评论道："我感到一种强烈的化学反应，尽管他没有那么吸引我。"这暗示了她可能是在处理一种性精神控制的烙印。两人之间有种强有力的心理过程，其中一个人将他的感觉投射到另一个人身上，迫使她按照他的意愿行事，进而从"内部"控制她。虽然是精神上的交流，但这是一种真正的压力，通过双方之间微妙但真诚的互动来施加。这种压力可以在各个领域发挥作用，不仅仅是性方面。但丽塔这种情况，压力所带来的困惑可能是深远的。当丽塔试图弄清楚性兴奋从内部控制她的原因时，自己也产生被外界控制的不可思议的感觉。她觉得自己说不出什么是"她的"，为自己这般荒谬的装模作样而感到羞愧和自责。

性欲者和诱惑者倾向于把性和侵略性结合起来，兼具操纵与刺激性。这感觉就像他们进入了一个密室，吃了多汁的果肉，同时似乎陷入了一场令人着迷的性爱。性爱可能听起来很幸福，但当成年人满脑子只想它时，就会带来疯狂的冲击。性爱操控了精神空间，不再有失去和分离的感觉。它暂时让我们体验一种两个人的迷蒙，抹去无情的孤独。但也让我们感到有点疯狂，不受我们生活的基本规则的束缚。我们被这样吸引着，感觉就像掉进了一个未知的陷阱。

丽塔同时面临着两个压力源，诱惑者健身教练的出现和布伦特的心脏病发作。鉴于她的女性魅力对其自尊和自我认知的重要性，我认为这两件事有深刻的联系。健身教练很擅长扰乱她的思想，而且她的思想也容易受其所扰。布伦特的心脏病加重了她的精神负担。她比较脆弱，因此也比较容易受影响。布伦特的健康状况不佳，也危及他们从彼此的价值中获得的满足感，这种满足感是男性和女性力量的来源。他的心脏病发作，影响了身体的亲密，夺走了他们两人需要的肯定。

也许这也是尴尬的一个来源，布伦特感觉性冲动减少了，丽塔则恰恰相反。根据我的经验，有些人（主要是女性）到了中年，开始以一种新的方式体验性生活。年轻女性需要保护自己不受物化的冲击，但中年女性不需要，她们已经经历了生育的考验。女性的性行为可能已经发展成为一个更为人所知、更独立的自我方面，对女性来说更容易获得，更少被浪漫的概念或微妙的人际动态所束缚。

在丽塔的例子中，她对教练的吸引力就像她的婚姻一样，是极端的。丽塔的理想型已经从丈夫变成了健身房里的调情对象，她的成长可能在于明白了自己可能会成为什么样的人。除了男人的欲望和要求，以及她在取悦他们方面的投入之外，我觉得这对她来说是个艰巨的挑战。毕竟，她最重要的角色是母亲、妻子，以及一个忙碌而自负的丈夫的管家。而她的孩子们即将离家时，她作为母亲的大部分职责将不复存在。她作为妻子的角色显然正从"欲望的对象"向"守护者"倾斜。不过，最让我担心的是她丈夫在孩子们面前羞辱她的唠叨细节。考虑到丽塔会因为布伦特的反应而责怪自己，我不确定她是否会质疑布伦特的支配地位，我也怀疑如果丽塔质疑了，布伦特是否会容忍。

网络给了人们寻求更大刺激的可能

随着互联网时代沟通渠道的拓展，发展这种艰难的浪漫爱情的机会也在迅速增加。Facebook 会提醒你大学恋人的生日，你也可以在 Instagram 上找到过去的爱人，这对我们的大脑有什么影响？我们大多数人都有工作、有孩子，还有没完没了的小挫折。一天结束时，我们的意志力很容易受到各式各样幻想的挑战。除了购物外，互联网提供了一个宝贵的机会，即与过去的人重新联系。

我记得几年前收到的一封电子邮件。"你好，老朋友！"标题这样写道。我不习惯在商务电子邮件账户中看到非正式场合的称呼，所以我以为是垃圾邮件，可能是有人从我的地址簿中盗用了一个名字向我要钱。然后我注意到，发件人的名字看起来很熟悉，似乎是大学时候的某个名字，于是我打开了邮件。里面有一张照片，是在某个地方的门廊上拍的，是一个和我年龄相仿的男人，身边围着四个孩子，从六岁左右的女孩到依偎在他臂弯里的一个婴儿。我眯起眼看了看他的模样——灰白的头发，有点肚子。经过时间的磨砺，很难完全辨认出那张脸。照片下面写着："因为某种原因，我回想起这些年来的地点和人物，你突然出现在我的脑海里，我微笑着想，现在她真的很了不起。"啊哈？最后这句话听起来有点暗示性。我几乎不认识他。他那明显恍惚的精神状态，跟我没有多大关系。

我想，这个人能花点时间回味过去，分享温暖回忆，是件好事。即使在令人满足的生活中，一个疲惫不堪、50多岁、有四个不满六岁的孩子的父亲，也可能会在酒精作用下，沉迷于一点旧日时光。不过，这也让我开始思考：如果这个男人是我的初恋，或者是一个时时刻刻萦绕在我脑海里，想着可能会发生什么的人呢？那时我会对他的沉思做何反应？如果我一直在寻找逃避或分散注意力的方式呢？我是不是会研究他的话，并在精神上放大，甚至花几个小时来构思我的回答呢？

我想到了各种各样的患者。他们说，多年来，他们一直在与Facebook上的跟踪、猥琐的电子邮件回复，以及看似友好的逐步升级关系的短信交流做斗争，但后来他们变得更加困惑，如芒在背，甚至让他们失去了自我。人们把整个下午的生产力都耗费在这样的消遣活动上，甚至常常不确定他们想要什么，或为什么这样做。凡尘过往意想不到地迸发出来，不禁带来一种特别的刺激，让我们沉浸在记忆、欲望和怀旧中。它们满足了我们中年时回顾过去几十年生活的冲动，我们不太确定是继续还是放下。在线交流增加了前所未有的负担，因为发送到虚拟世界中的信息会令人产生狂热的期待，更不用说失控的幻想和膨胀的意义感。间歇性强化是行为最有力的塑造者；当奖励随机出现时，就会形成习惯。我们永远不知道什么时候会得到奖励，所以我们会越来越频繁地重复这种行为，希望能够获得成功（类似赌博老虎机一样）。不幸的是，迷恋的强迫性特质可能会与检查电子邮件的条件奖励配对,造成过度的精力消耗。人们自我感觉很糟糕,但似乎无力停止。

尽管这些习惯令人沮丧,滋扰生活,但它们表达了更深层次的困境。人到中年,我们会不由自主地意识到那些没走过的路。意识可以激发任何东西,从悠闲的好奇到深刻的遗憾。我们想办法把年轻时的梦想融入当下的现实。这不仅仅是因为无聊,虽然也可能只是无聊。我们希望与故人再续前缘,从不同的角度理清事情或理解事件。我们希望人生故事能弥补遗憾、更有意义。

对一些人来说,这些欲望来自他们年轻时对生活的回忆,相比较后不禁让他们对现在的生活产生反感。建立家庭后,人们会回归传统的角色,即使我们对这些角色基本感到满足,但也会感到重复的乏味。我们从家到公司,再到学校,再回家,第二天起床时,仍重复这个循环。难怪人们缺乏时间和精力去发展一种更微妙、更令人愉悦的关系。生活给所有人带来各种让人筋疲力尽、难以完成的事情。疲劳、压力和焦虑让我们很难进入新的创造性的思维状态,无法带来新的可能性,而是经常会陷入旧的思维模式中。当事情让我们感到有压力或困惑时,有时我们想做的就是停下来,停止尝试,然后放任自己。思考逃离也完全是意料之中的事情。加勒比海的邮轮是不错,但我们也会满足于垃圾食品,沉溺于电视节目,或没什么坏处的工作调情。

即使在最好的情况下,也潜藏着一个更大的中年问题:我如何既追求刺激又保持稳定的关系?很难弄清楚如何将我们已经建立的架构,与激发我们的激情结合在一起。如果我们敞开心扉,接受刺激和挑战,我们能感受到。当感觉来了,就会冒险。我们并不总是知道冒险的结果。扩大交际圈,寻找更刺激、更亲密的朋友,其中一个问题就是如何在浪漫和友谊之间找到平衡点。

已婚的罗杰就有这样的困境。多年后,罗杰遇到了已婚老友玛丽安。这次见面后,他们通过电子邮件相互表达"见到你真是太令人惊喜了",邮件交流越来越带有暗示——"我觉得在你身边,我才是最好的自己",进而开始袒露"我们必须弄清楚这是什么"。再后来,两人接吻了,并由此带来痛苦的婚姻纠纷。最终,他们决定停止接触。当罗杰试图解释二人的纠缠带来的滑坡效应时,他说:"我无法忍受这么多年后她不在我的生活中。但我不知道如何让她进入我的生活。事后，我扪心自问，是否还有其他办法。但这是一条不会通向目的地的路。"

罗杰浪漫地向对方伸出手，从一个角度看像是拓宽视野的尝试，从另一个角度看像是一种退却，因为它用浪漫的迷恋当成一种手段，在人生的关键时刻实现更大的联结，这正是罗杰人生的挑战。很多时候，人们想要建立更紧密联系的冲动会被注入浪漫的感觉，因为人们还没有找到一种方法，让我们从对浪漫开始的兴奋所带来的单一关注中逐渐过渡到多样化的关系中，我们需要以此生存和繁荣。青春、活力、可能性和激情，这一切似乎都与浪漫的爱情联系在一起，要想知道如何通过其他途径获得这些品质并不容易。

通过其他方式获得这些品质的高级心理学术语是"升华"，这一术语指的是健康成人生活的核心悖论，即放弃才能获得。当我们接受角色的限制和结构时，无论是父母对孩子、丈夫对妻子，还是老师对学生，我们反而获得了表达这个角色全部情感的自由。这笔交易很难达成，因为得失是密不可分的。接受在角色范围内行事的需要，肯定会涉及让步：对愿望的挫败，对无限可能性的幻想的丧失，甚至对我们无法拥有的东西的悲伤。

但总的来说，这是一次富有成效和创造性的交流。把时间和精力重新投入到我们有限的生命中，往往会收获最丰硕的果实，即使我们知道在某个地方有一种我们永远没有机会品尝的异域品种。即使受到考验，坚守界限也能让我们保存和维护那些我们最关心的东西，无论是给孩子一个稳定的家，花时间和精力去关心他们，还是发展我们的兴趣爱好。相信自己的界限，也会让更多样化的关系蓬勃发展。

相比之下，看看当我们缺乏这样的界限时随之而来的混乱吧。蒂亚来找我帮忙，因为她每次找到新工作就会爱上一个同事。当她对合作和分享想法感到兴奋时，她总是发现自己陷入了一种模糊的情爱感觉。她不能依靠她的工作角色结构来获得任何表面上的安全感。她的人际关系变得混乱和复杂，她觉得自己一直处于情绪波动中。她失去了协作创造、团队合作和友谊的真正乐趣。她没有界限，这意味着每一段关系都是"公平的游戏"，但她非但没有感到自由和满足，反而发现自己一次又一次地陷入一种很讽刺的自我剥夺的境地。

虽然蒂亚的情况听起来很极端，但它可能与罗杰的情况有更多的共同之处。中年的浪漫探索是一种渴望尝试新的自我，收集旧的自我，或重写人生故事的表达。我们年轻时的渴望是一种强大的力量，是自我认知的重要方面。但是，用浪漫的公式来诠释这些渴望的冲动，可能会使我们偏离轨道，不能过上少一些性感、多一份崇高的生活。也许我们对爱、赞美和欣赏的需求最好通过多种途径获得。就人际关系而言，多元化或许是丰富情感生活的关键。

我们向他人伸出援手，是由感激那些对我们来说重要的人所驱使的。联系老朋友可以看作我们热切渴望更强的社群归属感，并串联起我们的过去、现在和未来。我们都知道，通过社交媒体沟通是一种挑战。前一分钟，我们的手机和电脑还像兴奋剂一样；下一分钟，它们就变成了令人沮丧的入侵物。断联意味着在关闭消息时感到压抑的痛苦。当我们社交活动的主要沟通渠道与那些爱出风头的朋友用来报告他们与新恋人周末出游的渠道相同时，这就不容易了。关键是要弄清楚，如何将成瘾性沉思的诱惑与积极参与、扩大关注范围的良好愿望分离开来。也许，当我们发现自己试图重燃旧情时，我们可以问问自己，是否有一种方法可以让我们的激情重燃更大的火焰，比如做一些有创意的事情，或扩大兴趣范围。如果这个目标过于宏大，我们可能会转向一个更温和但令人满意的目标。记住，我们生活中的许多美好事物，都来自我们对已经拥有的事物的持续保护。

摆脱精神出轨

在我们第一次见面的九个月后，一天，克里斯蒂娜走进我的办公室说："我想，我终于不再相信这种感觉了。我想我该放手了。"我记得当时我有一种想哭的冲动。我脑海中浮现出这样的画面：我们一起经历了一场风暴，设法从失事的小船上游到岸边。在暴风雨中，我的角色类似于一个坚定的母亲，接受和控制她难以忍受的感情，在她感到失去理智时，保持自己的理智，为她的生存而努力。直到这一刻，我才发觉我是多么担心克里斯蒂娜，她失去的东西太多了。但克里斯蒂娜相信我们的关系，她一直在找我，凭着我的鼓励，让她对她困惑的原因感到好奇，并依靠我的兴趣来寻找解决办法。帮助克里斯蒂娜渡过难关的，是我们的关系以及对彼此的爱，不管这是否出于移情作用。

我们都相信，在本缺席的背景下，她对伊桑健康状况的恐慌降低了她正常的防御能力。她的头脑戏剧性地强化了迈克尔微笑的魅力，就像创伤记忆的痕迹一样，烙印在了心里。没有更高级的心理功能（判断力和一种现实感）的调节，她高度警觉的恐惧状态超出控制范围，加剧了她的主观兴奋。然而，她一直为情所困的深层次原因是原生家庭和移情，迈克尔的"爱"为其提供了一个神秘的象征。她的情绪状态就像是依赖别人的孩子，渴望着爱人的注视和关注。我们永远无法确定这些回顾性的故事是否具有历史意义，而且无论如何，它们准确的再现并不能治愈创伤；相反，共同努力做有意义的事帮助了她。她无法独自处理自己的经历，她需要一个有爱心的人来帮助她。我见证了她的困惑和羞愧，接受了她的强烈情感，用兴趣和平静的态度满足了她唠叨的兴奋，这一切都帮助我把汹涌的力量变成了一种更容易忍受的东西。

克里斯蒂娜爱她的丈夫，本也爱她。她与孩子、朋友和兄弟姐妹的关系很好。所有这一切都告诉我，尽管家庭困难重重，克里斯蒂娜还是得到了孩提时不可或缺的爱。考虑到这一点，克里斯蒂娜对另一个男人产生了如此深的迷恋，让我们仍然感到困惑。很少有人相信，现实能完全满足我们对爱情的需求，但对于像克里斯蒂娜这样的人来说，现实似乎已经充分满足爱情的需求，她所遭受的困扰也是可以避免的。克里斯蒂娜和我探讨了她在婚姻中是否缺失了什么，尽管她和本相处融洽。她开始感到，内心有一种重要的东西，她还没有在婚姻中找到表达的方式，那就是一种安全的、毫不羞愧的自然流露。克里斯蒂娜开始意识到，她已经在应对和胜任的模式下构建了婚姻关系，而她还没有和本一起测试她的立场到底有多么必要。考虑到她被迈克尔毫无缘由地吸引，这件事很微妙，我们开始欣赏她不怎么热情的一面，这是她从未感受到的奢侈和充分探索的自由。

起初克里斯蒂娜不好意思告诉我，但最终透露说她对迈克尔的想法产生了一个很不错的副作用，那就是和本更强烈的性生活的联结。当我们仔细观察时，她注意到这并不是由任何一个男人的特定幻想或想法引起的，而是由于她的身体和心灵感觉不同造成的。在过去几个月的时间里，克里斯蒂娜的混乱的情感状态常常让她觉得自己的人格已经不稳定了。但这也可能让她体验到一种更流畅、控制更少的感觉循环。尽管非常混乱，她不知怎地感到不那么担心了，不那么困在认知思维里了。而且，这种转变促使克里斯蒂娜尝试一种更自由、更放松的方式。

克里斯蒂娜已经从痛苦中走出来了，虽然她有一段时间觉得自己好像在康复。我想到了精神休息的治疗功能，这与挖掘事情真相的治疗目标非常不同。也许到了另一个时代，她的经历会被称为精神崩溃：不是抑郁症，而是近似的一种情绪；不是创伤，而是深刻的、准生理性的问题。当克里斯蒂娜的情绪变得更加平静时，她有点想念那些高潮和低谷，但最重要的是她感到了解脱。"我给迈克尔和肖娜的家里寄了一些政治传单，"有一天克里斯蒂娜告诉我，"我一次碰巧看到他们家入口处的桌子上有一摞从图书馆借的书，它们看起来像是迈克尔会读的那类图书，有关社会意识形态的那种，有点乏味。我突然想到，他一直过着有规律却单调的生活，能够保持足够的平静心态来真正阅读和关注这些书。我对他没有任何渴望；我感到更多的是一种空洞的感觉，好像这个世界不再像我相信我们之间有特殊联系时那么强烈和生动了。"

随着克里斯蒂娜的情绪逐渐平复下来，她感到羞愧，不该让本独自揣摩自己心烦意乱或泪流满面时到底发生了什么。作为朋友，克里斯蒂娜很想念迈克尔，但她也不想自私地倾诉自己的烦恼。几个星期以来，我们一直在讨论，把克里斯蒂娜的遭遇告诉本意味着什么；克里斯蒂娜认为本会在多大程度上理解这一切；以及她向本坦白从而寻求亲密关系是否现实。克里斯蒂娜来来回回地走动，虽然希望通过这次谈话获得理解，但担心谈话本身造成不可避免的痛苦。她特别担心，就在她开始感到自己的内心获得了更大的情感自由时，他们之间令人羞愧的谈话会结束这一切，而这份羞愧是不可避免的。克里斯蒂娜知道这风险很大，但她也觉得自己不想再像以前那样继续和他在一起了。

"当我告诉本时，"克里斯蒂娜对我说，"我小心翼翼地以整个事件只是发生在我的脑海中作为开场白。我告诉他，你和我谈了很多，如果他和我都认为跟第三方谈会更容易些，你就会帮我们找个人来做这件事。一开始，本吓了一跳，而后如释重负。本担心我可能有外遇。我感觉很糟糕。在那之后，本很受伤，也很生气。他真的不喜欢对我或任何人发脾气。但他确实很生气。"

这对他们来说是一段艰难的时期。他们感到尴尬又敏感，几乎没有时间交谈。当他们设法交谈时（孩子们在那几周里花了很长时间上网，她对此很内疚），却很难进行。本想知道克里斯蒂娜到底发生了什么。克里斯蒂娜告诉他，很多时候她都觉得自己精神不正常。她倾听他的感受和想法，他关心她所经历的一切，这令她深受感动。有时，他甚至表示同情。几周后，克里斯蒂娜对我说："我几乎被本的真爱震惊了。"从克里斯蒂娜的叙述来看，她和本似乎在设法倾听彼此的心声，忍受彼此的感情。克里斯蒂娜由衷地感到抱歉，因为她没有更好地保护自己、保护本以及他们的婚姻，但她并没有因此而感到羞愧。她的感情和秘密让本真的很受伤、很生气，但本并没有陷入长期的责备或冷淡中。本可以接受克里斯蒂娜的悔恨，克里斯蒂娜可以接受本的失望。这是个很长的过程，需要时间。

我从来没有亲眼看见过这样的事情。看到一对夫妻，其中一方将如此痛苦的经历融入完美的婚姻中，然后他们可以如此坚持不懈地为相互理解而奋斗，这给我留下了深刻的印象。他们承认需要耐心、持续的努力和时间的流逝，这也给我留下了深刻的印象。他们都不想通过加快自己的感情来解决问题。他们清楚地知晓，解决这个问题需要时间，而且婚姻有它自己的节奏，就像四季更迭，值得尊重。

"我不希望我所经历的一切发生在任何人身上，永远不。"克里斯蒂娜和我正在思考她的处境，"我觉得我必须一点一点地找回自己。本不应该受到这样的惩罚，我现在还在想我能做什么来阻止这一切，"她停顿了很长一段时间，"尽管情况很糟糕，而且一直都很糟糕，但我几乎可以说，我们已经把它利用得很好了。"

"你是什么意思？"我问。

"我从没想过，我所经历的一切会在婚姻中被接纳。我觉得我发现了婚姻的真谛，以及本的为人。我觉得结婚就是要互相帮助，而不要因为对方有时疯狂就责怪对方。本就是这样对我的。"

夏天来了，随之而来的自然是夏令营和假期的复杂日程安排。我们的会面减少了，然后就再没见面，我想知道克里斯蒂娜是否拒绝正式结束我们的会面，因为她有点迷信，觉得这是在冒险。但到了秋天，当我再次见到她时，尽管经历了一连串的考验，她似乎已经到达了彼岸。

"我妈妈做了手术，我们暂时让她搬到我这里，"克里斯蒂娜说，"目前，预后情况还不清楚。我感觉离母亲更近了，我觉得这是我第一次把她当成自己。当我想到她的僵硬和恐惧时，我为她感到难过。迈克尔有时会打电话给我说拼车什么的。我把它留在语音信箱好几天，只是为了测试一下自己，看看听它是什么感觉。听后我并没有感觉很开心。"

她带着令人心碎的微笑看着我："谢谢。就像你看过我的裸体一样。现在，我终于穿上了衣服，但你已经看过了。"

"只有当你觉得自己的裸体有问题时，这才会是个问题。"我说。

我们都沉默了一会儿。

"我见过你这样的人。"我说。

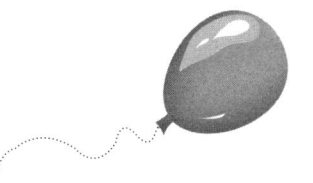

第 8 章

岁月像一把"杀猪刀":

如何适应彼此的年老色衰

The Rough Patch
Marriage and the Art of Living Together

让衰老在婚姻中得以安放

"我有一个漂亮的表妹,"54 岁的律师雷蒙德告诉我,"每隔几年,我就会在家庭聚会中见到她。就在去年再见到她时,我发现她的嘴巴周围似乎发生了一些变化,我都觉得她的脸有点不像她原先的那张脸了。我的感觉不是很好,好像我再也看不清她的脸了。这令人不安。"

那些研究机器人、计算机成像和整容手术的人谈到了恐怖谷理论,意思是当我们看到"非自然"的人脸时,我们会有一种不真实的怪异感或憎恶感。我们敏锐的面部识别能力已经进化了数千年,所以对整容后的面部表情会产生违和感。人们对面孔的感知是一个复杂的过程,先将特征整合到类别中,某些类型的面部变化导致类别的"不确定性"。我们从微小的肌肉运动中检测情感意义,并通过微模仿彼此的面部表情来分享情感。综上所述,我们可以看到,衰老能够带来情感方面的好处,即细微的感情、微妙的表达和真实性,这可能会与我们在身体损伤控制方面的努力产生冲突。

我的朋友卡娜德·辛凯(Kanade Shinkai)是旧金山的一名皮肤科医生。她从不接手整容手术,尽管在这个富裕的城市她有机会多赚四倍的钱。激光、肉毒杆菌、化学焕肤、面部整形手术她都能做,但她选择不做,一方面是因为她对严重的皮肤病感兴趣,另一方面是她"不想在原因不明的情况下做这些手术"。

"亲眼见证皮肤对人们的不同意义,是非比寻常的。男人可以感觉到脱发正在毁掉他的生活。然而,我治疗过一位身患恶性肿瘤、下半身被截肢的患者,他和妻子仍然愉快地坐在沙发上看电视。在我们的候诊室里,长着大肿瘤的人身边坐着前来注射肉毒杆菌的人。所有坐在候诊室里的病人都是有其重要原因的。我想了解他们的现实情况。"卡娜德·辛凯是一名修行的佛教徒,这或许可以解释她对皮肤、时间和自我接纳的思考。"任何欲望都是痛苦之源。我很乐意和人们谈论健康的、有据可循的做法,比如防晒、拒绝吸烟。但我不想在人们应该渴望什么,或什么应该让他们痛苦的问题上占据权威地位。"

社会学家弗吉尼亚·布鲁姆(Virginia Blum)在她的整容研究中写道:"'我觉得自己很年轻,但我看起来老了',这太悲哀了。"外科患者倾向于认为他们真实(年轻)的内在和惊人的外表并不匹配。"你有权让'真实的你'被看到、被认可,它被锁在里面,吵着要出来宣布自己的身份。"但是,布鲁姆问道:"为什么我们认为'内在自我'是年轻的?"当然,其中一个原因是,在我们精神生活的深处,我们认为自己永远不会改变。在我们内心一个隐蔽的角落里,我们维护着自己最可爱的形象。当现实迫使人们调整预期时,它就像一种粗鲁的攻击。我们觉得衰老不应该发生在我们身上。另一个原因是,照镜子时,我们很难把现在的自己和过去的自己统一起来。就好像我们的故事断了片,有些画面缺失了,而重新塑造我们的外表是联通过去与现实的一种方式。

卡娜德·辛凯并不是对整形手术持批评的态度,也不会天真地认为外表定义了我们。"外表是我们的公众形象,是我们的名片。"她说。但仅通过10分钟的谈话,卡娜德·辛凯根本无法了解跟她交谈的患者,也不知道他们对这样或那样皮肤科手术的幻想与内心的挣扎有什么关联。卡娜德·辛凯怀疑外在变化是否能修复内在状态。然而,正如她深刻地描述的那样,人们希望身体恢复到更年轻的状态,这将帮助他们应对甚至消除痛苦、更正错误。卡娜德·辛凯说:"我们的皮肤让我们想起我们所做过的事情——文身和伤疤,是的,但也有晒伤、吸烟和压力。"她提醒我们,皮肤也会让我们感到遗憾。"健康的中年患者咨询最多的问题是'我应该做什么?'现在有这么多选择和这么多层次的干预。人们很纠结,我想知道'他们到底想要什么'。在自我批评的背后,我从这些问题中听到的主要是遗憾。后悔自己对身体太苛刻,或者没有好好照顾自己。他们为青春默哀,希望能重返青春。"

回想卡娜德·辛凯的话,我突然意识到,年龄增长会使身体成为影响婚姻的另一个因素。对于那些足够幸运、没有及早吸取这一教训的健康人士来说,衰老代表着身体慢慢变成"问题",即可能成为审美问题(对自己或配偶而言)、运动问题或更普遍的功能问题。我们的任务是找到一种优雅的方式,来应对身体的变化,就像我们多年来一直努力寻找一种优雅的方式来适应配偶的差异一样。长期以来,我们每个人都试图与配偶的身体优雅地生活在一起。我们的身体成为限制、需求和尖锐意见的新来源,它们需要被倾听并得到应有的回应。衰老,连同婚姻中所有其他的感情和担忧一起,都要在婚姻中有安放之处。

夫妻生活的力不从心

埃尔莎和米奇是一对 50 多岁的夫妻,他们在女儿申请大学的那年秋天来找了我。苦难似乎让他们有了最坏的倾向。埃尔莎满是责备,她想向米奇寻求更多的支持和亲密;但米奇却一心扑在工作上,对埃尔莎的要求既内疚又愤恨。米奇希望埃尔莎监督女儿大学申请的事宜,但埃尔莎和女儿同样紧张,经常激怒对方。我觉得米奇有点逃避,她女儿大学申请阶段的后勤保障和情感风暴令我印象深刻,这是一个需要一家人共同努力的问题,至少值得他真诚地去努力。但奇怪的是,就在埃尔莎帮着女儿准备离家上大学时,她却倾注大量精力在意起了米奇对她所有事情的忽视。埃尔莎的要求是否会分散她的注意力,导致她忽视了当前有点费力不讨好的父母之职呢?

埃尔莎瀑布般的头发和苗条的身材表明,她的吸引力是个核心问题。米奇一直都觉得自己是最帅气的人,但他气度谦逊,恰好平衡了他的帅气。他俩看起来就像那些性感而有魅力的人,一生中大部分时间都在遭人嫉妒。我想知道,这是否在某种程度上导致了他们的困境。埃尔莎说她很难过,因为米奇已经不再保持多年来夫妻一起上床睡觉的习惯,这像是某种不安的暗示。

"你没有优先考虑我们在一起的时间,"埃尔莎用一种有点悲伤的语气说道,"理解我想要得到关注有那么难吗?"

米奇冷静地说:"我们得有一个人留出时间,确保孩子们安全回家。"他在暗示埃尔莎太自私了。

"如果我们不关注这个问题,等孩子们走了,我们之间将一无所有。"她加快了语速。

在我看来，现在已为人母的埃尔莎对浪漫的关注有点过于强烈了。但和很多人一样，她担心孩子离开后婚姻会变得空虚。埃尔莎对这个问题滔滔不绝，但是他们的亲密生活却以不同的方式困扰着他们。因米奇不够浪漫，埃尔莎觉得自己遭到了拒绝，而米奇则因埃尔莎一直保有且越来越高的浪漫期望而感到心情沉重。关于负责任的父母的争论，掩盖了他们对身体和情感距离日益拉大的焦虑。

通过分析他们的挫折，我们会发现一个相当普遍的与年龄有关的问题。在他们相处的大部分时间里，他们的性生活都遵循着米奇的欲望所设定的节奏。这种"想要"的欲望很稳定，导致埃尔莎总觉得自己是被渴望的，不需要太主动。随着米奇性需求的减退，埃尔莎失去了平衡，她变得焦虑了，然后就提出要求。在中年男性和女性中，这一行为同样很普遍，米奇在悄悄回避，甚至冒着放弃性生活的风险。他几乎不再表达感情，担心这会导致性期待。现在，他们的困境与其说是心理调整期，不如说是一种生存威胁。

米奇和埃尔莎并不是唯一陷入夫妻性观念误区的人。人们倾向于认同一种异性恋的"理想"型模式：女性的性欲是跟随着男性的性欲，而男性的性欲是由女性的吸引力来维持的。随着年龄的增长，这种模式越来越站不住脚，结果导致人们觉得自己做得不够好。当男性兴致不高或力不从心时，女性就会担心自己不够有吸引力。男人担心他们的"男子气概"和性功能，而女人担心她们的"女性气质"和性功能。社会学家观察到，这给夫妻带来了痛苦，因为他们担心再也不能按照年轻时的模式进行性行为了。性生活的成功源于男性的欲望和女性的性感，人们被不断衰退的吸引力和年轻人的活力吓到了，不断寻找修复欲望的物理方法。整个美容产业，包括整形手术，都可以"治疗"女性吸引力的"问题"。"好好变老"被理解为保持年轻时的性爱习惯。

值得注意的是，与年龄相关的性变化的苦恼在四五十岁时比在晚年时更明显，因为年轻时的性爱习惯开始与衰老的生理现实发生碰撞。尽管前景不容乐观，但研究表明，在人的一生中，性生活仍然是关系满意度的重要组成部分。在 45 岁至 54 岁之间，80% 的男性和 75% 的女性认为，性对夫妻关系的幸福很重要；到了

70 岁时，66% 的男性和 50% 的女性有同样的看法。性生活的频率会随着年龄的增长而下降，但如果人们的健康状况和性自尊良好，年龄本身并不会导致性欲的下降。与人们熟悉的"性无聊"假说相反，无论对男性还是女性来说，婚姻的长短并不预示性欲或夫妻生活频率的高低。事实上，有证据表明，对夫妻生活的满意往往会让夫妻的婚姻更幸福，他们的婚姻也因此更稳定。性满足与婚姻幸福的因果关系似乎对男性和女性都适用。

所以，性对很多夫妻来说仍然很重要，他们的欲望并没有消失。一部分夫妻可能赞同他们不想成为性伴侣，尽管当夫妻其中一方退出关系时，这一部分夫妻中可能有人会感到沮丧和惊讶。埃尔莎和米奇都知道性对他们来说很重要，但他们还没有弄明白，如何跳出长期以来坚持的男性先开始的惯例来思考问题。做一些不同的事情会让人感到害怕。每个人都有自己可靠的方法。然而，人际关系的神奇之处在于，做一些不同的事情，即使是小事情，也可以有大作用。几乎所有仍然对另一半有感觉的夫妻，在配偶冒险时都会感动。尝试的勇气很重要。

与埃尔莎和米奇一起，我们同时在两条战线上工作：一个是接受养育青少年需要耗费大量时间，但不一定有回报，他们似乎都在回避这一问题，米奇是通过工作，埃尔莎则是有点夸张地渴求关注；另一个是帮助他们走出逃避，走向性探索。关于与年龄相关的性行为变化，一个更有希望的发现是，男性和女性开始在更平等的基础上处理性行为。男人会发现，一个不那么受目标驱动的性模式可以创造更多的情感联系，能更放松、全身心地分享快乐。习惯了性反应变化多端的女性（比如，有时欲火攻心，有时放不开），可以将这种意识转化为同理心，用于接受男性更多变的性反应。随着年龄的增长，女性在表达性需求方面变得更加自如。这对男人来说是一个机会，不仅因为他们一直希望妻子能主动开始更多的性行为，还因为他们可以利用妻子的性唤起提升自己的性兴奋。

当伴侣以这种方式像个亲密的团队般运作时，他们可以抛开关于性的束缚观念，并为自己喜欢的事情合作。协作精神的适用范围扩及使用各种唤醒方法，而不是把一种方法看得比另一种更好。在伴侣性行为中，人们通常以三种方式被唤起：伴侣间的互动、自我陶醉和角色设定。

- 伴侣间的互动是我们通常认知的方式，即被伴侣的外表、感觉和行为所激发。
- 自我陶醉是专注于自己的身体感觉并接受触摸。
- 角色设定是在你的个人想象（幻想）中被激发，或者通过角色扮演或利用道具。

当性爱变得无聊时，通常是因为夫妻将自己局限于伴侣间的互动，并将其作为性唤起的来源。解决方法是改变性唤起方式。

把现在的性生活当成可以一起解决的问题，这种方式缓和了埃尔莎的抱怨倾向和米奇的逃避倾向。然后，就像 21 世纪中年女性的女神来造访一样，埃尔莎刚刚离婚的姐姐说服她把瑜伽加入锻炼计划中。埃尔莎因此成了美国 1400 万 50 岁以上瑜伽练习者中的一员，她的练习激发了她一直渴望的团体感。在日常生活中，埃尔莎往往是疯狂而被动的，独自一人时，会感到茫然和不安。在课堂上，安静、情绪、音乐和老师温柔的声音，都有助于平复她紧张的情绪。瑜伽还有助于填补她在家庭生活中日益增长的空虚。这给了她一条通向神圣和更深层次的自我同情的途径。找到"自下而上"的意识，欣赏她此刻的感受；平衡努力与安逸；发现身体上的紧张，这对她的日常生活是一个巨大的福利，也是缓解压力的解药。

瑜伽有许多其他益处，除此之外，还成为体悟自身的一座桥梁。这帮助埃尔莎重新找回了信心，恢复了冷静。瑜伽服也独具魅力。埃尔莎的瑜伽服让她觉得自己可爱又性感。在周二上午的瑜伽课上，一位 28 岁、赤膊上阵的瑜伽教练非常认真地帮助女性进行着骨盆调整的工作，这无伤大雅。但最重要的是，实际的练习帮助埃尔莎集中感觉，呼吸使她的身心状态有了巨大的改变。"一切都与呼吸有关。"埃尔莎告诉我们。我很高兴看到，她新获取的瑜伽知识取代了之前吸引米奇注意时的责备语气。"瑜伽帮助我成为一个更好的伴侣，"有一天埃尔莎对我说，"因为我更愿意耐心倾听。"她曾经因为米奇缺乏浪漫的姿态而感到愤愤不平，现在埃尔莎问米奇是否愿意参加伴侣正念瑜伽静修（"你真幸运。"米奇的哥哥听到这些进展后说）。

爱一个人究竟能否抵御住衰老的蹉跎

"你能治好我吗？"卡娜德·辛凯在她的皮肤科办公室听到了这句充满悲伤的话，这与我们作为婚姻伴侣有时对彼此说的"你自己调整吧"没有什么不同。就像生孩子一样，老龄化也是一种需求和压力，它以一种新的方式消耗着身体系统。随着我们脆弱性的增加，我们最深层次的焦虑会再次出现，这是人之常情，更不用说我们对这些情绪的特有防御了。随着我们身体的明显老化，我们的自我保护意识受到威胁，我们会盘点自尊的来源，对自尊的消耗更加敏感。婚姻誓言是一个协议，使婚姻成为我们亲密关系生活的主要故事线。我们不能承诺永远不会有对婚姻有害的感受或行为，只能选择将婚姻当作我们关系生活的中心叙事这一种方式来解释这些感受和行为。然而，随着年龄的增长而产生的感受是无法完全预测的。虽然有些变化是可以预见的也是不可避免的，但无论如何，这种感觉将是艰难的。就像一个男人不好意思地对我承认的那样："我觉得我希望我的妻子尽快停止衰老。"其他的变化是无法预见的，我们必须与它们引起的恐惧和失望做斗争。无论哪种方式，我们都需要运用我们一直在探索的所有技能，包括自我意识、自我责任感、好奇心、同情心、控制力，等等。

亲密关系中隐藏着一个令人不安的问题：爱一个人如何以及为什么会继续支持和促进我们的自爱，它如何以及为什么会开始背离并威胁我们的自爱？自恋作为共同的骄傲和崇拜，贯穿于健康的婚姻爱情的始终，所以要区分出更有害的形式并不总是容易的。过度自爱和"照顾"自己的理想型也很难区分。我记得有一对夫妻，丈夫在60多岁时称，由于经常进行高强度运动，他获得了新生。虽然他和他的妻子在大学时代都是竞技运动员，但妻子并没有像丈夫一样产生新的运动热情，这主要是因为她这一年做了膝关节置换手术。

他们最近去欧洲旅行，游历了一些主要城市，大部分是徒步的形式。当他们回来时，彼此几乎不说话。我了解到，这种沉默是他们在巴黎的最后一天去地铁的路上开始的。丈夫和妻子的观光日程排得很紧，丈夫冲下楼梯去追赶到站的火车，当妻子没能跟上他时，他在地铁站门口喊道："快点儿！"他对她说话的方式让她感到羞辱和愤怒。尽管穿着淡黄色的七分裤，但她还是在地铁的楼梯上坐了下来。

从那一刻起，他们已经三天没说过话了，不论在地铁上、晚餐时还是在去机场的出租车上或在回家的飞机上。妻子觉得丈夫的行为极不体贴，令人反感。我深表同情。老实说，丈夫的做法对我来说并不奇怪，即使这是一种更极端的重复行为。丈夫总是表现出一种令人讨厌的自恋，而残酷的事实是，在过去，自恋的光芒确实笼罩了妻子。当衰老带来不可避免的衰退时，丈夫求助于健身，将其视为文化认可、个人偏爱的长生不老计划。为了让这一切顺利进行，他的妻子必须参与进来。然而，妻子却做不到。

在丈夫看来，妻子的问题在于她"不愿"认真对待自己的健康，而他只是在敦促她发挥自己的潜力。丈夫似乎没有意识到，把妻子真正的弱点强行扭曲成意志力的问题是自私的。这也传达了对他们基因差异的一种含蓄的责备。无论是外表还是身体上，他的妻子显然比他老得更快。

为了增进对妻子的同情，丈夫不得不反思自己的防御策略，而他对这种痛苦的前景没有表现出什么兴趣。在我看来，更强、更快、更好不可能永远是丈夫解决所有问题的答案。然而，人类总是出人意料。丈夫自豪地宣称，他90岁的母亲仍然独自生活在波士顿笔架山的一栋三层联排别墅里，每周五开车去听交响乐，嘲笑那些不那么强壮、容易被打败的朋友。谁知道他虚无的优越感还能维持多久，到什么时候连同他结婚35年的妻子也会成为牺牲品呢？

提防导致夫妻不和谐的更年期

"天哪，没人告诉过我这件事。"一天，路易斯爆发了。他和妻子阿曼达今年53岁，育有两个十几岁的儿子。"她的情绪失控易怒。她的性欲消失了。我不知道我每天都在和谁打交道。"这个话题是关于更年期的，他以恼怒的第三人称提起了他的妻子，尽管她就坐在旁边。

"听到你这样说我，真是烦死人了，"阿曼达回应道，"我想，突然之间你与我的情绪或烦躁没有任何关系了。"

第 8 章 岁月像一把"杀猪刀":如何适应彼此的年老色衰

"这不一样。这是一个新的低点,或者说是一个新的高点。我不知道该怎么称呼它。"

阿曼达和路易斯是公认的"热情"夫妻。六年前,为了解决路易斯的注意缺陷多动障碍对婚姻的影响,他们开始断断续续地与我见面。路易斯很有创造力,也很有趣,而且是一个狂热的斜杠中年。他经营着一家成功的连锁餐馆,广受欢迎。但他也很容易感到无聊,在面对家庭生活的繁杂任务时,他自认是一场"灾难"。他和他们两个十几岁的儿子里德和卡尔都依赖阿曼达来安排、协调,而且阿曼达拥有足够的管理技能。现在男孩们都处于青春期,阿曼达发现自己的角色比以往更有压力。她在情感上的自我控制从来都不是很强,但每当来自她的花卉生意的压力增大时,她的情感就会爆发出来。但现在她的情绪长期超负荷。

"这些天,我家里有三个男人,而不是一个,"阿曼达说道,"我觉得我的头要爆炸了。我受够了。我实在受不了要事无巨细地管理每个人……"

"我讨厌你事无巨细地管我。"路易斯说。

"是啊,但你自己什么都记不住!"她哭了,"你和孩子们把我当成私人女佣!我无法一直努力保持平静,把所有的感觉都压抑下来,这会让我生病的。"

不管阿曼达有没有读过关于更年期的畅销书,她都清楚地表达了一条思路,即"变化"对女性心理的影响。这种观点认为,女性在进入更年期之前,随着荷尔蒙平衡的改变,大脑中的化学物质也会发生变化。在整个生育期,雌激素和催产素是一种"互助友好型"的荷尔蒙,刺激女性的养育和安抚行为。但在更年期,这些激素逐渐减少。随着孩子的成长,照顾他们身体的需求减少,女性身体的催产素释放的回报也随之减少,导致女性感觉不太愿意优先照顾他人。她们开始以不同的方式体验自己的欲望和目标,她们感觉更加自主、更有力量。

与此同时,男性则被蒙在鼓里,迷惑不解。如果说女性很少考虑到更年期的问题,那么男性则更少考虑这个问题。人们通常避免考虑衰老问题,一种文化习惯掩盖了令人不安的细节。但对于更年期,也没有正规的课程,没有人知道会发生什么。甚至男人也隐约听说过一些常见的事情(潮热、盗汗)。有一种让人不舒服的需求,就是要去面对那些迄今为止完全无关紧要的"女性问题"(如激素替代疗法的利弊）。但还有各种各样的不确定因素，包括睡眠问题、体重增加、皮肤干燥、性欲变化，以及所有与情绪有关的问题（如抑郁、易怒、焦虑、意外波动、哭泣）。考虑到女性起伏不定的生理和心理状态，男性和女性都可能发现自己处于未知领域。

"互助友好型"荷尔蒙的减弱释放出女性不满的全部力量，这一观点编造了一个女性权力的生物化学故事，但也过分简化了情况。更年期中看似"突然"的性格变化通常需要很长的时间。54岁的西尔维娅是卢安·布里曾丹（Louann Brizendine）所著《女性大脑》（The Female Brain）一书中的一个角色，她问自己："我的生活中有什么不顺利的地方吗？"她认为更年期是导致她重新评估的主要原因。然而，我们在前面章节了解到，几十年来，她一直渴望有一份工作，但她的丈夫罗伯特"拒绝帮她做家务，让这一切变得不可能"。"在什么样严厉的婚姻制度下，丈夫才能如此发号施令？在什么样的愚昧意识下，妻子才能接受这样的命令？"也许更年期激起了西尔维娅的叛逆，然而她并没有简单地容忍了对她长期以来的安排，而是帮助建立了这种安排。在她刚结婚的时候，她的丈夫"告诉她"，她不能得到想要的东西；现在，她的身体似乎在"告诉她"，她可以也应该这样做。主导力量可能改变了，但她的基本取向没有改变。无论哪种情况，只有在她努力承认并主张自己合法的声音时，她才能取得个人进步。

对阿曼达来说，荷尔蒙的变化只是复杂关系中一个最新的小问题。她当然觉得她的荷尔蒙给了她更多的自由，让她成为一个"喜怒无常的贱女人"，为自己的渴望而战。但长期以来，她一直在努力承担着让整个家庭正常运转的情感负担。

"阿曼达的故事是，我的注意缺陷多动障碍完全控制了我们的家庭生活。"路易斯说，"但我认为，多年来，她的情绪一直在主导一切，"路易斯转向阿曼达，"你不会承认的，因为在你看来，是我让你总是这么恼火。"

我们的心情又回到了跷跷板思维模式，情绪高涨时，路易斯和阿曼达就会像往常一样连连指责对方。我看得出来，阿曼达很生气，但她也勇敢地应对了路易斯的混乱。我真心地同情阿曼达，不想再顾及这帮人的心愿，也对她的自我责备感同身受，因为阿曼达认为，自己在某种程度上创造了这个多触角的家庭依赖怪物。但也不难看出，为什么路易斯会被阿曼达突然的愤怒和偏执搞得措手不及。这背后有一股新的力量，谁又能说得出这种推动力是来自荷尔蒙、个性还是岁月的积淀，抑或是三者的邪恶结合呢？然而，尽管阿曼达觉得自己有资格拥有一个新的世界秩序，并且精力充沛地准备做出一些改变，但她也遭受了痛苦，希望找回以前那个更加宽容、更加知足的自己。

阿曼达也想找回自己的性欲。她的性欲减退是因为荷尔蒙作用还是因为她终于达到了家庭需求的极限？她是否感受到因为荷尔蒙的作用，她已经达到了家庭需求的极限？在他们的婚姻中，性一直是她和路易斯消除愤怒、平息无休止的个性摩擦的方式之一。路易斯可能很有趣、很迷人，他有一种不寻常的能力，专注于阿曼达身体的细节。现在，性生活不再是一个有效的发泄途径，阿曼达没有领会到这一点。

对一些女性来说，到了更年期性欲就会消失，这可能是一种痛苦而神秘的失去。有些人则感到自由了，几乎是快乐的。一个女人是已婚还是单身会有很大的不同。伴侣的不满可能是女性失去性欲的主要原因。夫妻可以达成一个务实的妥协。这也许不能满足他们对浪漫的渴望，但至少能让他们不再想要杀死对方。有些女性希望，人们接受她们到了一定年龄后就不需要性生活的事实。当女性不再努力成为性关注的对象时，她们可以感觉到自己获得了更多的内心自由。但女性对自己肉体现状的不适，也可能源于她们对这种关注的自我迫害。看着自己变老是很困难的，很难区分什么是健康的甚至是勇敢的、对性吸引需求的放弃还是对一个潜在愉快领域的防御性关闭，这已经超出了自我判断的能力。

其他 40 多岁、50 多岁和 60 多岁的女性想要的性生活，比她们现在得到的更多。如果有什么不同的话，那就是更年期会增强她们对性的兴趣。她们可能会赞同匈牙利梅特涅公主（Metternich）对老年女性性趣命运的回应："你得去问别人，我才 60 岁。"一些拥有和谐、忠诚关系的女性称，她们拥有人生中最棒的性生活。作为一名可以俯瞰全景的治疗师，我能看到处于人生各个阶段的人，我有时会有一种我是能看透婚姻未来的幽灵的兴奋感，想告诉 30 多岁筋疲力尽的女人，她们现在觉得伴侣的性需求困扰了她们，但在一二十年后，她们可能会渴望得到更多的关注，而不是更少。

对一些女性来说，疲惫不堪的 30 多岁让位于性欲旺盛的 40 多岁，这在很大程度上扰乱了婚姻。她们仍然觉得自己年轻、有魅力，能够保持健康，看起来很性感，展现真实的性欲让自己更舒服，通常已经完成高强度的分娩和育儿工作，她们抬起头来想："还有什么可以做的呢？"进化论的解释比比皆是："还有足够的时间多生一个孩子。"而且，更年期前后的荷尔蒙变化，可能会让女性的主观感觉更加兴奋。在 40 岁出头的时候，大脑和卵巢之间的沟通变得不那么紧密，荷尔蒙波动变得更普遍。随着雌性激素分泌的变化，当雌性激素水平降低时，大脑就会发出警报，而身体分泌的雌性激素和睾丸激素则会上升，导致在月经周期的几周内雌性激素水平飙升。性冲动的主观体验可以赋予力量，也可以破坏稳定。女人会散发出不同的气场。她的身体开始叽叽喳喳，她必须想办法应对这些喧嚣。

阿曼达的性欲并没有完全消失，但已经减弱了。我们从这里开始，试着谈论他们对性生活不那么容易而感到的烦恼，以及由此产生的对彼此的恼怒。这些对话逐渐让阿曼达找回她对丈夫的爱，尽管路易斯让她很抓狂。一旦阿曼达能稍稍平复自己绝经引发的不耐烦的情绪，她就能更务实、更有建设性地思考如何更公平地分担家庭责任的策略。路易斯特意表示了更多的感激，即使这使他对自己的不足感到羞愧。他们都重视彼此的依赖，至少在他们感情较好时都不否认这种需要。即使性生活并不一样，身体上对彼此的需要也是性生活的一部分。

他们也会笑。有一天，他们因为一件荒唐的事而大笑起来，这件事似乎和路易斯的俄罗斯前姐夫有关，他那注定要倒霉的性经历给他们带来了一阵下流的幽默。当他们用暗语交谈时，我多少有一种被屏蔽、被排除在外的感觉，20 年来的共识和故事隐藏在他们的微笑中。他们必须适应亲密生活的新常态，但不知什么原因，更年期的乌云已经消散了。太阳出来了，直到下一个婚姻的天气系统出现。我想，没有什么是固定的，什么也没有解决。老问题一直无法解决。但他们会玩，有时他们会以一种真实的方式照亮对方。

尊重对方对自己身体的自主权

"我们来这里，是因为亨利在那方面表现不佳。"玛拉一坐下就突然说道。亨

第 8 章 岁月像一把"杀猪刀":如何适应彼此的年老色衰

利笑了起来,好像她说了一句与他无关的俏皮话。那天,这对 40 多岁的友好夫妇第一次走进我的办公室,都开玩笑地跟我打招呼,但奇怪的是,他们的问候平淡无奇。"你好,你好,你好。"亨利嘻嘻哈哈。玛拉也笑着说:"外面就像个动物园。"她指的是拥挤的候诊室。我被他们的兴高采烈弄得心烦意乱,当我看到亨利坐上我的椅子时,这种感觉更加强烈了。由于之前不幸福的夫妻抱怨被迫坐得太近,我最近把沙发换成了两把椅子。现在,我看到椅子的两边略微挤压着亨利的腰围,我为自己盲目选择的家具而感到尴尬。

"'表现不佳'是什么意思?"我瞥了亨利一眼。

"嗯,一方面,亨利在过去几年里体重增加了很多。"玛拉有着美丽光滑的皮肤,曲线动人,身材丰腴,丰满且性感。"现在他在性生活上表现欠佳,而且他也没做任何事情加以改变。"

她的坦率几乎让人耳目一新,但她对敏感问题如此直白也让我有点吃惊。我看了看亨利,好奇他会做何回应。

"她说得对。我的体重和性表现都有问题,已经有一段时间了。我能理解她为什么不高兴。"

"那你怎么看这事?"我问亨利。

"我感觉很糟糕,我没有把它们作为首要任务。玛拉一直跟我说应该去检查一下,但现在我们的保险变更了,我没有自己的医生。我愿意做任何事让玛拉开心,她知道的。但我不知道怎么办。"

我对亨利说话的方式感到一丝沮丧。两分钟内,他的话语中包含的所有真相被模糊不清和自我抹杀所掩盖。尽管他仪表堂堂,我还是听不清他在说什么。他渴望接受指责,而且很快就能接受指责,但这似乎是一种本能反应,以保护他免受某些事情的伤害,也许是免受现实问题的彻底伤害,或者免受在处理这些问题时无能为力的困扰。这就是玛拉说话毫无遮掩的原因吗?

在最初的几次治疗中,我扮演了一个直率的顾问角色,给亨利和玛拉说明解决他的体重和性功能问题的步骤,并对亨利施加持续的、温和的压力,让他坚持到底。这遭到了各方面的温和抵制，我耐心地拒绝接受他设置的障碍，解决了他的保险问题及找医生等困难。两个月之后，我得到了一个好消息，亨利找到了一位他喜欢的医生，又一个月之后，他接受了全面检查。他的血液测试显示胆固醇偏高和胰岛素抵抗，这两者都与他的肥胖和性功能有关。性功能的问题当然导致了他缺乏欲望。但身体脂肪也是罪魁祸首，因为这意味着体内的一种化学物质水平更高，这种化学物质会与睾丸激素结合，降低性欲。亨利的医生把锻炼、减肥和健康饮食作为第一步。既然亨利有可靠的医疗建议，那就看他的了。在心理方面，我推荐了一些书籍和性治疗的方案，以帮助他们设计一个处理性功能问题的流程。有了我的加盟和支持，玛拉松了一口气。

"我很爱亨利，我关心他的健康。我不想看到他自杀。这对他不公平，对我不公平，对孩子们也不公平。我很高兴他采取了行动，"玛拉说着，然后转向他，"这很难说出口，但是现在我已经习惯了没有性生活的日子，所以我提不起多少热情。我害怕有一天做什么都为时已晚，我不知道我该怎么办。这就像一颗定时炸弹。"

亨利和蔼可亲的外表并没有变形，我对他的无动于衷感到震惊。如果他对她的话表现出更多的受伤、担忧，或任何一种情绪反应，也许她现在已经缓和了她的语气，或者他们可能已经找到了一种方法来处理她担忧的实质问题。我试图帮助他们以一种相互体谅的方式谈论这个原始的问题。我建议，如果他以更多的自我表露来回答她的问题和担忧，她可能不会感到那么沮丧了，并能更有技巧地表达自己。当他试图通过轻松幽默来转移话题时，我阻止了他，并开始探究让他如此压抑的羞愧感和不足感。我试图帮助他们找到一种更有表现力的语言，用这种语言来讨论他的性功能问题和体重问题所带来的伤害、愤怒、拒绝和羞耻，并以一种他们似乎早已武装起来的脆弱来处理这个问题。

尽管他们恭恭敬敬地听我说话，但他们的交流仍然没有效果。玛拉的直率和亨利的掩饰显然是相互助长的。一直都是这样吗？随着事情的进展，他们让我想起了我见过的其他一些夫妻，他们似乎能够谈论身体事实，但无法将他们的经历转化为情感语言，成功地传达他们的感受。性行为、锻炼方式、饮食限制甚至是排便习惯都被公开讨论，毫无保留地展示出来，而表达情感的语言仍然不发达。每当我试图抓住一个问题时，它就会奇怪地消失。亨利打算锻炼身体，但他工作太忙了。他一直试图控制食物的分量,但夜间的零食让他止步不前。他和玛拉本打算做夫妻练习来解决性问题,但他们晚上太累了。

"我觉得吧,到了这个点儿,我要么接受真实的你,要么不再容忍事情的现状,然后离开,"几个月后,玛拉仍然直言不讳地说,"但是在你身边徘徊,一直缠着你,这似乎有点病态。"

"很难知道界限在哪里,"我说,"什么时候与你的配偶对峙,最终感觉像是因为他们无能为力的事而惩罚他们?亨利,你觉得被纠缠了吗?"

"我并没有真正感到被纠缠。我想,有时候我会觉得受到了批评。"他犹豫了一会儿,好像在考虑是否把心里的话说出来。"但我得声明一下,我认为玛拉对我的饮食习惯有很大的影响。是她在烤蛋糕,在爆米花上涂黄油。这不是我一个人的原因。"看到他坚持自己的观点,我松了一口气。

"如果你打不过他们,那就加入他们。"玛拉直截了当地说,用她自己的一句话挡开了他的陈词滥调。

我记得我们早些时候的一次谈话,他们谈到了在周末穿着睡衣闲逛的共同乐趣(我没记错的话,他们说的是"睡衣"吧?),吃东西、看电影,带着一种相似感和朋友般的满足感。当时我想,他们看起来多么像兄弟姐妹,在改变、分离和性方面有些拘束。他们共享食物,即使亨利会由于基因的缘故变得更胖一些。尽管玛拉直言不讳的品质令人钦佩,但这个故事告诉我,他们要建立差异化的成人关系是多么困难。相配的睡衣装饰图案当时让我有点不知所措,因为它散发出融合的气息。但我开始怀疑,出于复杂而又神秘的原因,是否没有办法把他们的关系转变成其他任何东西。我试着往好的方面想。在我们一起工作的几个月的时间里,他们一起上过法餐、意大利菜和印度菜的烹饪课程。在他们之间,食物也确实是创造力、快乐和乐趣的源泉。

在他们结束治疗的两年后,我在回家乡的机场大巴上遇到了亨利和玛拉。他们告诉我,他们刚刚去看了大儿子,他现在住在匹兹堡。亨利看上去和以前没什么两样,只是头发发白了一点。玛拉胖了大约 20 千克。我们寒暄了几句,之后的几天我都在想着他们。他们最终达成了什么情感上的协议呢?他们是心照不宣地同意根据自己身体的活力程度来匹配自己，还是降低自己的要求呢？也许是为了待在一起，他们调整了自己的欲望和渴望，选择了共同的方式。也许他们决定一起放弃，或者只是简单地享受他们所拥有的。

体重是个棘手的问题。也许没有什么婚姻抱怨会让网络评论区充斥着刻薄、错误信息和性别战争。一些爱抱怨的配偶很矛盾，充满内疚甚至很悲伤。他们爱他们的配偶，关心对方的健康，想要提供更多的帮助，并希望他们感受到不同。其他人似乎对他们肥胖配偶的抑郁、酗酒或自尊心受损的明显证据无动于衷。一个常见的说法是，男人难以接受妻子体重增加，他们会痛苦或愤怒地表明自己不再被对方吸引。他们会因为配偶"缺乏意志力"而失礼，但更让他们恼火的是，配偶对性欲的必要条件漠不关心，他们觉得自己不受尊重。对于这些声明通常会有四种反应：

- 高高在上的男性反应，强调男性性吸引力的视觉基础，指责妻子懒惰，缺乏意志力；
- 厌恶的女性反应，将这些抱怨者斥为"羞耻""肤浅"甚至"像猪一样"；
- 同情的反应，即夫妻双方都应该努力保持吸引力；
- "精神上"的反应，爱比肉体更深入。

"缺乏尊重"模式表达的是真实的痛苦，但同时也表现出一种心理基调的失聪。一位来自得克萨斯州东部的退休儿科医生为心怀不满的丈夫们写了一部名为《增加体重，失去伴侣》(*Gain Weight, Lose Your Mate*)的小书。在亚马逊上唯一的一条有关该书的评论是："这部关于美国妻子现状的书写得很棒……不幸的是，它永远无法到达它的目标读者手中……（我妻子）不愿打开封皮，并因为我读了它而生我的气。"作为互联网上口齿不清的谩骂的长篇版本，该书分享了我们对批评、指责和人身攻击对人类影响的一无所知。"达里尔，"一位38岁的机械工程师说，"刚开始的时候，一有机会就抱怨，并告诉珍娜他对她开始长胖的样子非常不满……他现在觉得，无论他如何抱怨或与珍娜分享他的感受，她是不会减肥的。"确切地说，从什么时候开始抱怨别人身材管理的方式会导致反感？普遍的文化误解进一步混淆了这个问题，认为肥胖是由于缺乏意志力、仅靠饮食和锻炼就可以解决的。即使是那些在互联网上发表评论，脾气比较温和的人也会把伴侣减肥失败这件事误解为固执地拒绝回应他们的愿望，这种想法完全忽视了一点，那就是靠自己减肥往往是不够的。

在这场激烈的辩论中，隐藏着一个人们真正不认同的两难境地：如果有的话，怎样才能合理地提出对配偶身体的担忧？如果你和另一个人一天到晚生活在一起，你会对他的身体有积极或消极的感觉。我不认为身体是一个特殊的、禁止谈论的问题，而是情侣们需要熟练讨论的一系列敏感话题之一。我还认为，推迟此类讨论没有帮助。人们回避交谈，因为他们害怕伤害感情，他们害怕什么都不会改变。但等待可能会让这两个问题变得更糟：你的反应会悄悄累积，因此他们坦白时会更伤人。这个问题也将成为两性关系中根深蒂固的一部分。这样反馈信息更加困难，你也更难以同情的方式传达你的信息。

那么，人们如何成功地处理这些敏感话题呢？没有一种方法适合所有人，但我喜欢强有力的支持，再加上诚实。我们面临的挑战是如何在真相和机智之间取得平衡。渐进主义是个好办法。直言不讳地宣告吸引力的减弱是没有好处的；但如果担忧是你情感现实的重要组成部分，那么表达前瞻性担忧是有价值的。所以，关于体重，有人可能会说："嘿，提起这个话题我有点焦虑，因为这很重要，你要知道我有多爱你的内在，这一点没有改变。我希望我们能一起过上长久、健康、有活力的生活，继续做我们喜欢做的事情，但随着年龄的增长，这慢慢不那么容易了。所以我想，我们能不能找个时间谈谈如何保持良好的身材，或许还可以互相支持。"想必你的伴侣很了解你，他可能会觉得有猫腻，"你是说我胖吗？"他问。"我确实注意到了你的体重，"你诚实地回答，"但随着年龄的增长，这种情况会发生。这改变不了我爱你的事实。我也不是完美的身体样本。只是我认为，我们是一个伟大的团队，我希望我们为了彼此，尽可能保持健康和有吸引力。你觉得我们可以一起想办法吗？"

为了创造最好的理解环境，特别是在诸如体重这样的敏感问题上，我们尽可能以积极的态度来引导。用积极的话语引导听众去思考信息中比较困难的部分，思考而不是简单地对"攻击"做出反应。在这方面，就像在许多艰难的夫妻对话中一样，我们的目标是在人们最容易受到批评或误解时，找到一种合作解决问题的精神。当伴侣以这种心态分享他们的想法和感受时，他们都可以审视这个问题，反复思考，并想出如何回应。这与失控的反应和反作用形成了鲜明的对比。

这些对话有时会失败，因为不管提出这个话题的人多么委婉，对方的反应是这样的："你怎么敢认为你对我的身体（喝酒、抽烟、吃饭等）有任何发言权？"我认为这种交流值得进一步研究，因为其中包含了有关个人和婚姻的重要问题。的确，一个人对自己的身体有决定权。成年人试图管理其他成年人的身体，从施恩到控制，从反常到彻头彻尾的虐待狂。在婚姻中，尊重对方对自己身体的自主权是最基本的。但是，一个特定的伴侣如何管理他的身体，将会对他的伴侣产生影响，如果要避免疏远，就必须诚实地处理这些影响。

有时，在上述这样的交流中，一方试图巧妙地提出尴尬的话题，实际上是表达了目标伴侣共同的担忧。目标伴侣的愤怒，虽然是对身体自主权的有效防御，但却起到了转移的作用，将其转化为一场关于不敏感或侵犯的争论，如果将其理解为一场关于脆弱感觉的讨论或一场悲伤、惊恐的讨论，这会更有益。生气而不是悲伤，是我们处理失控感和失败感的一种常见方式，这些感觉经常伴随着破坏性的生理习惯。尤其是女性，当她们受到有关自己身体的有毒文化信息的攻击时，尤其是当她们的男性伴侣传递同样的信息时，她们很容易感到崩溃。在这里，能够同时考虑你自己和你的伴侣的现实情况变得非常重要，也非常具有挑战性。对于目标伴侣，假设她是一位女性，情感任务是分析她被冒犯时的反应，有哪一部分来自她在面对自己感受时的不适。当她发现她的伴侣表达了一个非常不舒服的信息，但她仍然赞同这个观点时，那么她最注重的就是他和自己的关系。

关于女性对自己身体发出的自我批评的声音，已经写了很多。大量的女权主义和心理学文献对这一复杂的现象大加渲染，包括与母女关系的联系。女性与自己的身体和外表的关系是私人的、复杂的，而且常常以超出丈夫和情人反应的方式折磨着她们。这并不是说男性没有参与。尽管男性的关注可能会让女性感到不安，但失去关注也会带来麻烦。开明的男士希望把妻子视为复杂的个体，因为她们要承受不可原谅的社会压力，要变得年轻有魅力。更高层级的男士是爱自己妻子的，他们也倾向于意识到自己将年轻女性物化的倾向，并且自我克制，不要太过专注于这样做。根据我的经验，男性对女性身体的评判要比女性自身少得多。

男人有他们自己的品位和偏好，但他们中的绝大多数人似乎没有女人那么在意自己的腰间赘肉或脂肪团。我希望每次有男人向我表达他的热切愿望，不是希望他的妻子减轻婴儿肥，而是希望她不要太在意婴儿肥。换句话说，她对自己性感的身体感到更加自由和自信。当妻子因为失去了外表上的吸引力而忙着躲藏时，丈夫正忙着抱怨她的躲藏让她失去了吸引力。

躲藏需要花费很多精力，而事实是，感觉自己有魅力始于你自己。得到赞美固然很好，但如果你的幸福感依赖于赞美，你就没有机会了。这是一个无底洞。吸引力始于扪心自问："什么能给我带来快乐？什么是满足？什么是自我满足？"人们很容易因为与伴侣或母亲发生争吵，或开始一长串消极的自言自语而分心。停止自我唠叨的习惯，你会创造出很多精神空间。鼓励自己，善待自己。关键是，不要被困住；向前走一步，再向前走一步。如果你的伴侣因此更有吸引力，那很好。但是这是为了你自己。当你觉得自己更完整时，你就会对其他人更谦和温厚。没有人能逃避青春的逝去和时间的流逝，不论男人、女人。所以问题是，你要做什么？幸运的话，你还可以在地球上多活三四十年，享受美丽、快乐和活力。某个答案可能是"加快步伐"。不要浪费现在的时光。

夫妻间逃不脱的衰老焦虑

许多年前，我被困在一对 60 多岁夫妻的车里达两个小时，他们在参加了多代人的聚会后，提出要载我回家。当我们坐在他们的沃尔沃轿车里时，他们表现得再和蔼不过了。所以，当他们发生了几句无伤大雅的口角时，我把这当作正常的争吵而不予理会。但一个小时后，他们无可救药地卷入了一场莫名其妙但显然由来已久的争论，争论的焦点是妻子偏袒他们的儿子。他们的回避被一种充满仇恨的讽刺所打断，我不知道他们是否忘记了我的存在，或者根本不在乎，或者根本不知道他们的声音是什么样的。当他们把我从车里放出来时，他们的刻薄达到了莎士比亚戏剧式的程度。

我记得当时，我带着年轻人的沾沾自喜在想，为什么这些老人还要费那么大劲去争吵呢？他们还在为很久之前的恩怨争论不休，这似乎有点可悲。而奇怪的是，他们仍然认为自己以及彼此值得付出如此大的精力。也许他们能保持精力充沛是因为他们的伤口还没愈合。在那之后的几十年时间里，我已经抛弃了我的错误观念，即人们会变老，不再是自己人生戏剧的中心。我现在确信，随着年龄的增长，风险只会越来越大。如果我们拥有成熟的心理和熟练的互动方式，衰老可以带来更多的平静和满足。但如果我们没有，衰老只会加剧我们人际关系中存在的问题。

想想来自这些方面的压力：视力、听力、耐力大不如从前；臀部、膝盖、脚、肩膀越来越不灵活；思维敏锐度、表达能力越来越差；很多名称记不住；爬楼梯越来越费劲；大件衣服洗不动；电子产品玩不转；饭也越来越不想做。最终，这些都变得很有挑战性。这些只是普通的、完全可以预料的衰老过程。还有罹患癌症、糖尿病、心脏病、早发型阿尔茨海默病和顽固性疼痛的风险越来越大，以及脆弱性激增与弱化的对抗扩大。我们可能希望能量的下降或思维上的模糊会帮助我们接受伴侣和自己。但通常情况下，情况恰恰相反，对衰老的焦虑加剧了我们相互迁怒的倾向。问问那些父母年老体弱、婚姻不幸福的人，或者回想一下第2章中的斯蒂芬和戴安娜。如果他们之间不会有任何改变，我们就很容易想象他们年老时的样子，他们会把之前不耐烦地命令我们"成熟点吧"替换成现在的"你疯了吧"。

对生存的担忧使我们陷入了一种跷跷板思维模式，这让事情变得更糟。但当我们害怕时，却看不到它。我们变得像溺水的人，把可能救我们的人拖下水。随着年龄的增长，我们比以往任何时候都更需要一种金戒指思维模式，但新的障碍变得令人生畏。我们的焦虑是存在的。如果我们幸运的话，缓慢的衰老速度可以帮助我们理清与衰老的关系。"让我告诉你我的门把手的问题，"一个朋友说，"我妻子开始抱怨我们家的门把手，说它们转动起来有多难。起初，我认为这只是一场持续不断的婚姻争吵的最新版本：我认为她只顾着舒适而不顾花费，她认为我很吝啬，而且有点爱评头论足。这感觉太熟悉了，我过了一会儿才意识到，事实上，她在说一些新的东西。她一转动门把手手腕就疼，这和她手腕的衰老有关。这不是我们平时在费用问题上的拉锯战。这就是现实，只朝着一个方向前进。我可以假装这是同样的旧冲突，但这不是同情，也不公平。意识到这一点我很难过。

然后我换了门把手。"

我的朋友选择了现实而不是幻想，接受而不是责备，这是爱的举动。我们依赖我们的身体，就像我们依赖别人一样。和其他人一样，我们的身体并不完全在我们的控制之下。它让我们失望，我们会生病，会死亡。帮助我们面对这些现实的是爱与情感的安全关系，以及对自己怀有的态度。对苏珊和杰克来说，这两件事都是显而易见的，这对40多岁的夫妻正与苏珊的多发性硬化症做斗争。他们已经在一起七年了，共同抚养着两个孩子，都是前一段婚姻留下的。苏珊在她30多岁时被诊断出患有多发性硬化症，但在大约10年的时间里相对来说没有任何症状。最近，复发缓解型已经转变为继发性进行型，他们都对苏珊恶化的症状感到恐惧。苏珊的疲劳和间歇性抑郁，以及偶尔的炫目头痛都是患病的特征，她和杰克已经建立了解决这些问题的体系。但苏珊的疼痛、肌肉痉挛、肠道和膀胱问题都在恶化，导致了更多的痛苦。他们的负担很大，有工作、孩子、宠物、房子，还有一场严重的疾病。现在共同的生活一直在不断地修改、调整和微调。沟通不畅的可能性很大。但他们似乎处理得相当好，我开始着迷于近距离观察，他们到底做对了什么。

首先，他们善于寻求帮助。他们主动联系我，说想让我"作为一个共鸣板"，以确保他们在面临新挑战的这一阶段，没有"错过任何东西"。他们依赖于更大的团队，真心期待人们愿意支持他们，并在他们支持时表达感激。其次，他们都很有趣，而且在任何情况下几乎都能找到喜剧元素来缓解紧张情绪。即使在可怕的时刻，他们也能互相逗乐。再次，他们对自己和他人都有全新的接受态度。对于患有多发性硬化症或其他疾病的夫妻来说，照顾他们的配偶总是有放弃自己需求的风险，这段关系不可避免地会受到损害。杰克在表达他因苏珊的病而感到的困难时，既诚实又富有同情心。最后，尽管他们有时会发脾气，但他们都善于道歉和接受道歉。

那些对患有慢性疾病（如多发性硬化症）的人表示，把这种疾病视为"婚姻中的第三者，一个有需求、有欲望、有个性的人"就能更好地应对。"为疾病的存在腾出空间，与为孩子、工作、关系或衰老的身体腾出空间没有太大区别。很不幸，苏珊和杰克碰到了苏珊的病，但很幸运，他们基本心理健康。正如家庭治疗师丹·怀尔（Dan Wile）所说，他们"善于依赖他人"。"'那个人有多依赖别人'是一个错误的问题，"他写道，"每个人都非常依赖。问题是'这个人在依赖方面有多熟练？'……那些善于依赖别人的人，看起来甚至都不依赖别人。他们看起来就像有吸引力、有欣赏力、有回应力、有爱心的人，他们成功地让你想要安慰和照顾他们。他们让这样做很有趣。他们是你想要成为朋友的人，他们是你想结婚的人。"

我们如何才能更好地变老

我们如何才能更好地变老呢？我们接受已经丧失的东西，或者从未拥有过的东西，以便完全地接受我们拥有的并与之共存。心理学家彼得·莱文（Peter Levine）是心理创伤研究专家，他把我们比作树木："树木的节瘤、树瘤和畸形的四肢，都在诉说着岁月中所遭遇和克服的伤害和障碍。一棵树围绕着它的过去生长，形成了它精致的个性、性格和美丽。"对一个人来说，无论放弃一种自给自足的幻想还是一种稚嫩的自我，都需要勇气和努力，有时甚至需要一段绝望的时期。但有时，这是唯一能让你充满活力地前进的方法。

衰老也意味着保持年轻，不是外表而是感觉。音乐是最好的象征。我们都还记得青春期，那时"我们的"音乐对我们有着紧迫甚至神秘的重要性。当我们几十年后再听这些歌时，我们的身体、情感和记忆瞬间陷入了年轻的自我之中。当然，我们也有可能被困在那里；问问克里斯蒂娜吧，她沉浸在怀旧的循环中，或者问问那些除了老掉牙的老调，对任何东西都不感兴趣的中年人。但也请想想，当人们在中年寻求更强烈的感觉和更多的冒险时，他们转而求助于音乐的所有方式：加入乐队，上声乐课，学习一种新的舞蹈，将整个音乐收藏数字化，与自己十几岁的孩子分享音乐（如果允许的话）。

音乐是关于时间的，但它却把我们带离了时间。它唤起了我们年轻时的记忆，又将我们与现在的年轻能量联系在一起。小说家尼克·霍恩比（Nick Hornby）用摇滚乐的形式写道：

青春是一种品质，与健康没有什么不同：青春在年轻人中更丰富，但我们都需要获得它……我说的不是年轻人的外貌——没有皱纹的脸，像搓衣板一样的肚子，头发……我说的是那种活力、那种渴望、那种莫名的兴奋、那种零星的不可战胜的感觉、那种像氯气一样刺痛人心的希望……摇滚乐过去和现在都是必要的，因为即使只是偶尔，有谁不需要兴奋和不可战胜的感觉呢？

音乐提供给我们的不仅仅是青春的精华。当我们喜爱的音乐家对他们的影响做出回应、改变、尝试和反应，用自己原创和新鲜的版本向过去致敬时，它也传递了一种几乎势不可当的喜悦和正义。这对于婚姻或者生活来说都是一个不错的模式。我们在有趣的主题上寻找变化。我们通过试验和即兴创作，使熟悉的事物更令人兴奋、更令人珍惜。我们一直在倾听曾经爱过的每一件新事物。也许我们不是在谈论年轻，而是在谈论活着的乐趣。它仍然是可用的，总是可用的，直到它不再可用的那一刻。爱尔兰诗人叶芝写道："灵魂拍手歌唱，更响亮地歌唱／为每个衣衫褴褛的平凡之人。"是的，我们的身体最终会让我们失望，但与此同时，我们在这里，美妙的音乐没有终止符。

第 9 章

提前到来的空巢生活

The Rough Patch
Marriage and the Art of Living Together

重回二人世界的不安与忐忑

"和配偶独处有点可怕。"埃里克说。当他为儿子去上大学而深感沮丧时,他同意和我谈谈空巢的问题。他是我朋友的朋友,现年57岁,育有两个孩子——26岁的女儿和18岁的儿子。我提议一起喝杯咖啡,他欣然同意并抓住了这次机会。

"人到中年倒没什么,"他一边说一边摆弄着饮料上的泡沫,"真正的挑战是孩子们离开之时。如果把中年阶段比作绵延起伏的小山,'空巢'阶段则是珠穆朗玛峰。有一天,我问妻子汉娜'为什么像我们这样的人还结婚了',因为我们其实很合得来。她跟我开玩笑说'我想如果我们不阻止对方做任何想做的事,就没必要离婚'。"

一位朋友的母亲说,人到了50多岁就要逃避两个"D"——death(死亡)和divorce(离婚)。亲朋好友中有人若不幸就可能患上绝症,而离婚则是司空见惯的事。我们的孩子开始看到我们变老,我们看到他们长大成人,我们的父母会生病或老去,我们知道这也将会发生在我们身上。然而,就在我们开始考虑临终之日时,我们也看到了一个具有巨大潜力的时期。如果健康状况良好,我们就可以把我们的时间、技能、经验、自我认识甚至是智慧都投入到卓有成效和令人满意的事情中去。

在这个过程中,有一个复杂的情感问题,那就是抚养孩子长大成人。这说起来容易,做起来难。就像孩子的父母总以为,孩子长大了,事情就会好办一样;空巢老人也会自欺欺人,认为生孩子是一件一步到位的事。事实上,对于孩子和父母来说,这是个漫长的、未知的甚至是混乱的过程。

也许对于这种复杂的告别,最恰当的标志是孩子们房间的变化。"我和汉娜因为托比的房间吵得不可开交,"埃里克说,"她想把这里清理干净,改成客房。对她来说,这就像是一个等待清理的烂摊子。对我来说,它有点像神龛,或者至少是个安慰的提醒。我喜欢走进去,看看他书架上的旧存钱罐,还有他一年级时读的书。"慈爱的父母分为两类:一种是无限期地保留孩子的房间,另一种是立即改变孩子的房间。实际上,他们的生活空间有限,但在情感上,这是一出微妙的戏剧,有开始和结束,有包容和排斥,有权威和平等。当父母不经讨论就单方面改变房间的用途时,我感觉到了一种轻视的依恋风格在起作用,将依恋和情感需求最小化了。父母有时会利用孩子的房间,强调自己脱离作为父母的身份,以此开启自己新的人生阶段。"我完成了!"母亲喊道,她终于霸占了房间开启了她的新事业。他们也可能对青少年的房间用途有一些不太愉快的记忆("这是大麻的味道吗?他们在里面做什么?"),并希望清理一下。

总的来说,我认为孩子和父母之间出于多方面的尊重而进行的一些协商,对心理健康是有好处的。孩子们对他们房间里发生的事情有强烈的感情。对他们来说,离开父母、离开家在心理上有一个过程,他们还是会时不时地回到童年记忆的宝库里。放假回家后,他们又回到了童年和青春期。幼时和成年都可能会感到一丝烦恼,但也会感到安慰。总的来说,我相信对于年轻人来说,协商是一种补充能量的方式,在安全的井边喝了水,他们才可以继续出发探险。

"孩子们离开了,但他们仍然需要我们,"埃里克说,"事实上,我很惊讶他们一直需要这么多。养育孩子的关注点在改变,但关注的基本需求却没有改变。我女儿经常借汽车,我们还帮她付电话费。当她需要获得自己的健康保险时,她要求很多人帮助她解决这个问题。我和汉娜在支持的正确程度上并不总是一致的。"在需要多少独立空间的问题上,他们意见不一,但是从亲子关系中寻求什么样的情感,他们也存在分歧。"汉娜说,当我们带托比去上大学时,我的表现就好像我们要把他运到西伯利亚大草原的另一端,"埃里克说,"托比和我每天都发短信,分享我们在网上看到的小事、笑话和东西。如果他想在大学毕业后搬回家住,汉娜和我就会有一场冲突。我就会想'多好啊',而她就会想,我们应该对此加以限制。她想要分离得更干净彻底,给我们更多的隐私和自由,给孩子更多的独立。我明白了。她觉得等孩子 22 岁或 23 岁时,就该把他从家里推出去了。但我觉得整件事需要时间，不能操之过急。"

在与孩子们说再见时苦乐参半，挥之不去的是对他们可能会失败的担忧。有些人找不到方向，有些人找不到工作。家庭是一个复杂的系统，子女能否成功离开还取决于那些留在家里的人是否会放手。对于婚姻来说，这可能是一个痛苦而有启发性的时刻。母亲可能会意识到，她已经开始依赖儿子来获得情感上的支持，而她已经不再从丈夫那里寻求这种支持了。一旦养育孩子时那种吵吵闹闹的生活结束，丈夫可能会担心自己的婚姻重新受到关注。然而，就在父母们开始适应新常态，并希望自己因为工作的出色表现而感到满足时，他们的孩子可能会提出一套全新的需求，包括经济支持、心理治疗和住房。即使在不那么紧迫的情况下，年轻人也需要实际和情感上的支持，而"尚未空巢"的状态可能会持续 10 年。

当"家"的感觉不牢固时，年轻的成年子女就很难把它推开。然而，空巢家庭的离婚率激增表明，部分夫妻等到孩子离开后才拆散家庭。"灰发离婚"指的是 50 岁以上夫妻离婚的趋势，这个数字比以往任何时候都要高。等待是有道理的，因为父母希望全部时间都和孩子在一起，直到童年结束，但这也让孩子处于一个复杂的境地。就在孩子们试图分开时，破裂和痛苦又把他们拉回了家庭的纷争中。离婚使情况更加复杂。尽管父母的初衷是好的，但当孩子的主要工作是获得个性，开始自己的生活时，父母可能会变得需要和依赖孩子。讽刺的是，以孩子为中心、忽视夫妻关系的现代婚姻模式很可能是导致未来婚姻不满的原因，这将导致灰发离婚，扰乱青春期晚期和成年早期的孩子。

即使是那些希望维持婚姻的人也和埃里克一样，对与配偶的"独处"感到不安。他们并不总是知道会发生什么。他们可能在暗自担心，再也没有什么可以挽救的了。一位女士担心，考虑到自己和丈夫都是工作狂，孩子们的离开将导致他们几乎完全脱离关系。一名男子说，当他离家去上大学时，父母"幸福"地离婚了，他至今仍能回忆起当时的震惊和痛苦，并想知道当自己的女儿快到上大学的年龄时，他能在婚姻中采取什么预防措施。一个柔弱的女人说，过去 20 年她一直在管理孩子、家庭和社交生活，而她权势显赫的丈夫负责挣钱。"随着我最后一个孩子的离开，我工作的很大一部分也将消失。这让我开始没有安全感。承认这一点很尴尬，但我的丈夫会认为我"过时"吗？另一名男子说，儿子的自闭症让他的婚姻变得异常艰难，要对婚姻的未来感到希望或兴奋是多么困难。一位女士简单地说："我们只是不知道该怎么说话了。"

为彼此的爱好腾出空间

"空巢"让我们进一步向个性化迈进。当萨迪和肖恩的第三个也是最后一个孩子去上大学时，萨迪渴望开始她的创作生活。她想把自己沉浸在画室里，专注于自己的艺术。她再也不想做家庭管家了。她想要整夜工作的自由、不回家吃晚饭的自由甚至不想做饭的自由。有一天，萨迪一大早就离开了，直到深夜才回家（她手机关机了），肖恩上床睡觉时就关掉了所有的灯，22：45萨迪按了门铃，肖恩没有和她说话（她忘带门钥匙是出了名的）。为此他们找到了我。

"她就这么消失了。"肖恩夸张地扬了扬眉毛，表示难以置信。肖恩现年59岁，是一家非营利机构的主管，是一个尽职尽责、关心家庭的男人，但他很容易生气。肖恩似乎想对萨迪的判断力统统批判一番。

"我真的应该给你打电话或留张便条的。对此我很抱歉，"萨迪说，"但你知道我在画室。你知道我沉迷于工作。"萨迪的举止迷人而温和，但她的目光锐利而坚定。

肖恩开始吵嚷着摆出一大堆的理由，因为他有权成为萨迪关注的焦点。这些年来，肖恩把大部分时间都花在支持这个家上了，几乎没有时间发展自己的"爱好"（很容易就忘记换尿布，开家长会和做饭也都不是萨迪喜欢做的）。肖恩略过了萨迪为支持他的事业所付出的许多牺牲和改变。他把自己吃苦耐劳的心态，作为她应该继续留在身边的理由。尽管肖恩试图让他的说辞听起来很通情达理，但我觉得他是在为自己不愿改变的想法强词夺理。他依赖于他的日常生活和生活规律，尽管这些规律是为成年人的责任服务的，但它们也是一个巨大的舒适区。我觉得肖恩应该以萨迪为榜样，而不是坚持让萨迪效法他自己。

萨迪忽视了她的丈夫吗？她是在试图逃离家庭或婚姻回荡的空虚吗？不，她在培养兴趣。她终于有更多的时间全身心地投入其中。肖恩和萨迪的困境触及了"空巢"的核心问题：个体身份和夫妻身份如何相适应？作为个体，你想培养什么兴趣和能力？你如何继续在你们的关系中创造亲密感？怎样才能让每个人都满意呢？

听到肖恩和萨迪的情况，我想起了什么才是美好的童年。你会完全沉浸在玩乐高玩具或玩具娃娃的过程中，因为你会有安全感，因为身后有爱你、照顾你的人。长久的婚姻不应该提供类似的玩耍机会吗？英国精神分析学家唐纳德·温尼科特（Donald Winnicott）是20世纪最著名的游戏分析大师。他认为，人同时生活在三个世界中：内在的主观世界、外在的现实世界，以及第三个"过渡空间"。在这个"过渡空间"中，我们不考虑事物是否"真实"或"不真实"的问题。游戏属于这个过渡空间。他创造了"过渡对象"这个词，指的是生活中的那些东西，比如孩子的泰迪熊，它们存在于一个区域，在这个区域里，什么是"假装的"、什么是"真实的"，可以保持不确定。温尼科特相信，我们在整个生命中都保留着这一经验领域，"在属于艺术、宗教、想象生活和创造性科学工作的强烈体验中。"温尼科特认为，这种"强烈的体验"始于信任。放松是游戏创造性活动的先决条件，在童年时期，我们第一次体验到放松，是在值得信任的人面前。矛盾的是，我们学会了享受独处的乐趣，因为我们相信我们所依赖的人确实就在我们身后；即使我们忘记了她，她仍然在那里。

在夫妻关系中，允许彼此独处是允许彼此去探索、有爱好、可以玩耍的一部分。一个人通过富有同情心的想象来换位思考，每个人都认识到"我的配偶必须这样做才能成为他自己"。在一段时间内，每个人都能容忍"你会忘记我，会忘记我还活着"的想法，并接受、支持和尊重这一点。与此同时，他们也达成了共识："我需要你回来，记住我还活着，我需要你的帮助。"在一段良好的关系中，我们会不断校准彼此的距离、调整两人亲密的橡皮筋，有时橡皮筋拉得会更紧，有时反而会更松。但随着时间的推移而建立的安全机制，彼此允许独处和沉浸式体验。

我曾与一位虔诚的浸信会教徒安娜交谈过，她在一个保守的社区长大，很早就结了婚。尽管她很传统，但她和丈夫总是同意为彼此的爱好腾出空间。"我认为婚姻中最难协商的是留给自己的时间，"她说，"我认为，两个人都应该站出来主张这一点。当你这样做时，可能会有挣扎，但不会有怨恨和责备。"最后一个孩子离开家后，安娜开始学习打非洲手鼓。"我想学点东西，而不仅仅是看别人做。"

她说，"作为新手是很刺激的，这种感觉真的很快乐，大脑仍然可以学习东西。我现在到处都能听到节奏，甚至在超市里也能听到，当我意识到我能听到新的声音时，我感到很兴奋。打击手鼓实质是群体性的活动。我的老师说，在鼓乐队中，鼓手的心跳会变得同步。不管这是不是个比喻，但这就是我的感觉。这是幸福。"安娜喜欢打鼓，而她的丈夫不喜欢。但他可以接受和容忍，既不疏远也不干涉。他也能体会到这对安娜的意义。"去年圣诞节，我丈夫送了我一个漂亮的粉色非洲手鼓，"安娜说，"比我在亚马逊上买的那个要好得多。这对我意义重大。"

一项针对"空巢夫妻"的研究发现，对一些"空巢夫妻"来说，他们面临的挑战是，把时间花在个人追求上会感到内疚，而他们"应该"花更多的时间与伴侣在一起。然而，有趣的是，人们的内疚感来自他们对配偶反对态度的主观担忧，而不是配偶对个人目标的实际干涉。这告诉我们，很大一部分需要自己做心理调适。我们对个人欲望不断发展的理解，需要在谈话中分享，而不是被恐惧和猜测所掩盖。安娜和她的丈夫对他们个人追求的高度重视有着共同的理解。肖恩和萨迪的矛盾更大，所以他们才去了我的办公室。在这个人生阶段，他们必须努力找出自己喜欢的校准方法。尽管他们的谈判很混乱，但作为一对夫妻，他们最终从萨迪的坚定信念中获益。在婚姻中，有时一方会为了自己的利益而高举旗帜。这可能会引起抗议，但压制个性也会侵蚀夫妻关系，而且无法长期维持。

并非所有的游戏都是孤独的，玩耍也是情侣们一起做的事情。像许多夫妻一样，肖恩和萨迪觉得，这些年来他们已经失去了一些轻松愉快的感觉。在我们谈话时，我内心在思考，轻松愉快的感觉是多么重要，又是多么容易消逝。一对夫妇看到彼此玩耍的感觉是建立联系的有力来源。"在重温一些早年的家庭录像片段时，"一位男士对我说，"我发现了一些我妻子和儿子放风筝的镜头。他们全身心投入，一起大笑。我让妻子来看，不仅是为了让她有回忆的快乐，也是为了告诉她'我在你身上看到了那种顽皮'。"即使是在情况糟糕，尤其是很糟糕的时候，幽默也是一种可行之法。我的一个朋友说，当她和丈夫处于离婚边缘时，黑色幽默能帮助他们渡过难关；他们不同意离婚，因为双方都不想要孩子的监护权。问题和忧虑、损失和失望很容易侵蚀我们的情绪，当我们拒绝放松情绪时，我们就增加了自己的痛苦。

享受彼此陪伴的夫妻会觉得，空巢生活的好处是有更多的隐私、更多的自由和更多的乐趣。没有人可以听到，没有人可以打断，不再担心会有人深夜走进来。对怀孕的恐惧早就消失了。然而，对于那些有着根深蒂固的分离模式的夫妻来说，孩子的离开可能就像盯着一个不确定的鸿沟。对他们来说，娱乐的途径无穷无尽，在人生的这个阶段，旅行是很重要的。但是，音乐、体育、艺术、幽默等任何共享娱乐的领域都能激发共同的快乐。

社会心理学家已经证明，当夫妻一起分享新奇的、令人兴奋的活动时，他们对关系的满意度就会增加。我们并不倾向于把长期的亲密关系经历（如结婚 15 年或者一起抚养孩子到十几岁）当作新奇的形式。然而，研究人员的发现能增加关系满意度的活动并不是关于极限运动或什么大冒险，而是关于鼓励自我意识拓展的活动。一段新的亲密关系是令人兴奋的，因为夫妻之间有频繁而激烈的对话，涉及冒险和自我表露。长期关系的问题不在于这种对话不可能发生，而是人们不想再进行这种对话。在一段关系的任何阶段，如果谈话包含了情感的脆弱和自我表露，都有助于产生兴奋感和积极感。

随着时间的流逝，生活给我们带来了新奇的体验。我们的立场和观点也在不断变化。问题是，你能否体会到自己的新面貌，并与配偶一起表达出来？你会惊讶地发现，有很多人根本就实现不了他们的想法，尽管他们召集过很多次漂流探险活动或计划去尼泊尔徒步旅行。无论是寻求刺激的人，还是宅男宅女，很多人都不愿意接受新事物。他们满脑子都是分心的东西，或者纠结于过去的伤病，不能或者不愿意娱乐。

夫妻之间的快乐甚至不需要像自我表露对话那么"戏剧性"，就能让人感到满足。温尼科特写道："能够和另一个同样孤独的人一起享受独处，本身就是一种健康体验。"年轻人觉得没有什么比"餐馆里那对无话可谈的老夫妻"更可怕的了。它就像一个可怕的幽灵，漂浮在孤独、衰老和死亡的道路上。然而，如果我们从温尼科特的角度来探索这样一个场景，它可能不是外表看起来的样子。分享孤独的乐趣是对他人存在和自己独处能力的自信的象征。感情的钟摆不仅需要在欲望和兴奋之间摇摆，也需要在无聊和分离之间摇摆。在中间地带，在信任的状态下在一起是可能的。我们相信在这种关系中，欲望、刺激和主动性会得到预期的回报。当我们真正地玩耍或放松时，我们会感到足够安全，让事情在自己可掌控的时间内按照自己的方式展开。

还记得我们说过婚姻是一个故事吗？评论家乔纳森·歌德夏（Jonathan Gottschall）观察到，故事都是关于"巨大困境"的。爱情故事是有条件的，无论是在屏幕上、在书页上，还是在我们的生活中。但是怎么煮咖啡、怎么把碗碟放进洗碗机、怎么得流感，这些事怎么放进爱情故事中呢？作为一名婚姻咨询师，我观察到，当所有这些"无关紧要"的活动进入婚姻不和的"巨大困境"时，它们就会变得戏剧化。但我并不为餐厅里沉默的夫妻感到害怕，因为我为一些夫妻庆祝，当他们的"巨大困境"出现在他们的"游戏"中时，他们的幸福时刻就到来了。他们可以把未说出来的东西，单独留在想象和审美经验的"过渡空间"中。如果我们随着年龄的增长而获得智慧，那么夸大事实的情节剧和浮夸的自我故事往往会失去吸引力。从个人的自我重要性（太棒了！充满热情！）转移到珍惜人际关系（好的，平凡生活）则更有现实意义。夫妻互动的表面看起来可能相当平静甚至无聊。但在内心，他们能感受到彼此的滋养，以及专注于其他事物的自由和安全。

如果说"空巢"的核心问题是夫妻二人以个人身份和夫妻身份如何和谐相处的话，那么在一些婚姻中，这两种身份显然并不和谐，至少在一段时间内是这样的。因此，在漫长的婚姻中，人们从彼此身上寻求更多独立，也许我们应该为这些阶段腾出更多的空间。有些关系在多次分离后也能相处得很好；而对有些关系而言，分开一段时间，是在困惑和不确定的情况下保持承诺的一种方式。不同的婚姻安排需要高度的自我认识、勇气和创造力，每对夫妻都制定了自己的路线，在面对分离时，如何培养和保护他们的依恋关系。但考虑到人们在婚姻中经常采取的各种逃避方式，比如喝酒、看电视、上网、工作、打电话等，与脱离关系的同居相比，分开一段时间可能是一种更勇敢、更有效的解决承诺和关系问题的方式。

芝加哥的家庭治疗师卡伦·斯克雷特（Karen Skerrett）和我讨论了这个问题。她说："人们似乎认为只有一种方式可以维持长久的婚姻。当我和夫妻们交谈时，他们有时会感到疲惫不堪，其中一方需要重新开始。我告诉他们，考虑到他们的年龄和婚姻现状,这完全有道理,他们凭直觉就能理解,但要想把这个想法公诸于众,难度要大得多。我经常问自己,为什么我们不把分手或分离分类,帮助人们重新开始呢?为什么不这样做呢?原因很难确定。我认为,试图从所有其他东西中梳理出真正具有发展性和进步性的东西,是一个巨大的挑战。"

我说:"对一个人来说,这似乎是恢复精神的机会,对另一个人来说,可能像是离婚的第一步。"我有时在治疗中见过夫妻一方想要分开一段时间,另一方说如果这样做了,他们就要离婚。分开一段时间,最终是有利于关系发展还是不利于关系发展,这一点并不总是明确的。有时人们并不知道,但他们觉得有必要冒个险去发现。"

"这肯定是有风险的,"凯伦说,"但让这段关系继续下去的关键是,夫妻双方在这些对话中不仅仅从'我需要什么'或'你需要什么'的角度出发,而是从这段关系在某个特定时刻可能需要什么角度出发。有时候人们需要分开一段时间才能找到重新回到关系中的方法。空间和时间可以让人们从新的角度看待自己和自己的处境。在我们对长期婚姻的看法中,有一点值得注意,那就是应该采取一系列更宽泛的方法,而不要有太多的羞耻感。但对于那些能够为自己和感情着想的人来说,这可能是最有效的。"

一位 63 岁的来访者告诉我,她 40 多岁时和丈夫离婚了,原因集中在性问题上。"这位来访者为自己没有从长远考虑而感到难过,"我告诉凯伦,"她对我说'现在对我来说最重要的是友谊,我想念我的前夫,把他当作我的朋友。那时候,我过分关注两性关系已死的感觉。但现在回想起来,我希望我们能找到另一种方法来处理我们的问题。也许如果我们分开一段时间,我可能会明白我是多么需要他而非我当时认为需要的东西。当时看来是个大问题,现在看来不过尔尔。如果让我重新来过,我会做出另一个选择'。"

如何调整父母离世带来的丧失感

孩子们离开家是我们成年期一个常见的转折点,而另一个转折点则是父母的离世。尽管父母的去世是不可避免的,但这一变故对我们的触动仍是巨大的,包括它对婚姻的深远影响。我们进入了一个新的成年阶段，不再有长辈作为我们与死亡之间的屏障。父母的死亡让我们与时钟面对面。我们以更直接的方式认识到，时间是有限的。父母不在了；曾经给予支持的父母已经不再提供支持；那些耗费了我们太多精力、难以伺候的父母，现在让我们松了一口气，却也莫名地感到空虚。这种影响是不可预测的，而且不仅限于死亡本身。父母年老体弱多病会带来种种困难，如果父母住得很远，我们还要承受沉重的旅行负担，以及搬家和医疗干预方面令人痛苦的决定，有时还会因为兄弟姐妹和金钱问题而受到影响。所需的巨大精力以及这种努力令人沮丧的本质，对人们的内在资源造成了损害。当死亡来临时，人们可能完全没有准备好，它会如何影响他们对配偶的态度。

"爸爸的遗体总是在我眼前浮现，至今难以忘怀。"卡洛琳现年54岁，是一位妻子，同时也是两个十几岁孩子的母亲。她在接受我的心理治疗，重温她父亲的死。"在生命的最后时刻，当我知道他要走时，我喊着'爸爸，爸爸，把你的手臂给我'，这是孩子般的恳求。我说'不要离开我'，这是我内心深处发出的声音。我疯狂地想，如果我能让他把胳膊给我，他就不会离开我。这就像一场梦，一秒一秒地过去，他的眼睛却没有睁开。我已经有40年没叫他爸爸了。"卡洛琳哭了。

她的父亲六个月前去世了。她父亲弥留之际，她就来找我做心理咨询，因为她一想到没有父亲的生活就很害怕。父亲的病让她意识到自己是多么依赖他，尽管用她的话来说，父亲是一个"控制狂"。在她心中，父亲是一个传奇人物，她的父母都是。她冷冷地说："他们看起来总是像永远不会老、永远不会死的人。"卡洛琳回忆道，"我的父母创造了我们的世界"，她指的是她的兄弟姐妹和他们的家庭，"直到现在我才意识到，我仍然把自己视为他们的女儿。他们的朋友、他们的社交生活、他们的假期、他们的节日庆祝活动我们全都接受了"。

卡洛琳一直在挣扎，部分原因是，在父亲即将去世的危机下，她对丈夫越来越失望。作为一名年轻的女人，她被丈夫随和的天性所吸引。他没有对她的家庭施加强大的反作用力，也没有干涉家庭的计划。她可以和他一起放松，然后再回到家里进行刺激的争吵。但现在，她预感到父亲的去世，看着母亲慢慢老去，她对丈夫的看法正在改变，似乎这段婚姻只在更大的家庭生态系统中运行。

"我一直是我们家的管理者,"有一天卡洛琳解释说,"现在我要和我的父母打交道,我需要我的丈夫发挥更多的领导作用。我需要他搞清楚该做什么,然后去做。"我们谈到了这些年来她如何巧妙地剥夺了丈夫的权力:暑假计划总是和她的家人一起制订,孩子们的活动都是按照她自己家人的兴趣来安排的。她还意识到,她正在改变对丈夫的要求,因为她不久就会失去父亲,这意味着失去她生活中的男性主导力量。"有时候我觉得我很生丈夫的气,因为他不是我爸爸。"她承认。

关于婚姻的选择,我们不可避免地会以某种方式参考我们的父母,如我们自己的父母曾经(或没有)经历的婚姻、他们提供的观点和意见、他们让我们期待(或不期待)的支持或理解。研究表明,当人们认为父母是有爱的,但不是他们生活中最重要的爱的来源时,他们从父母的去世中恢复得最好。当父母始终作为情感支持的主要来源,或一直令人失望时,这就更难了。对卡洛琳来说,从她组建了自己的家庭开始,有很长的一段时间她的父母仍然是她情感上的中心。我们一起反思了她父亲在她情感世界中的地位,以及这种地位在某些方面如何限制了她与丈夫的关系。难道她选择了一个在她心目中永远不会与父亲竞争的人结婚吗?她努力面对婚姻的现实,同时,她也在努力面对父亲去世的现实,这两者在精神上是相互交织的。

在卡洛琳的父亲去世后的几个月里,当她和我一起努力了解这一切时,她90岁的母亲摔了一跤。短短两周时间,卡洛琳也不得不面对她母亲不可避免的老去。"我的母亲是一个身体健壮的运动型女性,而现在却躺在医院的病床上,纤细瘦弱。"卡洛琳瘫坐在椅子上,一边哭一边揉着面巾纸,"护士们毫不费力就把她翻过来了,就像举起一捆小树枝。我母亲以前有着漂亮的乳房,现在就像晃来晃去的空管子。"卡洛琳的睫毛膏掉光了,她看上去既像个孩子,又像个老妇人,"我很害怕也很难过……我感到很困惑……随着年龄的增长,我以为自己能搞清楚一些事情……然后我的父母生病、枯萎、死去……一切都比以前更令人困惑。虽然我一生都知道会发生什么,但我在想'这怎么可能?我怎么会在这里'……整个人浑浑噩噩的。"

在她母亲摔倒两周后,姑息疗法医疗团队找她谈话,并明确表示,下一步就是临终关怀。卡洛琳松了一口气,终于有了一个计划,但在其他方面,她都感到不知所措。当她独自一人在车里时，她哭了，在孩子面前，她几乎无法控制自己的情绪。她觉得在父亲去世后，这么快就失去母亲，可能会让她崩溃。在婚姻的混乱中，她偶尔会突然感到难以忍受的悲伤，因为她的婚姻可能会终结。她知道，被遗弃的感觉是双向的。她的悲伤也让她无视丈夫的存在，而他显然很想她。这一认识间歇地给了她一线希望。

临终前，母亲躺在医院的病床上，卡洛琳意外地看到丈夫和母亲在一起。她的丈夫坐在床边的椅子上，抚摸着母亲的头发，用他低调的幽默逗得她笑了。卡洛琳泪流满面。"这让我想起了他的温柔和善良。"她说。我们谈到了她丈夫的陪伴，这让卡洛琳感到安慰，但当她与活跃而不耐烦的父亲产生共鸣时，她往往会忽略这一点。卡洛琳不得不承认，丈夫总是比她更能安慰孩子，他所谓的"惰性"，也是他对待孩子不带偏见、乐于接受的原因。

我们所爱的人不会在我们心中突然死去。先有死亡，然后我们做内部重造，进入一段崭新的生活，在那里，所爱的人不再存在。失去双亲对卡洛琳来说是痛苦的，放弃的痛苦是身体上的。有一段时间，卡洛琳觉得过去仿佛充满了财富，但又无可挽回地逝去了；而现在，虽然还在，却是空虚的。她与父母的关系使她始终牢记自己的青春。她沮丧地意识到，一切都会结束。有时她觉得徒劳无益。

但父母的去世迫使卡洛琳不得不承认，她的生活就是她自己的生活，除了她作为父母的孩子的角色，以及长期以来支撑着她的共同理想。在悲伤中，她有一种不寻常的、奇怪的感觉，感觉自己"毫无用处"，想要独处，不想社交，从她过往的工作和角色的过度活跃中抽离。当她退缩时，她的丈夫管理着家庭生活，给了她"不工作"的空间。父母的临终和去世是婚姻中的一个分水岭，因为我们给予或未给予、接受或未接受的情感支持，成为欣赏和感激的基础，或成为失望和伤害的基础。卡洛琳习惯性地思考，丈夫是如何让她失望的，这次新的经历打破了她的思维模式。她从更深的层面上感受到了丈夫的情感支持。她意识到，如果不了解父母在世时她是如何将丈夫置于她的内心情感世界的，以及父母去世后，这种情况会如何改变，她就无法评估他们婚姻的潜力。

我们认为，哀悼是当我们失去所爱之人时所做的事。但更普遍地说，它指的是大脑释放我们所依恋的事物的过程。我们接受了这个不可避免的结局，把失去的东西保存在记忆中，使我们失去的爱成为我们自己的一部分。这种依恋可能是矛盾的，与现实中存在的事物和平共处，无论是好的还是坏的，都是工作的一部分。在哀悼了父母的离世后，卡洛琳最终找到了一种令人惊讶的自由感。这就好像身份认同的魔咒被打破了，让她第一次没有束缚，然后更能找寻自我了。她说："这是你经历的时间的面纱。事情永远都不一样了。在这段感情中，我真的不知道婚姻会朝哪个方向发展。"把她的父母安葬在她的内心世界，为她现在的生活释放了能量，包括和她的丈夫一起，哀悼那些不可能的事情，欣赏那些可能的事情。

放弃和哀悼逝者的心理能力使我们能够爱生者。理想情况下，我们可以利用失去的经验，更充分地投资于此时此地。成年和婚姻中的发展需要用过去来激活现在。我们在生活中会失去很多东西：我们所爱的人离我们而去；我们自己也不再年轻；抱在怀里的孩子已长大成人；与情侣坠入爱河时的疯狂已成回忆。我们哀悼失去的东西，并通过仪式、回忆和对他人的爱心行动，让记忆和过去的自己活在我们心中。哀悼从本质上说是苦乐参半的。富有创造力、分享我们的技能、指导他人、投资未来是成熟的成年人所能得到的最好的礼物之一。从中年开始，认为自己具有生殖力，不仅给人一种意义感，而且似乎与更健康和更长寿有关。拓展内心世界也是解决不满情绪的一剂良药，因为它利用主观能动性做出积极、务实或精神上的贡献。然而，从对时间的概念、时间的宝贵和时间的流逝认知中，我们普遍意识到，培养我们后代的成长既能获得紧迫感，也能获得乐趣。和人们探讨指导下一代的话题时，你会听到他们会表达这样一种辛酸。"帮助年轻人可以帮助我变老，"我认识的一位 55 岁的艺术家说，"我觉得自己就像他们的父母，这有助于我接受事物的秩序，而不是在竞争中迷失。"另一位男性教授谈到了指导年轻女学者而带来的满足感，尤其是他所在的领域有性别歧视的氛围。"如果能成功，那就太棒了，"他说，"有些安静的时刻能让人得到救赎，减轻衰老带来的痛苦。它也把你和指导过你的人的经历和记忆联系在一起，这会带来巨大的内在满足感。"

在成年人的世界，没有哪一时刻比得过孩子长大后和父母的告别时刻了，这一刻充满一种深切的稍纵即逝的短暂感、一种既悲伤又美好的感觉。每一次都让我们在一夜之间进入人生的新阶段。一端是绝望，一端是拒绝，这是永恒的召唤。但流逝的时间会促使内在的发展，增加我们识别和承受矛盾与复杂情绪的能力，并对失去和得到有更哲学的评价。正如英国诗人阿尔弗雷德·丁尼生（Alfredlord Tennyson）在《尤利西斯》这首诗中所言："尽管我们被拿走了很多，但留下的也不少。"充满活力地向前走，活出有意义的人生，意味着在狭窄但受欢迎的边缘保持平衡，意识到局限会激发对可能性的渴望。

"空巢"是夫妻积极改变的机会

我举办过一个关于"空巢"的研讨会，人们在这里谈论着孩子们的离开和父母的衰老。但他们也问了一些类似于20多岁时的问题，如"我在做什么""我的目的是什么"，听着这些人的话，一个人说："我们听起来几乎是迷路了，有些尴尬。"人生这一阶段令人惊讶的事情之一是，你会谦卑地意识到自己所知甚少。人们改变的最大障碍之一是幻想，他们现在应该把事情弄清楚了。然而现实是，我们面临着奇怪的新事物，最合适的方向可能是迷失方向。毕竟，相信我们已经搞清楚的代价，往往是一种停滞感。认识到我们的困惑有一个好处就是，对探索和改变持开放态度。

随着年龄的增长，我们有必要留意过去的方法是如何定义我们的。到目前为止，你一生所为就是到目前为止你所做的。只要你活着、呼吸着，你就可以做一些不同的事情。就像我们初为父母一样，当孩子们离开时我们初为空巢老人。57岁的研讨会参与者吉姆讲述了他和妻子之间的一个问题，自从孩子们离开后，这个问题就加剧了："有时我全身心地投入到工作中，对妻子没有太多的关注。我喜欢我所达到的专注程度，但她一旦感觉到我对她的忽视，她就会生气地大声说'我不确定你是否想和我在一起'。"吉姆说，以前人们把这个熟悉的问题共同理解为亲密关系的问题。这种强调在某种程度上是有帮助的。妻子不断地寻求安慰和慰藉，这让吉姆想起了多年来关系的重要性。正如我们在书中所探讨的，依恋永远不会消失。当夫妻彼此安慰、触摸和转向对方时，他们的情感交流就会继续。

可是，吉姆过去常常为自己太专注于工作而感到内疚，感到有点不够格，现在他更感到不耐烦了，他想弄明白其中的原因。在人生的这个阶段，一段良好的夫妻关系不会阻碍两个人，而是能够让其对彼此的兴趣、目标和经历更加投入。我们不仅需要亲密和依恋，我们还需要其他满足和意义的源泉。面对中年时期的生殖冲动，我们还可以从自身以外的兴趣和关注中获得满足甚至快乐。这不仅仅是关于吉姆是否给予了他的妻子足够的关注，这还涉及另一个问题，即吉姆的妻子是对吉姆的其他兴趣感到不安，还是对自己缺乏兴趣感到不安？

"直到最近，"主要研究长期婚姻的心理学家罗伯特·利文森（Robert Levenson）说，"人们的观点是，随着年龄的增长，感情变得更加死气沉沉、平淡无奇、和谐无趣，激情也消失了。"这一切都有可能发生，但利文森的研究表明，对许多人来说，情况并非如此，原因直接与持续的情绪发展有关。结婚多年的夫妻通常已经学会了减少彼此之间消极互动的技巧，并且能够更快地恢复过来。他们已经提高了自己转换到积极情绪、安慰自己和安慰配偶的能力。随着时间的推移，如果人们的关系越来越复杂，那么婚姻关系的回报不会递减。"空巢"是一个夫妻二人能够积极改变的机会，并不会因问题"长期存在"就成为合理的、会悄悄被两个人遗忘的时期。

随着寿命的显著延长，心理学研究帮助我们改变了晚年生活的模式。个人和人际关系在一生中不断发展。"人生设计"大师比尔·博内特（Bill Burnett）和戴夫·伊万斯（Dave Evans）说："你永远不会完成你的人生设计，因为人生是一个快乐的、永无止境的规划项目，它构建着你前进的道路。"把他们的比喻延伸一下，即如果我们了解自己的物质条件，并拥有正确的情感"工具"，我们就可以审视自己的婚姻，思考如何最好地拓宽和提升视野。这里可能会有一些负荷转移，那里可能会有一些悬臂。但如果我们知道负荷在哪里，哪些柱子不能移动，我们就能创造性地想出可行的最美设计。

"长寿红利"的现实以及空巢生活带来的困惑，让我们明白了允许自己在任何年龄（包括在婚姻中）都是初学者这一价值。在夫妻生活中，这需要进行很多次讨论。虽然你以前从未和你的配偶进行过某些方面的对话，但这并不意味着你现在不能进行。事实上，你现在就得有了。孩子们都不在身边，父母也可能都过世了，你们想要的是什么？这是个大问题。混乱的状态不是罪魁祸首，"还不知道"

也是一种完全合理的心理状态。你总是有机会尝试新事物，重新思考问题，并寻求彼此的帮助。理想情况下，在整理学费账单、清理地下室、决定是否缩小规模的过程中，空巢计划将继续包括"我们可以玩吗"这一问题。

第 10 章

离婚还是继续过下去的两难问题

The Rough Patch
Marriage and the Art of Living Together

婚姻生活中的依恋伤害

威廉和帕蒂来见我时已经结婚 14 年了，他们有两个女儿，其中一个正处于青春期。威廉很友好，讨人喜欢，而帕蒂则比较矜持和谨慎。我很快就看出威廉一脸的快活是一种条件反射，一旦他放下惯常的微笑，他的脸就松弛了下来。威廉觉得，这么多年来，尽管他全职工作、做饭，并尽一切可能照顾帕蒂，但是他做的任何事都无法让帕蒂高兴。帕蒂说，虽然威廉为这个家努力工作，但他有一种"心烦意乱，心不在焉"的感觉。帕蒂感叹，他们周末的性生活已经没有了（她整个星期都戴着耳塞睡在另一个房间以保证睡眠），对她来说，离家前威廉把水槽里的碗碟洗干净，或者每天晚上帮狗梳理毛发都很重要，即使一再提醒，威廉也不记得。

威廉夫妇来接受治疗，因为威廉觉得他们从未从大约七年前发生的一件事中恢复过来，这件事继续影响着他们的互动。当他们的小女儿还在蹒跚学步时，威廉把她放在婴儿车里推着散步，一名边开车边打电话的司机冲着他们俩撞了过来。谢天谢地，婴儿车因在前面，躲过一劫；尽管婴儿车斜在一边，他们的女儿却没有受伤。但是威廉被车直接撞了，髋骨骨折，在医院里待了两个多星期。威廉伤势很重，最重要的是，他因孩子面临如此险情而饱受惊吓。威廉感到害怕，感到脆弱，这是他有生以来第一次意识到需要安慰。当他觉得帕蒂对他没有同情或关心时，他受到了深深的伤害。这次事故也让帕蒂觉得威廉粗心大意，办事不牢靠。从此帕蒂把这件事当作威廉对女儿不够体贴并伤害了女儿的把柄。帕蒂所表现出的很害怕的样子，实则是对威廉的一种责备。威廉觉得，帕蒂实际上不仅忽略了他的髋骨骨折，也忽略了他的恐惧。

这段插曲成了威廉和帕蒂关系中的一块负面试金石，即一种"依恋伤害"。这种伤害发生在夫妻中的一方，在一方脆弱或需要安慰的关键时刻，另一方未能做出回应。典型的时刻包括分娩、疾病、创伤、丧失和过渡期。如果一个人在这种时刻感到被配偶背叛、忽视或忽略，就会产生关系创伤。这个事件成了一个系统化的事件和反复出现的主题，阻碍了理解和修复的道路。这种伤害可能是集中和催化持续失望的单一事件，也可能是持续的模式，如酗酒或连续的外遇，造成希望和幻灭的重复循环。无论哪种情况，它们无法修复的时间越长，分开和最终离婚的风险就越高。

在婴儿车事件的余波中，威廉和帕蒂寻求夫妻治疗，试图从彼此的伤害中痊愈。谁能从依恋伤害中痊愈，谁不能，从一开始就不完全清楚。同样困难的家庭背景或同样有问题婚姻的人，在利用危机作为愈合和成长的机会上，能力和意愿都存在差异。成功修复的一个组成部分是一些治疗师所说的"软化"，即更挑剔或内向的配偶从脆弱的位置寻求安慰。当它起作用时，软化会带来更大的联结体验。但这也是一种常见的僵局和最难驾驭的挑战之一。

威廉和帕蒂从未成功解决婴儿车事件的创伤，这件事已经消磨掉威廉对他们婚姻的信心。听帕蒂的描述，他们已经"向前看了"，尽管她的故事似乎从未改变过。帕蒂把这件事编进自己的故事里，说威廉总是让她失望。她仍然说威廉在过马路时"分心"，把他们的女儿置于危险之中，但她不会"永远对他耿耿于怀"。这就是威廉难以释怀的地方。

在我看来，依恋的伤害是无法消除的，因为帕蒂和威廉之间每天都出现这样的问题，这只是一个更戏剧化的版本。帕蒂觉得威廉的"无动于衷"（不把水槽里的碗洗了，不优先考虑她的请求）伤害了她。在她看来，为了弥补这些伤害，威廉应该承认错误，感到羞耻并道歉。威廉也认为，自己应该承认自己的行为对她的感情造成的影响："我知道洗水槽里的盘子对你来说很重要，我很抱歉没有时间去做，但我会努力的。"但威廉不认为是自己扰乱了帕蒂的感觉，也不认为帕蒂的期望是合理的。换句话说，威廉不同意帕蒂给自己的行为赋予的意义，也不同意她将自己的行为等同于漠不关心和忽视。威廉不愿意接受帕蒂的观点，即他不认为没有按照帕蒂的意愿去做是一种"背叛"。他们对这一点有不同的看法。

多年来，威廉似乎一直通过安抚帕蒂来处理这种不和谐音。对他来说，只要能重新获得帕蒂的青睐，即使勉强也已经足够了。但我看得出来，威廉已经失去了对帕蒂分寸感的尊重。在这个世界上，被接受的条件是让他否定自己关于真理和公平的信念，这会让威廉失去了自尊。威廉坚持自己的观点，不是否认帕蒂的真理，而是不必在他们两人的真理之间做出选择。他们陷入了一种跷跷板思维模式，而威廉似乎一个人在不停地尝试着让他们采用金戒指思维模式。

帕蒂和威廉的问题不能简单地通过相互"回应"来解决。在成年人的关系中，每个人都要有能力反思自己的反应。坎坷的婚姻困境迫使双方都试图解开感情这一复杂的结，并进行解释。双方都必须找到自己的方式去思考自己能带来什么，这样他们就不会简单地将自己的情绪反应归咎于对方的行为。如果把每一个问题都变成对配偶反应的"公投"，就会超越对自己的反应承担同样必要的义务。如此一来，我们就有理由为了自己的感受或行为去责备配偶。

尽管我试图用最温和、最坚定的方式与帕蒂对质，她还是一如既往地期待威廉通过更多的关注、更多的努力和对自己失败更多的悔恨来治愈她受伤的自我价值感。我敦促帕蒂寻求个人治疗，并告诉她我认为这一问题比婚姻本身更有深度。帕蒂说她太忙了。如果她什么都不改变，只是很有自知之明地对威廉说"我知道我对自己感觉不好，我总是责备你没有解决这个问题"，那么这可能会引起大家的同情，唤起些许希望。但是帕蒂的悲剧就在于，她做不到这点。根据威廉的描述，帕蒂会痛哭，因为她"什么都没做对"，就好像自己发自内心的痛苦是针对她的批评之箭。在内心深处，我想帕蒂之所以哭，是因为威廉做的任何事都无法治愈她对自己的感觉。但帕蒂违背了内心深处的意愿，坚持自己的说法，认为问题出在威廉身上。

在一段苦苦挣扎的婚姻中，自我意识和自我责任感是实现希望的关键前提。"我知道我在做什么，我正在努力改变它。"当一方拒绝解决自己在这个方面的不足时，他可能需要面对这个问题。有时婚姻之所以走得很艰难，是因为需要利用杠杆的一方没有这样做。他太害怕了，太内疚了，太受欺负了，太困惑了。他为错误的行为找借口，拖拖拉拉（如"没有完美的婚姻""我不是读过人人都嫁给了'错误的人'了吗"）或者他害怕一旦徒劳无益的战斗结束，什么也不会留下。但并不是所有的问题都是一模一样的。坐在他们对面,当他们不为自己负责时,我感到很痛苦。但更让我痛苦的是,配偶无法面对这样的观点:他们应该为对方的行为和感受承担责任。虽然这让我对婚姻更加失望,但我觉得威廉拒绝扮演这个角色是正确的。

随着我继续与威廉和帕蒂一起工作,对于不可阻挡的事态走向,我发现自己越来越不能推迟给出结论。我们的谈话已经过去几个月了,阴郁的停滞像烟雾一样笼罩着我们。和睦的岛屿变得越来越少、越来越远,他们被冷漠和指责所包围。威廉仍然觉得,每一次冲突留给他的只有两个选择:要么屈从于帕蒂的观点,要么反抗帕蒂的观点。只有威廉的赞同才能让帕蒂感到"被倾听"。我告诉他们,说实话,我不确定他们是否有共同感觉良好的前进道路。恐慌之中,威廉为结婚纪念日匆忙地安排了一次夏威夷之旅,这一举动是为了回应帕蒂不断重复的说法,即他从未做过任何"培养关系"的事情。他们希望一起单独度个假,一个曾去过的浪漫地点可能会点燃一些温暖。当他们回来时,他们一致认为这是一次很糟糕的旅程。

在接下来的几个星期里,威廉的脸色开始变得苍白,这让我联想到婚姻的终结。婚姻疏远产生的生理症状可能令人印象深刻。人们体重增加或变得憔悴,皮肤变得苍白,脸变得凹凸不平。我不止一次地注意到,有些人看起来比我之前见到的样子更丑了、更有压力了;痛苦使容貌微妙地扭曲了。我发现自己在担心他们的健康。几年前,一位年长的同事告诉我,她的婚姻"让她生病了",我私下里认为,她是在为自己开始的婚外情找借口。这可能是真的,但多年来,我也看到了足够多的事实,让我相信婚姻不幸会产生令人印象深刻的临床表现。一名男士说过,一旦他离婚了,他就不会再找理由说在外面忙这忙那,他不着家是为了不和妻子共处一室而养成的一种习惯。只有回到空房子后,他才从身心上感到解脱。一位女士说过,她本以为自己不喜欢身体上的爱抚,因为她无法忍受睡在丈夫身边的感觉。直到后来,在一段新的关系中,她才意识到她喜欢彼此搂着睡觉。

身体有时会对我们大脑无法接受的事实进行编码。当离婚的想法漂浮在意识的边缘时,人们为了自己有意识的目的,会尽一切可能支配他们的身体。人们可能会尝试多锻炼、少喝酒,但他们觉得自己遇到了一堵可怕的墙。这种力量可以是巨大的，就像一拳打在肚子上；人们觉得呼吸困难。旧的应对策略不再起作用，不仅在婚姻中，在生活中也是如此。取悦他人，与人告别，保持低调，避免冲突，无论他们一直在做什么，在婚姻或其他任何地方都不再奏效。

但即使在这样的压力下，威廉和帕蒂都在与相互矛盾的价值观做斗争。他们都对两人当下的情感问题感到痛苦和悲观，但他们也依恋于家的舒适和一个完整家庭的重要性。他们都想把全部的时间花在和孩子们待在一起上。他们仍然欣赏彼此的某些品质，有时对独处感到恐惧。他们有共同的经历，彼此熟悉。维持婚姻是生活的核心目标。所以，就像到达这一阶段的所有人一样，他们同样会问自己"离婚会对孩子造成什么影响"这一问题。

离婚会对孩子造成什么影响

关于离婚对孩子幸福人生的影响，某些研究结果在过去几十年的时间里一直保持高度一致。从总体上看，父母离异的孩子在行为、身心健康和学习成绩方面的得分往往低于父母处于婚姻关系的孩子。导致子女在离婚后幸福感下降的因素包括家庭收入下降、父母心理问题、养育不力、与外地父母缺乏联系，以及父母之间持续的冲突。到了成年初期，父母离异的孩子并不比来自完整家庭的孩子表现出更高程度的焦虑或抑郁。然而，他们更常说"自己的童年很艰难，希望能多花些时间和父亲在一起，觉得父亲不爱自己，担心父母都要参加婚礼和毕业典礼这样的重要活动"诸如此类的话。孩子们对父爱的担忧令人心碎，同时调查结果显示，父亲对离婚最大的担忧是看不到自己的孩子（有趣的是，50%的母亲说她们的孩子"支持"离婚，而只有22%的父亲表示孩子"支持"离婚）。

然而，随着时间的推移，离婚对孩子的影响变得更加微妙。相较考虑离婚对孩子的负面影响以及离婚与其他复杂家庭因素之间的关系，观察离异家庭和婚姻存续家庭的孩子之间的平均差异并不能提供更多信息。例如，对孩子来说，长期消极和冲突所产生的不良后果最大，无论这些情况是发生在非离异家庭还是离异家庭。那些最终离婚的父母在离婚前出现抑郁、反社会行为、成瘾和经济问题的概率更高，而且更有可能表现出较差的解决问题能力。最终，离婚的父母表现出更多的蔑视、否认和退缩，以及导致冲突升级和对前任的消极归因。这意味着，就像离婚本身给孩子带来压力一样，许多导致夫妻离婚无法解决的难题在婚姻解体之前就已经对孩子产生不良影响了。

我们知道，激烈的婚姻冲突对孩子行为问题的影响比离婚本身更大。近20年来，许多研究集中在家庭不和与家庭冲突对儿童发展的影响机制上。婚姻不幸福的父母想知道，对孩子来说，充满冲突的家庭和离婚哪个更糟糕？答案并不简单。离婚有其婚姻不和谐的根源，它涉及两个争吵的已婚伴侣。重要的是要记住，涉及孩子的福祉话题，我们通常不会拿生活在幸福、和谐家庭中的孩子与生活在离婚家庭中的孩子比较，而会拿生活在父母矛盾重重的家庭的孩子，与生活在离婚家庭的孩子进行对比。

冲突和愤怒是家庭生活和婚姻中不可避免的方面。它们可能是解决分歧的必要方面，观察父母如何解决冲突对孩子来说是很有价值的一课。关键问题是如何处理愤怒、愤怒的强度、潜在含义和负面情绪。从孩子的角度来看，关键的问题是，现在发生的事情会影响我的安全吗？孩子们"几乎就像情绪的盖革计数器[①]"，他们对父母愤怒表情的含义极其敏感，并对其进行辨别。他们能感觉到破坏性冲突和建设性冲突之间的区别。愤怒的强烈表达比不那么强烈的表达更令人痛苦，身体攻击对孩子的心理健康都是有害的。毫不奇怪，孩子的情绪安全受到父母负面（如威胁、侮辱、敌意、退缩和身体痛苦）冲突策略的影响，也会受到正面（如平静的讨论、爱意和支持）冲突策略的影响。

在面对父母的冲突时，孩子根据自身的素质和年龄，采用不同的策略来调节自己的情绪，并寻求情绪安全感。一些人变得温和，一些人变得好斗，还有一些人试图处理他们父母之间的冲突。要了解孩子对父母冲突的反应，最重要的是要明白他们在任何时候的最高目标都是安全。当他们的情感安全受到父母冲突的威胁时，或者他们的依恋安全受到分离的威胁时，他们所有其他的情感和行为系统都会受到影响。父母细心照顾的瓦解以婚姻冲突和离婚的负面影响为基础。当孩子们担心父母不会一直存在、关注和爱护他们时，安全感就会打折扣；相反，如

---

① 一种专门探测电离辐射（α粒子、β粒子、γ射线和X射线）强度的记数仪器。——译者注

果父母即使在自己抗争时也能为孩子创造安全感，那么婚姻冲突和离婚对孩子的影响就会减少。

无论离婚与否，父母如何处理他们的冲突对孩子的安全感有着巨大的影响。最明显的是，把孩子放在父母争吵的中间是有害的，这一角色有可能使他们成长为只为他人服务而忽视自己感情的成年人。总的来说，当父母达成某种解决方案时，孩子对父母争吵的消极反应会减少。完全解决问题的机会很少；令人满意的夫妻互动更多地依赖于冲突的解决，还是依赖于迅速从冲突中恢复过来的能力，抑或是放手的能力，目前尚无定论。对孩子们来说，最重要的是让他们看到一个积极的、有建设性的结果。解决问题可能是私下进行的，也可能是事后进行的，向五岁的孩子解释冲突已经解决，可以让他们平静下来。从孩子的角度来看，积极的情绪、妥协和道歉是最理想的解决方案。孩子们倾向于将决绝的争吵与友好的谈话等同起来；据该领域的主要研究人员称：“解决方案似乎就像一种'灵丹妙药'，可以改变孩子们对成年人争吵的看法。"

父母试图互相帮助，一起处理他们的冲突，这对孩子来说是一种解脱。一些父母为避免明显不和，采取"分离"策略，基于此，人们对这项策略的好处提出质疑。父母们可能会觉得不吵架是一种更"成熟"的做法；但如果认为孩子们无忧无虑，对情绪毫无察觉，那就不准确了。研究表明，父母的婚姻退缩和持续的非语言敌意会导致孩子的负面情绪，这与语言敌意和人身侮辱的作用非常相似。即使父母有时认为他们是在通过避免冲突来保护孩子，孩子们也会认为非语言的愤怒和婚姻退缩具有破坏性。我们中的许多人都还记得我们孩提时父母争吵和对峙的微妙之处。为什么我们不能这么做呢？我们的安全就靠它了。当父母通过退缩来避免情感交流时，他们不仅失去了解决自身问题的机会，而且还为孩子树立了一种应对情感的非健康的策略。

父母如何处理冲突，也会对孩子未来的关系产生长期影响。离婚前，如果父母之间的互动是低冲突而不是高冲突，他们的孩子今后走向离婚的可能性更大。这似乎有违我们的直觉，除非你能考虑到，低冲突、不快乐的父母不太可能直接面对问题。他们更有可能冷嘲热讽、消极攻击或低声说话，把不正常的冲突解决方式传递给他们的孩子。与父母离开高冲突婚姻的年轻人相比，父母处在高冲突婚姻中的年轻人对恋爱关系的承诺和满意度较低。这表明，尽管离婚可能很困难，但它代表着一种决定，即这段关系的情感氛围是行不通的，离婚可能会给孩子们一张帮助他们行动的路线图，告诉他们什么样的关系是值得争取的。相比之下，长期陷入冲突的父母则令人困惑和沮丧。

帕蒂和威廉反复讨论离婚会对他们的女儿产生什么影响。威廉认为，帕蒂生气时对他不尊重，这对他们来说是不好的。但威廉也担心如果自己离开，帕蒂的暴怒是否会殃及孩子们。帕蒂说，威廉夸大了她的行为，她的所作所为都是因为自己受到了冒犯，而威廉尽可能弱化了这些冒犯。但最后，具体谈到离婚对孩子的影响时，似乎让威廉有所改变。讨论过后不久，威廉就不再费神去反驳帕蒂的说法了，他决定不再追究了。从威廉对事实的态度来看，我感觉到他已经不再努力去改变帕蒂对他的看法了。威廉似乎已经精疲力竭，最终对全面缓解对方情绪的角色失去了兴趣。

"我不想再这样做了，"一天威廉说，"实在很抱歉。"就这样，威廉放弃解决婚姻内部问题，开始尽可能巧妙地结束这段婚姻。

起初，帕蒂抗议说："拆散这个家庭是不对的，威廉表现得很自私，这是他没有维持感情的又一个例子。"威廉则不断地说"对不起"以作为回应，并坚持自己的立场。帕蒂又升级了，但是威廉已经在她的攻击下度过了将近15年的时间，现在他放弃试图调和他们在世界观上的明显分歧，与其说是痛苦，不如说是欣慰。我看得出，威廉全部的精力都集中在做好引导，把离婚的损失降到最低上。

大约一个月后，帕蒂的眼泪和指责减少了。威廉能够忍受坐下来听她说话，这对威廉很有帮助。当威廉还在努力依靠帕蒂时，他几乎做不到这一点。看着帕蒂到了这个时候还试图把改变的需要强加给威廉，我感到很难过。然而，渐渐地，当帕蒂意识到她可以带着她的骄傲和她的故事不受质疑地走出这段婚姻时，她看起来几乎是平静的。他们有良好的存钱习惯，这对他们有很大的帮助，因为钱不是争论的焦点。当我们讨论他们的下一个阶段时，我甚至在想，帕蒂是否因为不再试图接近威廉而获得某种释然的感觉。

离婚的硬性原因：无法恢复的爱的感觉

是谁的责任往往是夫妻双方在留下与离开之间产生矛盾的核心。夫妻一方在行为上可以提供什么帮助、不能提供什么帮助？在一定比例的夫妻中，一方还可能患有可识别的精神疾病、成瘾或人格障碍。如果其配偶无法给予其帮助，那么离开是否公平？即使另一半觉得他应该留下来，他能承受吗？面对孤独和隔绝，应保持怎样的道德规范？当干扰如此巨大，或者夫妻一方想继续尝试时，离开的道德又是什么？离开的一方对他们的孩子负有道德责任和义务。当你看到情况的真相时，你有责任去面对它。可悲的是，这些冲突很难调和。

当夫妻一方达到身体和情感的极限时，就像威廉的情况，还有办法恢复如初吗？应该有吗？或者我们是否应该转而接受？就像面对死亡时一样，也许我们应该在某个时刻停止英勇的举措，把我们的愿望转换为一种优雅而有尊严的死亡。我们不能完全控制自己的情绪，我们都没有超能力。当人们的真实处境与他们重新获得爱的能力发生冲突时，他们确实会达到一个临界点。当他们对自己诚实时，他们可能会意识到自己做出了不尊重对方的行为或产生了对现实不满的看法。或者尽管他们努力了，但永远都不够。这让他们觉得，他们在关系中感知到的限制是真实的。这是极其卑微而又难以忍受的悲伤。

有些人会告诉你，这些情绪是离婚的"软性"原因。但有时，对自己的情感更加诚实会让你明白，为什么婚姻永远不会适合你。你可能会认为这种期望是极其不公平的，或者你最终发现与一个不亲密的人生活在亲密关系中太痛苦了。离婚绝非由"软性"原因导致，绝无可能恢复爱的感觉才是比较"硬性"的原因之一。

即使面对这样的感情，人们也不想扰乱家庭生活。可能有冲突，也可能有分离；他们可能有一种模糊的感觉，那就是婚姻总有一天会走到尽头。但就目前而言，如果事情不是很糟糕，人们会告诉自己，他们的不满是正常的、可以预料的。他们往往会维持很多的家庭事务，比如辅导孩子做家庭作业、做家务、带孩子去看望他们的祖父母、操办生日聚会、陪孩子参加体育赛事、开家长会、给孩子讲睡前故事，以及举行周末的家庭聚会等。大可不必过分关注自己的幸福感受，只要不把自己搞抑郁了，能静观其变就好。

但是，就在他们下定决心要这样做时，一些夫妻受到了不太友好的提醒，似乎每一次谈判都带有痛苦的误解印记，并且每天都有很多次。平静的时刻少之又少。要求和失望周而复始，没有任何甜蜜来补偿。尽管如此，他们还是无法想象，分手在经济上会产生怎样的影响；牺牲将是巨大的。如果这意味着要住在破烂的房子里，没有存款，那真的值得吗？这种想法让人感到困惑甚至有些荒谬。他们甚至不能忍受和孩子们生活在一起。我们这一代，整个婚姻计划都以孩子为中心。一个人得多自私才会毅然决然地不给孩子最好的人生开端？离婚会让人觉得是一种个人的失败，但更糟糕的是，它会让人觉得辜负了孩子。人们在生活中要面对更多的逆境，而不只是被配偶误解或被忽视那么简单，食物、栖身之所、健康的孩子……综上所述，纠结于婚姻的不足着实令人尴尬，这显然是第一世界的问题[①]。

通常情况下，人们会利用这种想法让自己或配偶感到内疚。一对夫妻为了每一件小事不停地争吵，妻子说丈夫"消极"，丈夫说妻子"从来都不快乐"。丈夫总是会说他们什么都有，他们住在世界上最美丽的地方，可笑的是，妻子却不能从眼前的东西中获得更多的乐趣。可惜这种想法没多大用。妻子做不到，声明一下，丈夫也做不到，这是因为人们对配偶的体验会影响他们的世界观。改变一个人对亲密关系的体验是一种情感和关系上的成就，这通常来之不易，而且并不总是行得通。

如果你不打算把自己当成棍棒的话，想想什么对你有价值，并认识到你的好运气是一种建设性的指导和动力。孩子甚至金钱，尤其是你真的有孩子的话，都是回归婚姻并更加努力的绝佳理由。对很多人来说，两处住所会耗尽上大学、度假、买衣服甚至看病的资源。对孩子和称职的父母来说，离婚所造成的情感和经济代价是真实的。有时，对孩子的责任和金钱的限制让夫妻能相互陪伴足够长的时间，让他们意识到可能还有东西可以挽救。只要你能通过什么来激励自己，就去做吧。

[①] 指发达国家生活条件优越的人遇到的心态上的问题。——译者注

即使像威廉和帕蒂那样黯然失色的爱情仍有可能回归。双方或某一方可能不想再去尝试了，他或她可能已经到了无法回头的地步，决定走另一条路。但是，只要有一点点自我意识和自我责任，思想总有一天（10天后、20天后、30天后）会出现碰撞。"过去几周，我感觉好多了。他们也这样吗？""是的，他们也是。""你今天还想维持婚姻吗？""是的，我想。""我也想。"如果可以发生一些基本且简单的事情，那就有希望。如果每个人都能思考自己的部分，寻求真正的理解，并努力改变，就有机会从崩溃的边缘回来。你有机会再次亲近和你结婚的那个人。

为什么中年女性会更多地选择离异

在过去的几年里，贝琳达一直在苦苦思索与丈夫共度余生意味着什么。"他真的只是想一个人待着，"贝琳达说，"他不想让我失望，他甚至顺从我。但我觉得他这么做就是为了我以后不会对他提出更高的要求。"

15年前贝琳达第一次找到我时，她在婚姻中感到怨恨和孤独。在有孩子之前，她和丈夫贾斯汀的关系非常好，这是建立在他们高度独立的基础上的。孩子意味着更多的相互依赖，事实证明这是一个艰难的转变。贾斯汀似乎不太愿意分担养育孩子的负担，也不愿意享受其中，这让贝琳达很失望。在多年前的心理治疗中，贝琳达认为他们已有足够的经历、足够的包容，完全可以共同照顾两个年幼的孩子，并努力把婚姻维持下去。之后，贝琳达在全身心地投入到她的社团、她的朋友圈和她孩子的学校活动的同时，继续从事税务律师的工作，尽管有时会感到沮丧和无聊，但她发现这份工作是值得的。

现在，贝琳达55岁了，之所以又来找我咨询是因为她的好朋友艾丽斯已经结束了自己的婚姻。艾丽斯现在51岁，看起来年轻得令人羡慕。从贝琳达的孩子上学前班时起，她们就一直很亲密，她们每年都会和六名女性一起出去吃生日晚餐。"我不知道为什么我这么震惊，"贝琳达说，"我觉得自己的反应是有道理的。凯莉在做第二轮化疗，露易丝的儿子吸毒成瘾，而艾丽斯正忙着享受她新获得的自由。但我知道我太小心眼了。我很嫉妒艾丽斯有这样一个戏剧性的理由离婚，说她的丈夫有'性瘾'，这似乎是无可指责的。她给人一种样样都做对了的感觉。她大肆宣扬自己一直等到孩子们离开家才走这一步，并向我们所有人吐露'我意识到我离不开他们'，仿佛这是一种盲目的领悟。艾丽斯是我认识的人当中最不精明的人，但现在她却说她要回学校去当心理治疗师。"

听了贝琳达所说的，我很惊讶，她很少流露出这种原始的、不讨人喜欢的情绪，而且失控会让她非常不安。"你了解我，我是个实干家，我从不安于现状，"贝琳达说，"但是这些天来，我觉得艾丽斯让我筋疲力尽，以至于我对俗气的乡村音乐和糟糕的电视节目感到麻木。"看到贝琳达一身不协调的打扮，我不由自主地笑了起来，因为贝琳达的打扮过于板正，围着丝巾，戴着朴素的金耳环，穿着没有把腿露出来的高跟鞋。我想象着她穿这身衣服的样子，想知道是不是该让她放弃过于深色的染发剂。我想让她觉得自己和艾丽斯一样有魅力，我的竞争精神是为了她而激发出来的。她有一张精致的尖脸，一双聪明的浅蓝色眼睛，随着年龄的增长，她会有自己的风格。但对她来说，自我表达并没有什么吸引力。为什么她要把自己的心表露无遗呢？她本质上是个观察者，对任何爱出风头的痕迹都感到尴尬。

我认识贝琳达很长时间了，我知道她更喜欢安静地观察，甚至自我压抑，这多少造成了她所叹息的婚姻现状。我也觉得贾斯汀听起来大体还算正派。他们现在已经跳了将近30年的婚姻之舞了。贝琳达在试图脱离和吸引贾斯汀之间摇摆不定，但贝琳达责备的口吻表明，贾斯汀已经让她失望了。贾斯汀似乎像许多男人一样，默默守护着对贝琳达的忠诚和对婚姻的承诺，但在感情上略有疏远。这种疏离是一种自我保护，是一种哲学上的存在即合理的接纳，也是舒适的默认。我猜想，贾斯汀更看好这一做法：把婚姻的困难区分开来，欣赏婚姻的美好。贾斯汀可能觉得这段婚姻是可行的，因为他可以相对不受阻碍地追求自己的其他兴趣。贝琳达认为贾斯汀的立场是拒绝。

在跟我谈论她对艾丽斯的反应时，贝琳达承认，身边有一个因全新展望而兴奋不已的人激起了她的嫉妒。另一个朋友也刚刚恢复单身。她的丈夫突然死于心脏病，虽然这位朋友很伤心，但她还是悄悄地向贝琳达承认，她之前过得基本就是无性婚姻，能重获一次机会让她尴尬地松了口气。贝琳达为她感到难过，但没有一丝嫉妒。虽然承认这件事很尴尬，但贝琳达意识到，她觉得艾丽斯受的苦还不够多。

但贝琳达知道，艾丽斯前面的路并不平坦，而贝琳达自己也不是特别想单身。她不想和其他人发生性关系。艾丽斯的处境让贝琳达感到不安，因为这似乎支持了这样一种观点，那就是面对艰难险阻，自己应该去闯一闯。在婚姻生活中，贝琳达大多时候都很迟钝。她几乎觉得，留下来与离开都可接受。但她知道，如果她离婚了，她将失去很多，包括经济上的保障、目前不错的生活水平、生活经历、完整家庭的乐趣以及两个人的卿卿我我。

我们知道，大多数离婚都是女性提出的，包括灰发族离婚，人们通常不会后悔自己的离婚决定。但说到经济困难、孤独和抑郁，每个人的经历和感触又都是不同的。在 50 多岁的离婚女性中，有三分之一的人表示，离婚后最美好的事情之一就是"不用再和另一半打交道了"。还有三分之一的人表示，离婚后最糟糕的事情是"没有人一起做事情"。69% 的已婚女性称她们每天有接吻的亲昵行为，而只有 6% 的未婚女性会这样做。为了能把婚姻中痛苦的部分抛到脑后，人们有时会把他们因失去所带来的痛苦最小化。贝琳达小心翼翼，尽力考虑周全，一旦她发现对自由的叙述过度简单化，她会感到恼火。"有一种观点认为，如果你离开，你会找到更好的工作。更好的，到底是什么？人们说'在婚姻中，我宁愿一个人也不愿独守空闺'。但我想，我可能会感到孤独，至少在和另一个温暖的身体睡觉时是这样的。"

当我看到一名患者在纠结是留下来还是离开时，我有时会问她，能否承诺在接下来的两个月里努力表现得像一个模范已婚公民。这个实验是有用的：首先，看看她能不能做到；其次，看看不同的行为是否会让她感受到更多的爱，还是会引发她的恐慌，从而让她没有理由现在就离开。贝琳达试过一次，列出了她的易怒点和触发点。她惊讶地注意到，其中很多都与贾斯汀的脆弱或衰老迹象有关，而不是他长期以来的内向和沉默寡言。贝琳达抱怨起来从不遮拦，我们讨论了注意到这一点是否对她有好处。在丈夫面前努力表现良好多少能让她平静下来，但她的消极行为从来不是她最大的问题。她更倾向于听天由命，放弃挣扎。

"如果你能奇迹般地抹去婚姻中心灰意冷的过往，你觉得你早上醒来会喜欢上他吗?"我问贝琳达。要想婚姻美满,我们至少要喜欢和配偶在一起,即使这些年来这种感觉已经被玷污了。有时贝琳达确实喜欢贾斯汀。他们会一起开怀大笑,或者会为孩子的成功感到高兴。然而,在这样的时刻,贝琳达的内心会有一种声音告诉她,不要让自己沉溺于这种时刻。贝琳达说,这和"不想再次受伤"有关,每当她向贾斯汀敞开心扉却收获失望时,许多过往会反复出现在她的脑海。

但我感觉到贝琳达有一种更深层次、难以言表的感觉。贝琳达更愿意将她与贾斯汀分离的努力视为一种自我保护,但这也反映出贝琳达感到很委屈。她不得不承认,她的委屈一开始并不是由贾斯汀带来的,也不会在他那里画上句号。贝琳达在以前的生活中曾留有旧伤,我们重新审视了这些伤痕。理想和现实之间也存在着不可避免的差距。贝琳达总觉得在她的内心深处有一个珍贵的自我,而她的丈夫并没有把这个自我发掘出来。贝琳达因为没有"另一个机会"而感到悲伤。但她在不断地思考"我应该留下还是离开",而她无法解决这个问题,恰恰是这一点让贝琳达避免做出艰难的抉择。

我们的工作之一就是将贝琳达对丈夫的不满与她对自己生活局限的不满分开。我在一个轻松的时刻告诉贝琳达,妻子更有可能将离婚归咎于丈夫的行为。丈夫更有可能想要维持婚姻,而不太可能将婚姻问题归咎于妻子。"但实际上男性的过错更多,这不是很明显吗?"贝琳达开了个玩笑。为自己的生命消逝而责怪丈夫是很自然的事。在跟我谈了很久之后,贝琳达才能开始用未来的可能来衡量现在,而不是用过去的希望来衡量现在。但当贝琳达开始质疑这个让她的不满合理化的故事时,她对自己目前的生活更满意了。修改她的故事有点像死亡,但也有点像觉醒。

洞察力使贝琳达的观点发生了细微的变化。她意识到,她对丈夫的病痛感到烦躁,这是一种转移自己焦虑的方法。她注意到,当她发现自己对他很挑剔时,她就会幻想自己能过上更好的生活,然后意识到她是在拿现实和幻想做比较。放弃不满意味着面对她唯一的生活。处于一段活生生的关系中的感觉又回来了,有时很艰难,令人沮丧,但很有意义。"我在工作中犯了一个错误,"贝琳达告诉我,"我担心这会带来不好的后果。我的第一个冲动就是给贾斯汀打电话。如果在过去,我会否决这种想法。但是,我并没有启动我的心理机制来保护自己,而是试着享受那种想要接触他的感觉，甚至对这种感觉感到感激。最后，我给他打了电话，我有意识地让自己的声音不那么尖锐。我只是说我需要他的帮助。他也试图帮助我。我觉得离他更近了。"

贝琳达意识到自己是多么关注与贾斯汀的关系，并把这作为她生活的核心问题。把她的思想从那张关于怠慢的记事单上抽离出来，选择把自己和贾斯汀看得很般配，是一种解放。贝琳达的失望并没有消失，它们可能会一直在那里。但是，当贝琳达不再把贾斯汀当作已经让她失望的人来对待时，贾斯汀就能很高兴地和她相处，似乎没有任何兴趣把自己武装到牙齿。在过去，贝琳达可能会认为这是贾斯汀不够在乎自己的证据，但现在她很高兴，甚至有点钦佩贾斯汀没有怀恨在心。

"我一直在编辑孩子们小时候拍的视频，"贝琳达说，"我有他们分别在两岁、四岁、六岁和八岁时的可爱镜头。当我看的时候，我也记得当时发生的其他故事，如怨恨我的嫂子，或者对我的丈夫生气。我心想，那么多美好的时光都在我的脑海中消逝了，让我无法关注眼前正在上演的奇迹。我真后悔。然后我告诉自己，唯一的解决办法就是现在就意识到奇迹的出现。"

何为良性离婚

生活是向前的，但自我认知需要时间和经验。我们都怀着被爱的希望步入婚姻殿堂。我们有期待爱的权力，也有付出爱的责任。这是神圣的人类契约，是婚姻的核心。无论顺境还是逆境，它都是我们努力承诺、尊重、培养和铭记的东西。我给每一位新婚夫妇、每一位新晋父母、每一位忙于工作和家庭的人的建议是：不要让这种感情消亡。事实可能证明了，一旦感情消亡了，一旦你关闭了你的心，就很难再打开了。就像生活中的其他事情一样，早投资比后期努力追赶更有效。每一天，重要的是着眼于长远，并关注你想要的——给予爱和接受爱。

但是，当婚姻破裂时，我不认为这只是夫妻彼此疏忽或一方犯了什么错导致的。有时婚姻的破裂是因为无法持续下去，除非一方为另一方或双方做出重大牺牲。有时，这种妥协在本质上是有缺陷的：只要你答应永远不离开我，我就会忍受你的种种。如果你爱我，你就会让我为所欲为；只要我们不打扰彼此，我们就能在一起。虽然婚姻可能由此维持下去了，但代价却是巨大的。有些人会认为这是值得的，有些人则不这么看。但这些出于情感的、道德的和感性的决定都是非常个人化的，不能根据普遍性的原则来定。

在父母相亲相爱、彼此善待的家庭中长大的人，在其婚姻生活中具有巨大的优势。毫不夸张地说，他们生来就享有优越感。他们不太容易觉得自己要为所有出问题的事情负责。他们更可能相信自己的感知是准确、有效的指示器，而不是需要调整和事后猜测的东西。他们不会花那么多时间去原谅自己人性的弱点。相比之下，那些在情绪失调或离异带来创伤的家庭中长大的人，并不能近距离地看到一个可行或者理想模式来融合情感满足和家庭生活。他们冒着重复过去混乱的风险，在所谓安全的、以孩子为中心的婚姻中固守；或者冒着后来婚姻稳定被破坏的风险，为了提供可预见性而压抑自己的情感。来自幸福家庭的孩子从小就在他们的内心和头脑中学习人际关系的课程，而其他人则需要通过有意识的努力和更有意识的自我整合之旅来学习这些经验。

即使婚姻本质是美好的，婚后人们也并不总是幸福的。婚姻是一场严酷的、为了让你成为一个更成熟、更有同情心的人的考验，它为我们提供了如何近距离与他人相处的范例，我们能看到我们的思想是如何支配行动的，包括我们最坏的倾向和最好的倾向。从这个角度来看，如果我们没有保证足够的睡眠、适当的锻炼、合理的膳食，以及发展出一些反思、祈祷或冥想的方法，我们怎么能判断婚姻是否可行呢？我们的情绪和身体鞭策着我们，我们常常困惑于是什么导致了特定的情绪。人们很容易责怪身边的人，不幸的是，在婚姻中我们往往冲着自己的配偶发脾气。

不管婚姻中有什么不满，我们中的许多人都会把它放在一边，尽可能多地去关注孩子的幸福和安全。对许多人来说，给孩子一个美好的童年是家庭生活最珍视的目标。这就是我们个人情感冲突与我们可能认为的普遍原则相冲突的地方，即离婚对孩子不好。在评估这一原则时，关键是要记住，如果处理得当，离婚需要的人际关系技巧与婚姻一样。所有旧的功能失调模式，再加上离婚，都可能给你的孩子带来更多的压力。因此，离婚的决定应该附带一个私下的承诺，即要更好地而不是更糟地履行职责。这是一个艰巨的任务，如果你是被抛弃的那个人，这个任务就更艰巨了——这需要你尽可能地成熟。但是你的行为会给你的孩子带来天翻地覆的变化。如果你表现得好，你会自我感觉更好，更有效率、更有力量、更为你即将成为的人感到骄傲。

这里有一些关于孩子的想法可能会有所帮助。对于那些自己的父母离了婚的人来说，自己如果也把离婚强加给了自己的孩子，就会有一种特别强烈的痛苦感和愧疚感。如果你不想离婚，你可以做任何事来避免它。如果你的父母保持婚姻关系，你可能会觉得离婚会剥夺自己的孩子享受到的福利。在任何一种情况下，你的脑海中都可能有一幅离婚的灾难性画面，这种画面表达了你最恐惧的一面，如果你被抛弃了，这就为你对即将离开的配偶持续不断的愤怒找到了借口。为了你的孩子们巧妙地处理离婚问题，你需要认识到头脑中的画面是什么：一个对现实粗略的看法蒙蔽了你，让你没有看清至关重要的微妙之处。你的孩子们最需要你的是敏感和协调，能够以清晰的头脑关注手头上的事务，而不是被简单的好坏、受害者和犯罪者的粗略分类所蒙蔽。你的主要工作是管理自己的情绪，这样你才能继续提供敏感的照顾。离婚对孩子的影响可能大不相同：它们可能是可怕的噩梦，也可能是复杂但必要的成长。这完全取决于你如何处理它。

离婚之初就很有挑战性。有证据表明，即使有人离婚之后会更满意，但分手后的第一年通常是破坏性的和痛苦的。在他们找到自己的方向之前，所有人都会犯错。我则更担心正在发生的事情。例如，当孩子表达他们对父亲或对母亲的悲伤或焦虑时，孩子的父母可能试图不予理会以消除他们的负罪感。父母可能过于专注在帮助他们的孩子解决住在两个家庭时不可避免地要承担的不便和实际问题上。我还担心孩子的父母会刻意对孩子掩饰自己的心上人、孩子的继父或继母以及再婚家庭带来的异常复杂性。有时，刚刚离婚的人因为生活中有爱而感到幸福和宽慰，所以他们希望自己的孩子也能以某种方式参与其中。但重新组建家庭在情感上则充满了复杂性，为了你自己和你的孩子还应从长计议，从而认识到你是一时冲动还是受到了诱惑而忽视了危险信号。给自己一些时间去发展一段新的关系，给自己一些空间去发现你们是否能够谈得来、彼此理解并且能够一同努力克服困难。你的目标不仅仅是找到一个可以爱的人，还要为你的孩子选择一个优秀的继父或继母——一个温暖、有爱心、有安全感、没有威胁和无占有欲、一个不会卷入忠诚之战或偏袒自己孩子的人。研究表明，离婚不仅仅是离婚这件事本身，它与所有导致离婚以及所有随之而来的事情有关。在每一阶段，你都应该以最体贴、最富有同情心的方式对待你的孩子。

我们都听说过最坏的情况。在一系列可怕的离婚案件中，父母因自恋、嫉妒和仇恨导致了地狱般的、旷日持久的监护权之战。但是，离婚家庭的孩子能从中受益吗？《良性离婚》(*The Good Divorce*) 一书的作者康斯坦丝·阿荣斯（Constance Ahrons）给出的是肯定的答案。父母可能会恢复到更健康的状态，更关注他们的孩子。孩子们可能会生活在更和谐的家庭环境中，并有可能成为亲密伙伴关系的更好榜样。如果父母中的一方精神不正常，另一方的家庭可能是精神健全的避风港。一个反复提及的说法是，孩子们"不在乎父母是否快乐"。孩子应在安全、稳定、有规律的环境中成长，如果父母能够避免自己的不快乐影响孩子的生活，那就太好了。但是，正如孩子们对父母争吵的微妙之处非常敏感一样，他们对父母的幸福也非常敏感。每一个来见我的来访者都有一段父母离婚的痛苦经历，另一些人则谈到其父母艰难的婚姻。成年后，人们有时会为自己的生活比父母过得好而感到内疚。他们有时会为自己设计婚姻，并在每一个悲惨的细节上复制他们的父母无法结束的婚姻。拥有有勇气追寻更幸福生活的父母是非常有益的。鉴于我们在小说、电影和生活中看到了许多关于这个故事自我陶醉、自我辩护的版本，我很犹豫是否要支持它，因为我害怕被误解。但我也认为，害怕被看成是一个自私的人会阻碍人们诚实地探索自己的想法和关注自己的情绪，这也不是一个好结果。

人们离开婚姻时没有任何洞察力，几乎没有学到任何东西，这样必有后患。人们也会在没有任何洞察力的情况下维持婚姻，也不太可能有一段更令人满意的关系。留下和离开的方式有更健康和更有害的。两者都依赖于自我意识、自我责任和情绪调节的基本能力，这些我们已经讨论过了。在这一点上，我们有时自欺欺人。我们厌倦了自己正在做的事情，也不确定自己是如何走到这一步的，隐约希望我们的困境有一个逃生口。也许是有逃生口的，但是它是渐进式的。毕竟，在现实中，没有其他的长期关系可供选择。这意味着我们在这一关系中面临的许多挑战同样会在下一段关系中出现，即会有很多相同的问题，但不是全部。在这个逃生口里，我们倾注了我们的渴望和希望，以及我们关于去留的痛苦思考。

我最后的一个想法是：一项研究调查了那些相对满意的夫妻后发现，至少有一方认为，大多数婚姻冲突最终都"没有解决"。即使冲突"解决"了，也很少会带来任何可行的、一致同意的变化。我们倾向于将解决冲突视为婚姻和谐的必要条件，然而对于这些相对满意的夫妻来说，解决冲突和达成一致并不重要，重要的是理解。夫妻双方是否能理解对方的互动感受，决定了他们的行为模式是否有任何负面影响。在我看来，其中的寓意在于：幸福的夫妻会吵架，不幸福的夫妻也会吵架；快乐的夫妻不会解决冲突，不快乐的夫妻也不会解决冲突；幸福的夫妻不会达成一致，不幸福的夫妻也不会达成一致。区别在于试图理解对方。无论你是快乐的、不快乐的、结婚的、离婚的，还是徘徊在两者之间的，都从这里开始吧。

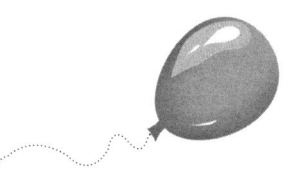

第 11 章

婚姻生活中的良性互动

The Rough Patch
Marriage and the Art of Living Together

彼此聊得来才是爱的保鲜剂

你很年轻，爱上了即将与你步入婚姻殿堂的那个人。当然，这其中不乏强烈的性吸引。但是，彼此交谈的美妙感觉才是让你觉得非比寻常、不可思议的地方。在这个过程中，你会觉得自己在珍贵的时光中无拘无束，获益匪浅。你的好奇心永不满足，求知欲难以遏制。你想要更进一步，对眼前的爱人有更多的了解和理解。你们之间的交谈不仅仅是在传递信息，它有韵律、节奏、感情和沉默，也有一阵阵欢笑、期待的停顿，以及情绪高涨而引起的语无伦次，这是一种令人愉悦的全身心体验。

假设现在的你是 10 年、15 年或 20 年后的你，家庭生活的各种需求落在你们夫妻俩头上。你们要养育孩子，还要带着他们玩乐，这大大占据了你们夫妻彼此交谈的时间，同时也增加了你们要讨论的话题。繁重的家务与负面的情绪让你身心俱疲，加上不好的沟通习惯让彼此的谈话变成了老生常谈。你内心温柔地发出了"迁就他"或"我需要她"的低语，而这些却都淹没在沮丧的喧嚣声或待办事项清单中。你仍希望通过对话带来分享和有意义的联结，这种想法几乎是愚蠢的。你慢慢发现，自己只是在寻找一个故事来解释失去的一切。你若有所思地回顾着早年恋爱的幸福时光，怀疑自己是否变了。

时间在流逝，你能感觉到它的脚步。你已经感受到你们夫妻之间日复一日、毫无结果的谈话在消耗你剩下的生命能量。如果这就是夫妻间要交流的内容，还不如去打理花园、做一顿佳肴或看一场球赛。你还想说话吗？你们俩交流的欲望都消失了吗？也许是吧。但如果你直面内心，你不会这么认为。在内心深处，你仍然渴望回到曾经分享过的、滋润着心田的、美妙的交谈状态。

我所说的自我实现和对话技巧都是为了帮助你实现你渴望的交谈状态。本章中，我鼓励大家审视内心，尤其是事出紧急、遇到困难或者内心无望时。此时此刻，如果我们能稍微解除内心的防御，就可以找到金戒指思维模式。这样，我们每个人都可以勇敢地将感情投入到这段关系的共同空间中，一起思考我们会面对什么。在这个空间里，我们更认真地对待自己的情感。我们不会试图摆脱、忽视或压抑我们的情感，我们应努力提高表达感情的技巧。我已经讨论了自我意识（"我知道我在做什么"）和自我责任（"我正在努力改变它"）的非凡力量，这几乎可以将任何婚姻互动从对峙转变为合作。当我们培养同情心、好奇心和自我控制的能力时，我们就能以更丰富、更生动的方式表达和倾听。

在一段良好的关系中，早期的幸福会作为美好的回忆和鼓舞人心的源泉一直存在，还不时地在生活中重现，用它的力量给你惊喜。但最重要的是，在你第一次心动后可能发生的事情，即那些有价值的、亲密的、真实的对话，与在网上相识，经过简单的了解走到一起，然后由于产生冲突、存在差异和再次出现的自私需求而分开不同；相反，我们在激情的洪流中走到一起，然后通过一个身体对另一个身体、一种思想对另一种思想、一颗心对另一颗心的持续对话来获得爱。我们相互吸引的谈话就是爱的交流。

彼此的归属感才是长相守的底色

玛丽露 68 岁，最近被诊断出患有乳腺癌。她的丈夫内德 67 岁，已经退休，退休前曾在当地经营一家书店。他顽强地维持着这家书店，直到它被网店慢慢挤垮。内德留着花白的胡子，穿着工作服，在他们装修寒酸的平房里闲逛。玛丽露做事脚踏实地、朴实无华。她留着一头剪得很短的灰白头发，说话的声音有些沙哑。展望玛丽露的治疗前景，回顾他们从结婚到现在 35 年的历程，他们重新感受到更加爱着对方。

"当我们年轻时遇到麻烦，我们就会分开，"玛丽露说，"在我们步入人生最低谷时，我们都和其他人发生过性关系。谁知道为什么呢？伤害，愤怒，报复。当然，我们会借酒消愁。但事实证明，你无法通过与他人发生性关系来摆脱对彼此的爱。"她笑着继续说："爱仍在那里，一如既往地神秘。我们不是天造地设的一对，但在某种程度上，你学会了尊重爱。你并不总是快乐的，但彼此的归属感比什么都重要。"

"在困难时期，帮助我们最多的是我们的朋友，"内德说，"我们称他们为'部落'。他们能看到我们俩彼此看不到的优点，帮助我们不被怨恨遮蔽了发现美好的双眼。"

"我和第一任妻子总是会有冲突。我想把什么都照顾好，这可把我累坏了。一想到要离开，我就痛苦万分，但留下来又让我难受。我去看心理医生，她救了我的命。我这才对什么是健康的关系有所了解。我认识玛丽露时，她也遇到了危机。但她并没有表现得好像这一切都是我的错。虽然她有时很难……"

"我有过吗？"她说。

"但至少我们谈过这个问题。"

"有时会。我们学会了如何交谈。一点一点地，你一句我一言。"

"是的，但如果你不愿意听的话，我就不知道该怎么做了。"内德说道。

"我想学会如何倾听。"

他们相视一笑。

"如果说事情由此变得更容易或更顺利了，那就过于简单化了，"内德接着说，"同样的问题会反复出现。如果说有变化，那就是感觉有更好的事情可以做，而不像以前那样吵一架。"

"不过，我们仍然会进行重要的对话。这些对话在很久以前就可能发生，但现在觉得讲这些话的风险小了很多。"

"这是真的。如果事情不顺利，我会引用古罗马史诗《埃涅阿斯纪》(*The Aeneid*)中我最喜欢的一句话——'也许有一天我们回想起今天的遭遇甚至会觉得很有趣呢。'"

"我现在都快 70 岁了，"玛丽露叹了口气，"我意识到成长需要很长时间。你需要一段时间才能接受你一生都在学习的事实。我们都是成年人了，得自己想办法。彼此感觉良好，善待对方，这才是最重要的。"

我们都擅长夫妻间的谈话吗？不一定，不过也没关系。人到中年，阻碍改变的障碍之一就是人们认为他们应该已经知道自己在做什么。事实上，对不知道自己在做什么持开放态度，是学习新事物的第一步。我们不需要成为专家，我们以前从没来过这里。重要的是我们有参与的意愿。如果我们一直尝试着进行以下三种对话形式，在我们的有生之年，这个目标终将会实现。

继续和对方进行艰难（或轻松）的对话

轻松的对话（如幽默笑话、熟悉的日常生活话题、与孩子们分享的内容、私密的表述、俏皮的性建议、爱的语言等）是家庭快乐的源泉。永远不要停止轻松的对话，也不要让快乐的时光被当天遇到的问题所破坏。婚姻中的小刺激、亲密的性行为、无聊的家务、激动人心的冒险、痛苦的分离及温馨时刻都是并存的，即使婚姻很美满，但这就是婚姻真实的样子。试着乘风破浪吧。

在信任和安全的氛围中，艰难的对话更容易进行；但无论如何，这些对话都需要勇气。起初，你可能会觉得自己是在用钝器砍伐亚马孙雨林茂密的灌木丛。但最好现在就开始，因为艰难的对话几乎不会变得轻松。如果你与一个回避型依恋的人结婚，即使你修改了策略，也不要放弃尝试联系。如果你和很情绪化的人结婚，请保持冷静和坚定并富有同情之心："如果你能放低姿态，我就能更好地倾听和回应你。"如果你几乎不记得亲密的感觉，该怎么办呢？那就在一开始谈论这个话题。坦诚地谈一谈你的孤独感，会让你认为自己的问题具有共性。共性可以让你们更亲近，或者至少帮助你找到前进的道路。

手势也很重要，但不要把拥抱或一起去一趟五金店买东西当作沟通的手段。语言交流是解决复杂的情感问题所必需的，但不是用来表达情感的。要求用正确的语言（或正确的手势）来证明忠诚是一个陷阱。对简来说，保持交谈并不需要有分寸地说话，这意味着她要和丈夫保持接触，度过极其艰难的 40 年婚姻。用简的话来说，就是要"稳坐在马鞍上"。我们谈话时，简的丈夫刚刚去世。她给我讲述了他们混乱的开始、戏剧性的争吵、丈夫断断续续的赌博，以及挣不到钱的可能。她有没有觉得离开会更健康呢？"我不可能这样对待孩子们。有时候我觉得这是我唯一能坚持的。有几次，我很恨他。但是不管怎样，我们之间有很多的爱。这是一种'上帝将他们结合，任何人都不能拆散'的理念。他在某些方面饱受折磨，有时也会折磨我，但我爱他。现在他去世了，我为我们的所作所为感到骄傲。我们不断地回来解决问题。我们有勇气。在这40年里，如果你在很多时候都能看到我，你可能会想，'她为什么要和那个家伙在一起？'我也可能这么想呢！但我很固执，"简笑了笑，"我读过一些女演员的故事，有人不想做整容手术，因为她对自己老了以后会是什么样子太感兴趣了。对我来说，我的婚姻就是这样。我对未来的兴趣从未停歇。"

继续和自己对话

为了让一段关系有活力，其中的个体必须要留下来。我们追求自由的核心是珍贵的，不是来自他人的自由，而是发现自己情感生活的自由。有时候，只有到了中年，我们才开始和自己的这部分成为朋友。想象力、幻想、创造力、追求美和智慧获得的乐趣、社会活动等都是你个性的方方面面，都值得关注和庆祝。你最不想要的就是一段占据你思想的婚姻。

同时，不要低估独处的价值。50岁的肯德尔和他的老伴丽莎在一起已经17年了。"两年前，我失去了一位好友，"肯德尔告诉我，"我想沿着圣詹姆斯之路去圣地亚哥－德孔波斯特拉古城朝圣。我攒了钱，也请好了假，步行了一个多月。我想一个人来完成，我想要独处的时间，我想让生活慢下来。能够无所畏惧地分开是非常重要的。当我独自一人时，我可以思考自己做得对不对。我消极对待丽莎的方式，就是消极对待自己的方式。要想知道如何与她相处，我最好先想清楚如何与自己相处。日复一日，走了一英里又一英里，给了我独处的感觉，最终让我与人们更加亲近。我和一对退休夫妻一起散步，我在路上遇到了他们，并与他们结识，如果丽莎在，我可能不会像这样去结识他们。现在他们成了我们的朋友。通过独处，我为我们带来了新的朋友和兴趣。"

坚持与文化对话

在我们的个人主义文化中，集体（社团）情感的联结作用已不复以往，夫妻关系似乎就像大海中断裂的救生筏。但是夫妻关系在有支持的社团中发展得最好。社团是我们表达共同的人性、在需要中相互扶持的地方。社团经常有一个或隐或显的精神核心，这不是偶然的。社团营造了一种富足和感恩的氛围，这种氛围延伸到甚至覆盖了我们的家庭领域，帮助我们与那些在人际关系方面更有智慧的人建立联系。一位 21 岁结婚、35 岁离婚的朋友说："长者有智慧。当我们需要情感力量或自尊心较弱时，他们可以成为导师甚至是裁判。"理想情况下，社团成为我们分担负担、给予并接受支持的地方。

我们也需要和文化对话。关于爱情、婚姻和家庭生活的神话故事可能是虚假的，令人疲惫不堪。当我们相信来自文化中的神话时，面对应该真正爱的人我们有时会妄自尊大。广告充斥着对爱情和舒适家庭的商业化模拟，比如刷卡和性快感并置、飘着假雪花的假日广告，以及裹得严严实实的一家人开怀大笑、露出洁白的牙齿。没完没了的科技干扰打断了我们的谈话，使我们的意识变得支离破碎，并侵入我们的梦境。最糟糕的是，在数字时代，工作已经变成了连轴转，我们需要不断保持警惕，避免对家庭生活的威胁和对卧室空间的悄然入侵。

我们也被可疑的流行心理学观点所包围，这些观点相当流行，既关于男人和女人，也关于婚姻和性。一对一的谈话可以把你从"这样做爱"或"那样恋爱"的公式中解放出来，这些公式被标榜为科学真理。婚姻的美妙之处在于，它只发生在两个人之间；你和你的伴侣要自己弄清楚什么能让你们感到满足。我所有关于自我实现和对话技巧的谈话，都是为了帮助你们实现共同的目标。尽管世界末日的头条新闻纷至沓来，但几十年来，仍有很多夫妻静静地享受着有趣的生活，彼此深爱。他们之所以能够做到这一点，是因为通过我们在本书中探索的一些方法，他们已经掌握了共同生活的艺术。

与这种文化对话还意味着相信个人经验而非社会规范，这可能包括以非传统的方式安排婚姻或决定离婚。一天，乔治和我一起喝咖啡聊天，那时他与妻子的离婚协议已经签订一年了。"我花了点时间才意识到这一点，"乔治说，"但当我和特里西娅不再那么努力地待在一起时，我们想出了一种新的方式来交谈。我们开始关注自己的真实感受，对对方的经历更感兴趣。我们没有给孩子们一个美满婚姻的生动案例，对此我一直感到难过。另一方面，我们已经比我父母离婚时少了很多痛苦。我们有时意见不一致，会吵得不可开交，但我们不会像结婚时那样怒火中烧，我相信这样对孩子更好。这让他们做自己应该做的事，即关注自己的生活，不要成天都想着父母离婚的事。"

乔治后悔自己没有实现给孩子们一个完整家庭的梦想。但是，他和特里西娅通过互相尊重、坦诚的交谈，给孩子们带来了安全感，这是值得他们自豪的成就。一场好的离婚可能比某些婚姻更像是一场"婚姻"。"尽管我们不再住在一起，"乔治说，"但我们在抚养孩子方面是真正的合作伙伴。"正是通过对话，我们了解了关系的本质：我可以试着理解你的想法和感受，而不脱离我自己的现实经验。对话需要时间和耐心，通过不断尝试来解决问题，容忍困惑，保持接受，对话才能展开。当我们相信我们的故事不会被抹掉，我们会被其他人看到和认出时，对话就有了意义。夫妻幸福的动力是尽早沟通，时常交流。通过投资你的"我们的故事"来深化你的内心，通过培养友谊和兴趣向外拓展。如果你寻求社团和精神寄托，可以去教堂；如果你找不到说话的方式，就去看心理医生；如果你曾经爱过你的伴侣，尽你所能去揭开温暖的余烬，给它们扇风。不要让自己陷入一种不健全的故事中，就像梦游者一样无法摆脱，比如认为"没有一段婚姻是幸福的""孩子们没有注意到争吵"，或者"唯一的解决办法是通过喝酒、看电视或工作来逃避"。这些自我麻醉的策略使你与你的生活和伴侣分离开来，对你来说，你只有一个。

共同生活的艺术

在最好的情况下，婚姻是两个人之间活生生的、会呼吸的产物。如果你准备好进行持续的对话，很多事情都是可能的。你们倾听，你们探索，你们创新，你们共同撰写自己的剧本。你们达成了自己的协议。任何道路，无论传统与否都会有得有失，没有涅槃重生的选择。分开一段时间、分开度假、达成一致的隐私领域，任何可能性都是公平的。你们边走边学，了解自己和自己的婚姻。有个好消息：作为夫妻，你越清楚自己想要什么，你就越能自由地享受自己。无论一段关系以何种形式存在，有一种爱的定义可能是我想了解你。我在乎我们之间接下来会发生什么。道路可能无迹可寻，但愿意去发现可以带我们回到一种更真实、更深刻的家的感觉。

如果渡过难关有所馈赠的话，那就是让你的生活变得更宽广、更开明。当我们知道如何做自己，同时与他人保持爱的联结时，我们就达到了亲密与探索、承诺与自由之间的和谐平衡。我们全身心地投入其中，现在，令人惊讶的是，所有的努力、所有艰难的对话都得到了回报。我们走出去，全身心地去生活。爱是一种对话，当然是与伴侣的对话，但也是与所有对我们来说重要的人和事的对话。总有不同的角度、新的倾听方式，你不知道接下来会发生什么，你也无从知晓。世界依然崭新。

The Rough Patch：Marriage and the Art of Living Together

ISBN：978-1-5011-1891-3

Copyright ©2018 by Daphne de Marneffe

The Rough Patch：Marriage and the Art of Living Together was originally published in English in 2018. This translation is published by arrangement with Daphne de Marneffe through Andrew Nurnberg Associates International Ltd.

Simplified Chinese edition copyright ©2023 by China Renmin University Press Co., Ltd.

China Renmin University Press Co., Ltd is responsible for this translation from the original work Daphne de Marneffe shall have no liability for any errors, omissions or inaccuracies or ambiguities in such translation or for any losses caused by reliance thereon.

All rights reserved.

本书中文简体字版由达夫妮·德·马尔尼夫（Daphne de Marneffe）通过安德鲁授权中国人民大学出版社在中华人民共和国境内（不包括香港特别行政区、澳门特别行政区和台湾地区）出版发行。未经出版者书面许可，不得以任何方式抄袭、复制或节录本书中的任何部分。

版权所有，侵权必究

北京阅想时代文化发展有限责任公司为中国人民大学出版社有限公司下属的商业新知事业部，致力于经管类优秀出版物（外版书为主）的策划及出版，主要涉及经济管理、金融、投资理财、心理学、成功励志、生活等出版领域，下设"阅想·商业""阅想·财富""阅想·新知""阅想·心理""阅想·生活"以及"阅想·人文"等多条产品线，致力于为国内商业人士提供涵盖先进、前沿的管理理念和思想的专业类图书和趋势类图书，同时也为满足商业人士的内心诉求，打造一系列提倡心理和生活健康的心理学图书和生活管理类图书。

《依恋与亲密关系：情绪取向伴侣治疗实践（第3版）》

- EFT创始人、美国"婚姻与家庭治疗杰出成就奖""家庭治疗研究奖"获得者扛鼎之作，作者嫡传唯一华裔弟子刘婷博士倾心翻译。
- 本书是经过重大修订与扩展的第3版，突显了自第2版以来以实证研究为基础的许多重大进展。
- "婚姻教皇"约翰·戈特曼博士、美国西北大学家庭研究所高级治疗师杰伊·L.勒博博士、我国教育部长江学者特聘教授方晓义博士、华人心理治疗研究发展基金会执行长王浩威博士、实践大学家庭咨商与辅导硕士班谢文宜教授联袂推荐。

《爸爸向左，妈妈向右：离婚了，如何共同养育孩子》

- 美国APA第29分会主席（2017）、"APA第42分会独立执业指导奖"获得者倾心之作。
- 实操性强。为离婚父母提供了61个练习和48条可活学活用的技巧，以帮助他们学会识别和处理离婚情绪，从而真正从"憎恨对方"的情绪中走出来，和共同养育者一起完成自孩子出生就布置给他们的这项艰巨任务。
- 钟思嘉、江光荣、孟馥、刘丹等10多位心理学专家联袂推荐。